Börsenatlas 2023

Florian Spichalsky & Dr. Wolfram Weimer

BÖRSEN ATLAS 2023

Florian Spichalsky & Dr. Wolfram Weimer

DEUTSCHER WIRTSCHAFTSBUCH VERLAG

Die Deutsche Bibliothek – CIP Einheitsaufnahme:

Börsenatlas 2023
1. Auflage 2022, München
DEUTSCHER WIRTSCHAFTSBUCH VERLAG
ISBN 978-3-95972-604-7

Herausgeber: Florian Spichalsky & Dr. Wolfram Weimer

Gestaltung und Art Direction: Markus Kaspar
Druck: Firmengruppe APPL, aprinta Druck, Wemding
Printed in Germany

Die Börse sehen und verstehen

Pandemie, Ukraine-Krieg, Energiekrise, Inflationsschock - die globalen Finanzmärkte erleben eine wilde Zeit. Die Zinsen steigen, die Kurse springen und die Börsen sind für die großen Erschütterungen bis in die kleinste Transaktion hinein der globale Resonanzboden.

Bereits der Schriftsteller Gustave Flaubert bezeichnete die Börse als „das Thermometer der öffentlichen Meinung". Ökonomen nutzen sie seit Jahrzehnten als Stethoskop der Weltwirtschaft. Für manchen Spekulanten ward sie zum Tempel des Bedauerns. Für die Gründerlegende Georg von Siemens war die Börse „wie Monte Carlo, nur ohne Musik". Der Sozialist August Bebel klagte, dass „alles, nur Menschlichkeit an der Börse keinen Kurs hat".

Die atemberaubende Karriere von Börsen, von einem Brügger Hinterzimmer-Kaufmannskontor aus dem 13. Jahrhundert zum global-elektronischen Billionensupermarkt, hat letztlich nur einen Grund: Börsen sind so ungeheuer praktisch. Sie erleichtern Finanz-, Tausch- und Handelsgeschäfte immens,

sie bringen Kapitalgeber und Kapitalsuchende geschmeidig zusammen, sie rationalisieren Transaktionen aller Art, ermöglichen verblüffende Transformationen über Zeiten und Räume hinweg, machen die Dinge genau vergleichbar, vereinfachen Akkumulation und mobilisieren Reserven.

Indem das Börsengeld immer weiter in Lebensbereiche eindringt, holt es Dinge, Leistungen und Menschen aus der Isolation heraus und an einen Kreislauf heran. Börsen haben damit etwas sehr Verbindendes. Sie schaffen ein Forum der formalen Gleichheit aller Wirtschaftssubjekte im Tauschverkehr. Börsen brausen insofern auch als Apostel der Teilhabe durch die Welt. Der Aufstieg der Börsen ist geprägt von ihrem dynamischen Wesen. Denn Geld wird erst zu Geld, wenn es zirkuliert, wenn es einen Kreislauf gibt, wie beim Blut im Organismus. Börsen sind dabei die Herzkammern der Volkswirtschaften.

Da Börsen die Welt abbilden und gleichzeitig gestalten, wird es Zeit, diese Gestaltungen selbst abzubilden und sichtbar zu machen. Die Weltbörsen bekommen daher einen Weltatlas. Wie

groß sind die Aktienmärkte wirklich? Wer setzt auf Einzelwerte, wer lieber auf Fonds und ETFs? Wo schlummern die größten Goldreserven? Wie sieht die Bilanz der Ära Angela Merkel aus? Wo wohnen die meisten Milliardärinnen? Wie entwickeln sich Zinsen über sehr lange Zeiträume? Wie verteilt sich Kaufkraft? Was passiert, wenn jemand immer im falschen Moment Aktien kauft? Und wie setzt sich die Inflation eigentlich genau zusammen? Diesen und vielen anderen Fragen geht der neue Börsenatlas 2023 nach.

Die komplizierte Welt des Geldes wird damit ein Stück transparenter. Ungewöhnliche Zusammenhänge sind grafisch aufgearbeitet und dadurch verstehbar. Manches ist dokumentarisch, anderes wirkt verblüffend und amüsant, anderes ist erhellend oder enthüllt tiefere Zusammenhänge. Alles ist informativ. Zeitliche und räumliche Beziehungen werden in diesem Atlas visuell aufgeklärt. Das Buch hilft, die bunte Welt der Börse besser zu sehen und zu verstehen.

Florian Spichalsky und
Dr. Wolfram Weimer

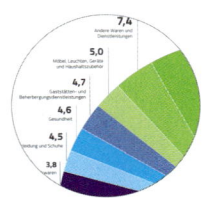
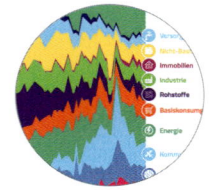

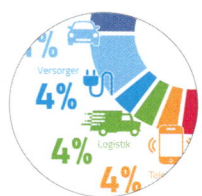

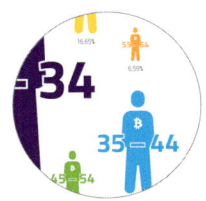

Globale Perspektiven

Volkswirtschaften der Welt nach Größe

in Billionen US-Dollar

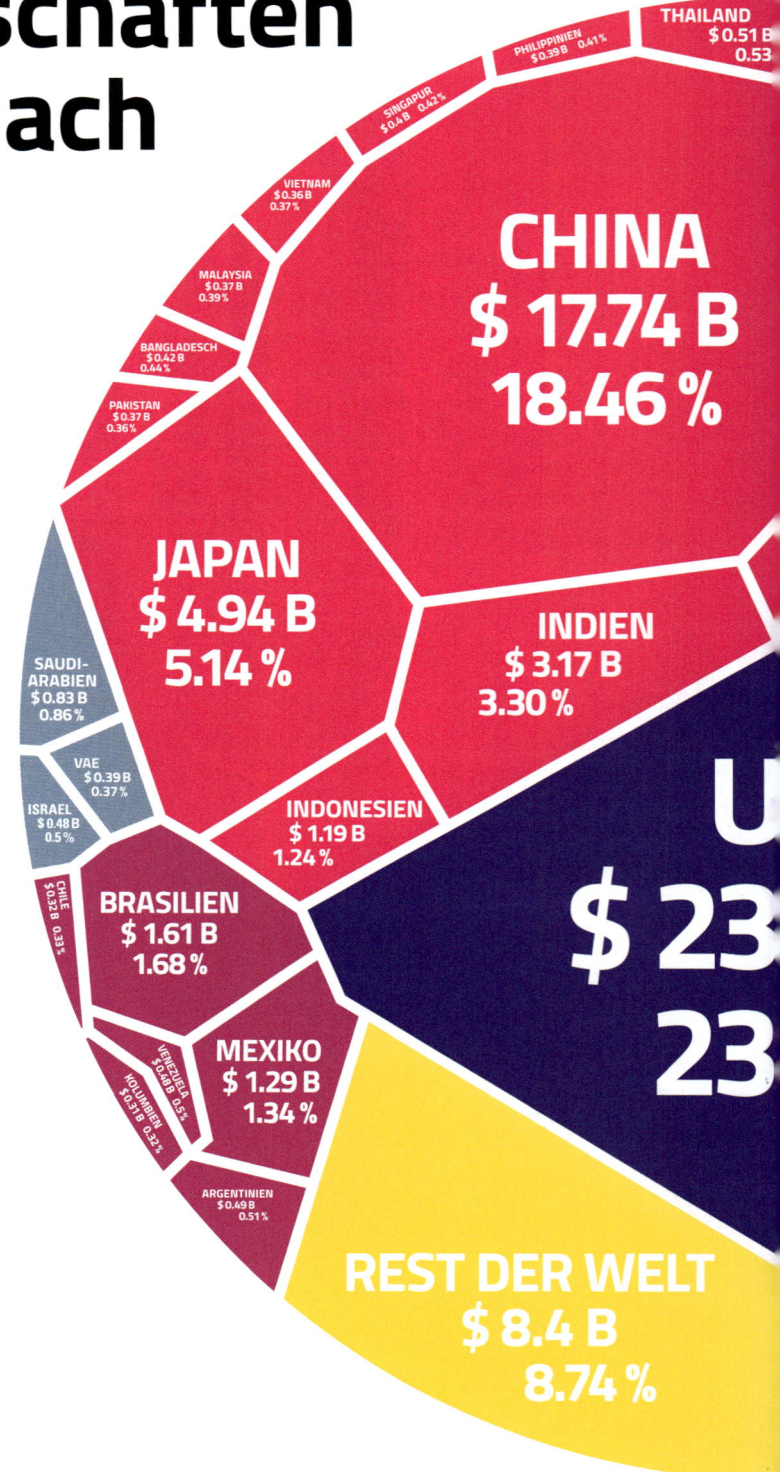

THAILAND $0.51 B 0.53

PHILIPPINEN $0.39 B 0.41%

SINGAPUR $0.4 B 0.42%

VIETNAM $0.36 B 0.37%

MALAYSIA $0.37 B 0.39%

BANGLADESCH $0.42 B 0.44%

PAKISTAN $0.37 B 0.36%

CHINA $17.74 B 18.46%

JAPAN $4.94 B 5.14%

INDIEN $3.17 B 3.30%

SAUDI-ARABIEN $0.83 B 0.86%

VAE $0.39 B 0.37%

ISRAEL $0.48 B 0.5%

INDONESIEN $1.19 B 1.24%

CHILE $0.32 B 0.33%

BRASILIEN $1.61 B 1.68%

U $23 23

VENEZUELA $0.48 B 0.5%

KOLUMBIEN $0.31 B 0.32%

MEXIKO $1.29 B 1.34%

ARGENTINIEN $0.49 B 0.51%

REST DER WELT $8.4 B 8.74%

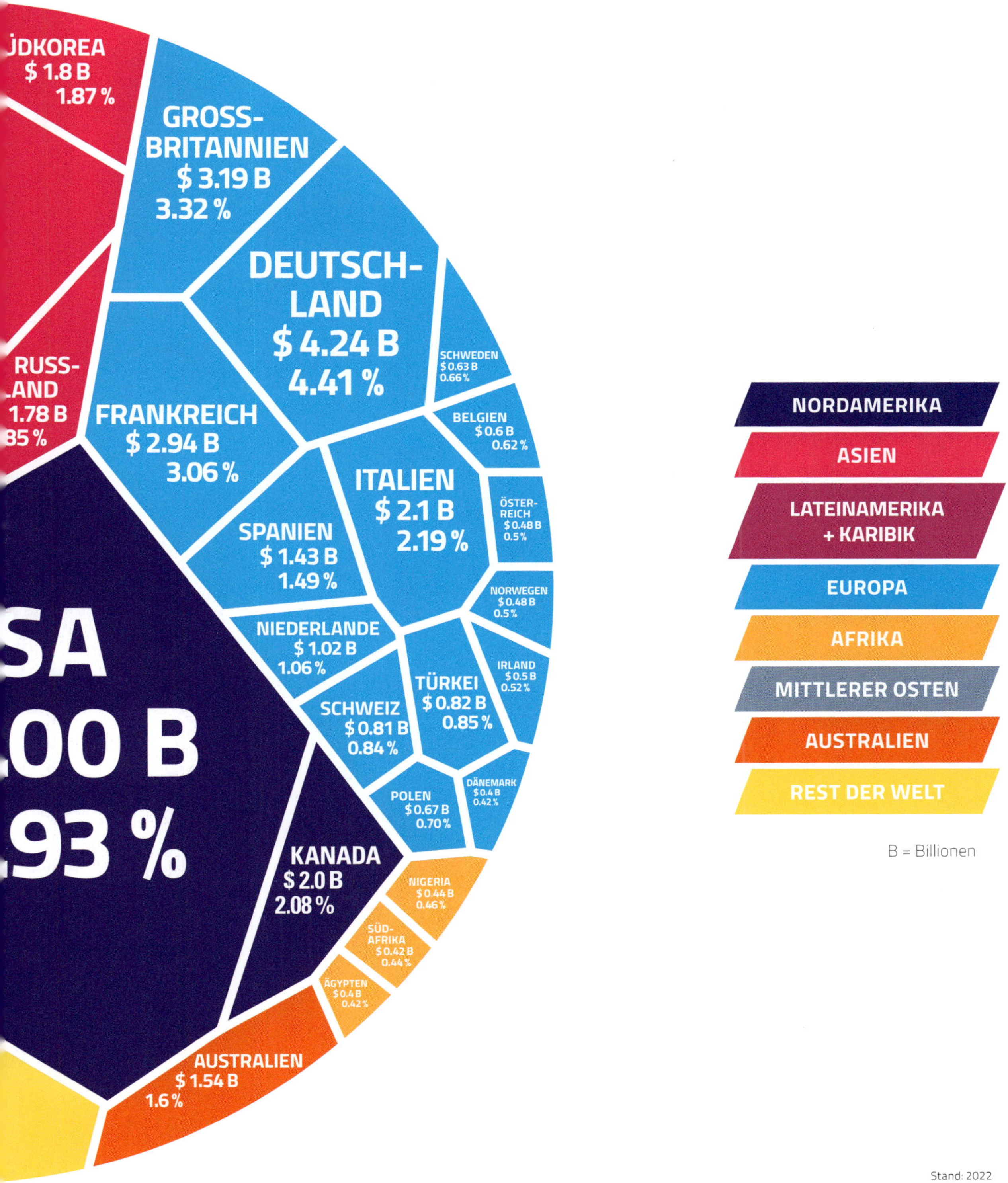

SÜDKOREA $ 1.8 B 1.87 %

GROSS-BRITANNIEN $ 3.19 B 3.32 %

DEUTSCH-LAND $ 4.24 B 4.41 %

RUSS-LAND 1.78 B 85 %

FRANKREICH $ 2.94 B 3.06 %

SCHWEDEN $ 0.63 B 0.66%

BELGIEN $ 0.6 B 0.62%

ITALIEN $ 2.1 B 2.19 %

ÖSTER-REICH $ 0.48 B 0.5%

SPANIEN $ 1.43 B 1.49 %

NORWEGEN $ 0.48 B 0.5%

USA 100 B 93 %

NIEDERLANDE $ 1.02 B 1.06 %

TÜRKEI $ 0.82 B 0.85 %

IRLAND $ 0.5 B 0.52%

SCHWEIZ $ 0.81 B 0.84%

DÄNEMARK $ 0.4 B 0.42%

POLEN $ 0.67 B 0.70%

KANADA $ 2.0 B 2.08 %

NIGERIA $ 0.44 B 0.46 %

SÜD-AFRIKA $ 0.42 B 0.44 %

ÄGYPTEN $ 0.4 B 0.42%

AUSTRALIEN $ 1.54 B 1.6 %

NORDAMERIKA

ASIEN

LATEINAMERIKA + KARIBIK

EUROPA

AFRIKA

MITTLERER OSTEN

AUSTRALIEN

REST DER WELT

B = Billionen

Stand: 2022

13

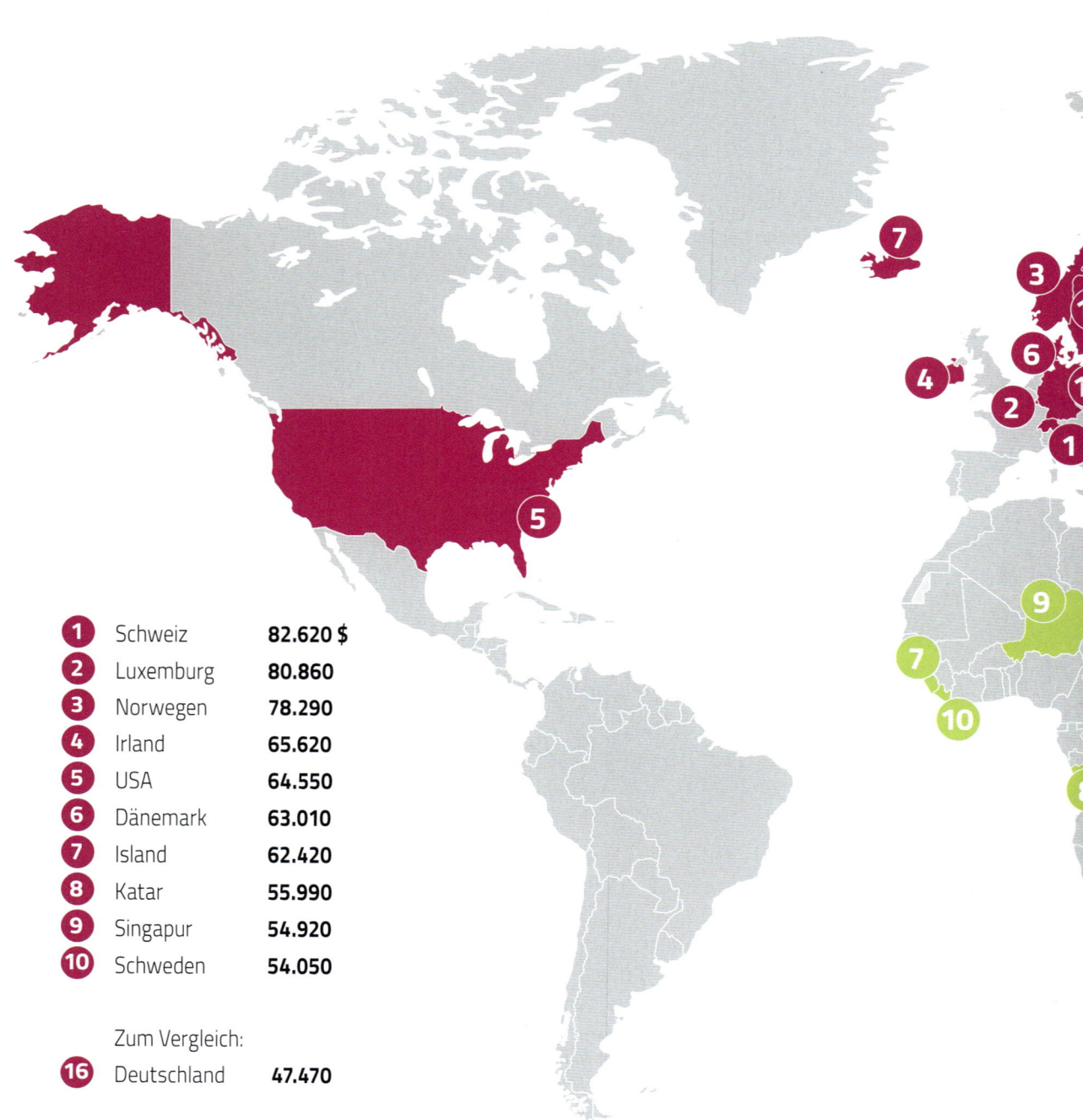

1	Schweiz	**82.620** $
2	Luxemburg	**80.860**
3	Norwegen	**78.290**
4	Irland	**65.620**
5	USA	**64.550**
6	Dänemark	**63.010**
7	Island	**62.420**
8	Katar	**55.990**
9	Singapur	**54.920**
10	Schweden	**54.050**

Zum Vergleich:

16	Deutschland	**47.470**

Die reichsten und ärmsten Länder der Welt

Das durchschnittliche Volkseinkommen pro Einwohner/Jahr in US-Dollar

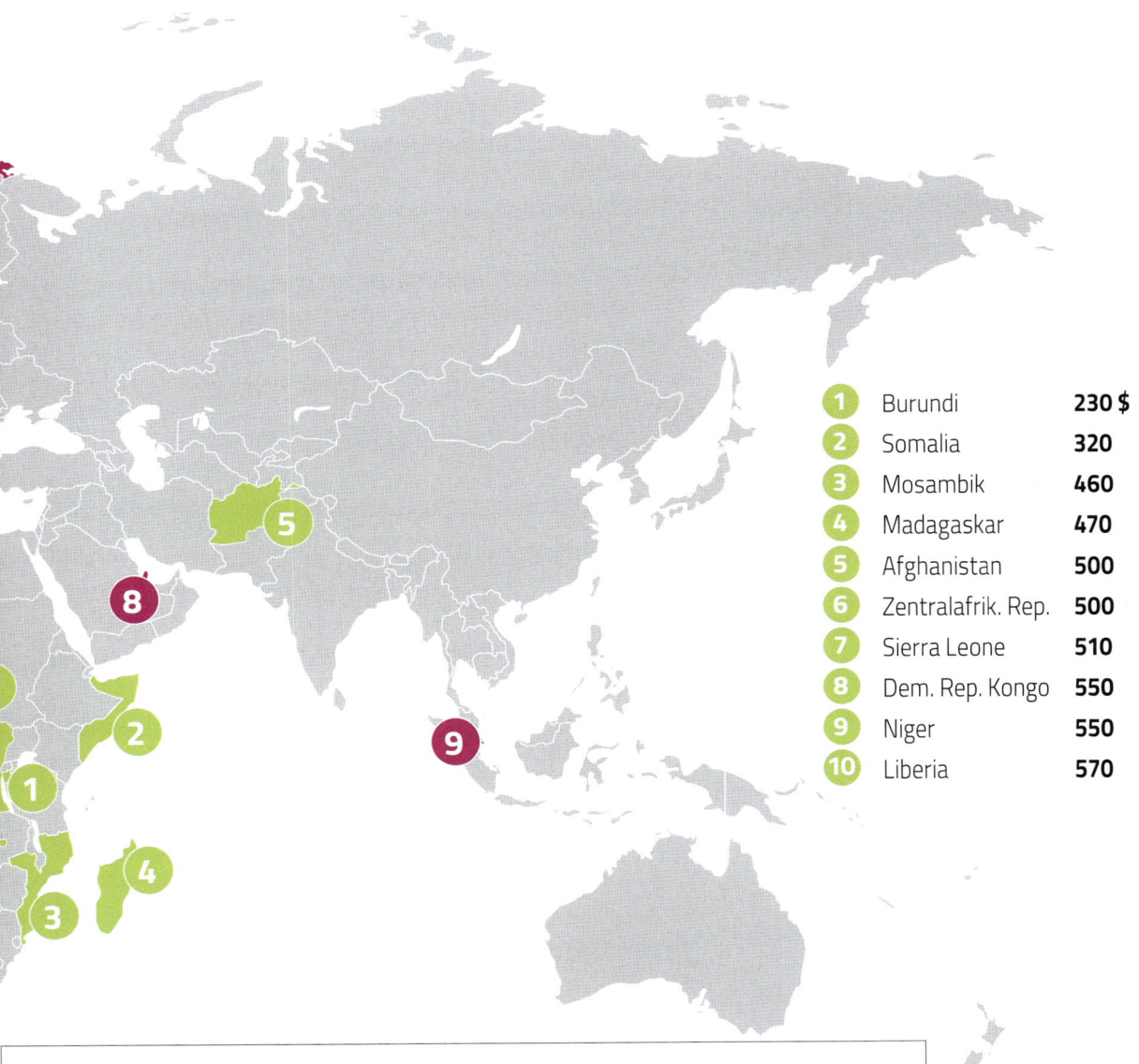

1	Burundi	**230 $**
2	Somalia	**320**
3	Mosambik	**460**
4	Madagaskar	**470**
5	Afghanistan	**500**
6	Zentralafrik. Rep.	**500**
7	Sierra Leone	**510**
8	Dem. Rep. Kongo	**550**
9	Niger	**550**
10	Liberia	**570**

Die UN erkennt offiziell 193 Länder und Staaten an. Doch welches Land ist das vermögendste der Erde? Um das reichste Land der Welt zu küren, lassen sich verschiedene Kriterien – wie das jährliche Volkseinkommen pro Einwohner – hinzuziehen. Die Kluft zwischen den reichsten und ärmsten Ländern der Welt ist tief: An nur einem Tag verdient ein Schweizer fast genauso viel wie ein Einwohner Burundis im ganzen Jahr. Neben der Schweiz zählen auch Luxemburg und Norwegen zu den reichsten Ländern der Welt.

Stand: Januar 2022

Rangliste der globalen Bruttoinlandsprodukte

Prognostizierte Werte

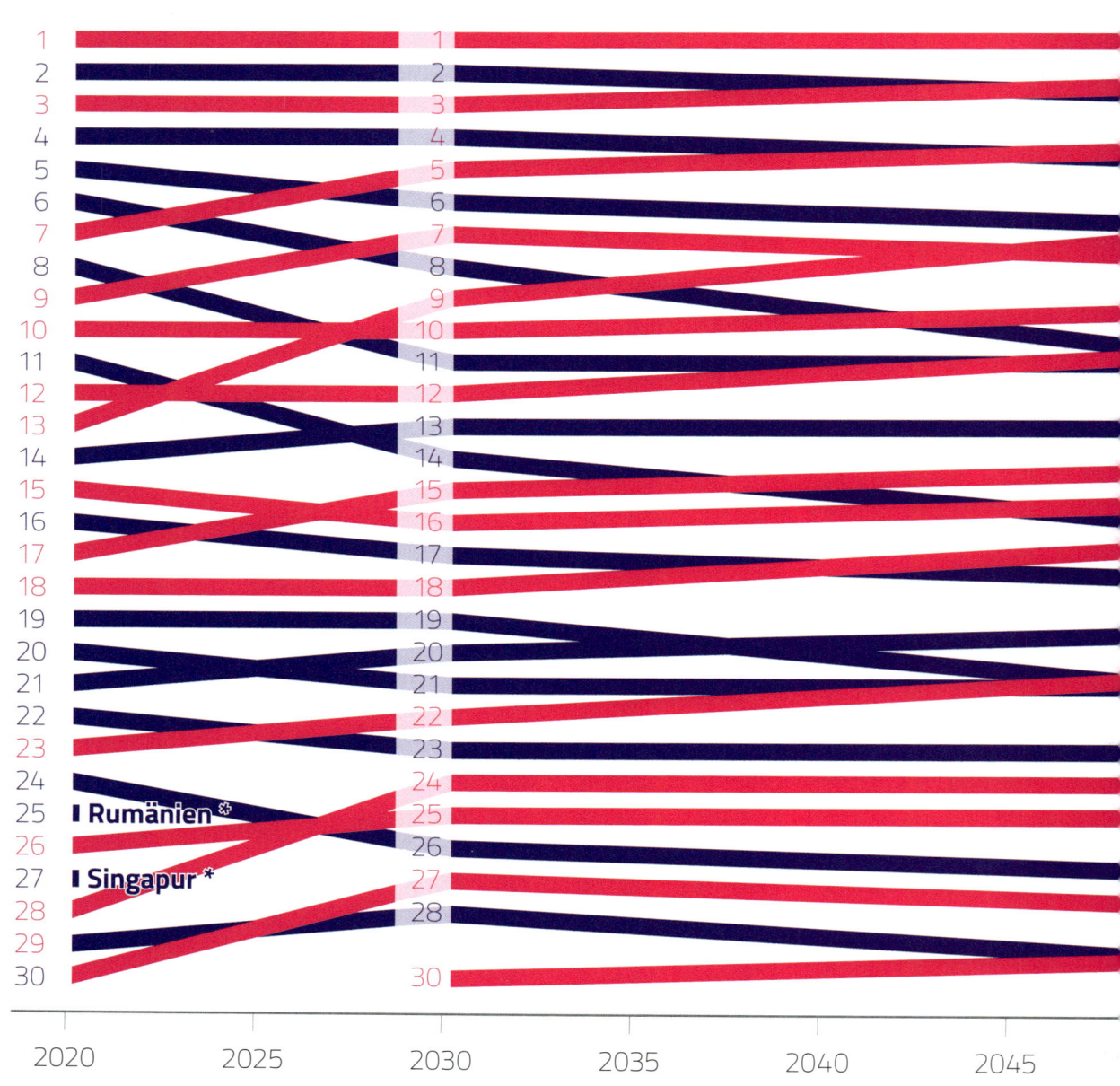

* Nach den Berechnungen fallen Rumänien und Singapur in den nächsten Jahren aus dem Top-30-Ranking heraus

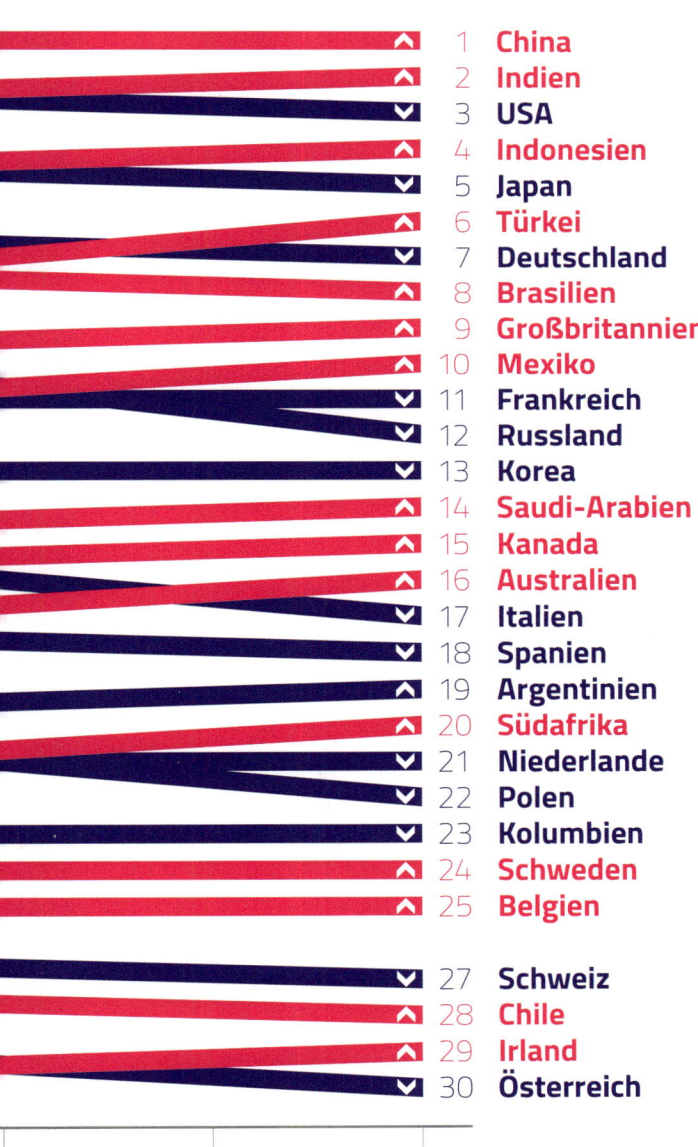

1	**China**
2	**Indien**
3	**USA**
4	**Indonesien**
5	**Japan**
6	**Türkei**
7	**Deutschland**
8	**Brasilien**
9	**Großbritannien**
10	**Mexiko**
11	**Frankreich**
12	**Russland**
13	**Korea**
14	**Saudi-Arabien**
15	**Kanada**
16	**Australien**
17	**Italien**
18	**Spanien**
19	**Argentinien**
20	**Südafrika**
21	**Niederlande**
22	**Polen**
23	**Kolumbien**
24	**Schweden**
25	**Belgien**
27	**Schweiz**
28	**Chile**
29	**Irland**
30	**Österreich**

050   2055   2060

Bis zum Ausbruch des russischen Kriegs gegen die Ukraine war das globale Hauptschlachtfeld, auf dem die Großmächte konkurrieren, nicht militärisch, sondern wirtschaftlich. Aus geopolitischen Gründen knüpfen Staaten den Zugang zu ihren Märkten an Bedingungen und setzen Instrumente wie Zölle und Sanktionen ein.

China hat sich zu einem systemischen Rivalen der europäischen Staaten, der USA und anderer liberal-demokratischer Länder auf der ganzen Welt entwickelt. Russland ist es, spätestens aber mit Beginn des Krieges gegen die Ukraine, ohnehin schon. Im März 2021 sandte Peking eine deutliche Botschaft an Europa, als europäische Unternehmen wie H&M und Adidas von chinesischen E-Commerce-Plattformen verschwanden – eine zunehmend übliche chinesische Sanktionstaktik. Der Schaden hielt sich in Grenzen, aber die Botschaft war klar: China ist nun bereit, wirtschaftlichen Zwang als direkte Antwort auf politische Entscheidungen der EU anzuwenden.

Die Grafik zeigt eine Länderrangliste auf der Grundlage des Trend-Bruttoinlandsprodukts der OECD, einschließlich langfristiger Basisprognosen (bis 2060). Ob es genau so kommt, wie dargestellt, ist unklar. Klar ist aber, dass Großmächte zunehmend staatliches Handeln mit Geopolitik und Wirtschaft verbinden; sie setzen wirtschaftliche Instrumente ein, um ihre geopolitische Macht zu stärken, und Geopolitik, um wirtschaftlich zu profitieren.

Sanktionen und Drohungen einer Regierung gegenüber anderen Staaten können das Verhalten eines anderen Akteurs verändern. Sogar die Politik der Zentralbanken hat heute erhebliche geopolitische Auswirkungen. Die erfolgreichsten Akteure kombinieren diese Instrumente mit Maßnahmen wie Entwicklungszusammenarbeit, Sprachschulen, Militäreinsätzen oder Desinformationskampagnen, die alle darauf abzielen, einen strategischen Einfluss auf andere zu gewinnen und die eigene Position in der Welt zu sichern. Laut Berechnungen der OECD dürfte beispielsweise der Einfluss Deutschlands, Japans und der USA abnehmen, während China, Indien und die Türkei Einfluss gewinnen.

Stand: 2021

Weltwirtschafts-wachstum

in Prozent

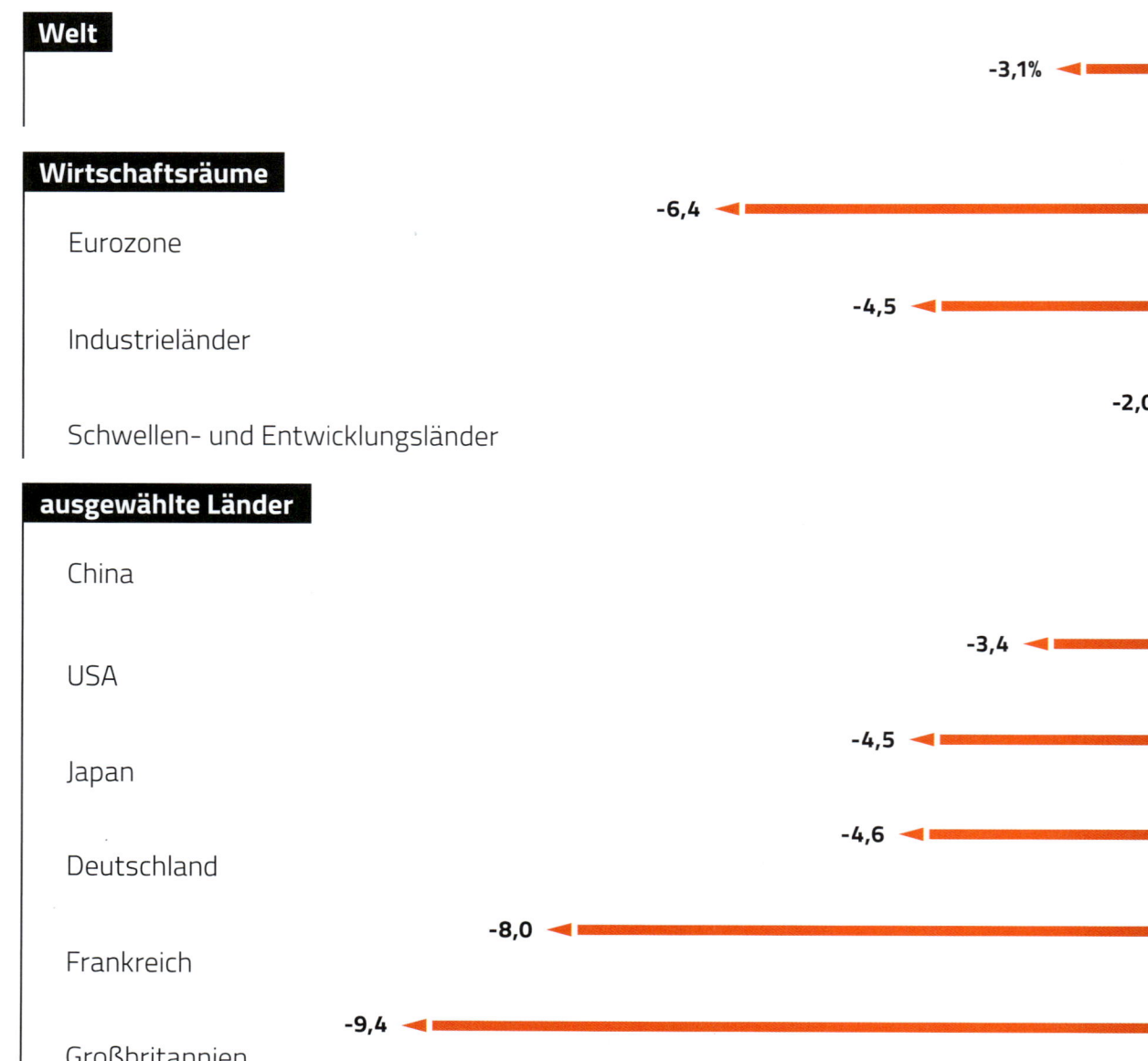

Welt

-3,1%

Wirtschaftsräume

Eurozone
-6,4

Industrieländer
-4,5

Schwellen- und Entwicklungsländer
-2,0

ausgewählte Länder

China

USA
-3,4

Japan
-4,5

Deutschland
-4,6

Frankreich
-8,0

Großbritannien
-9,4

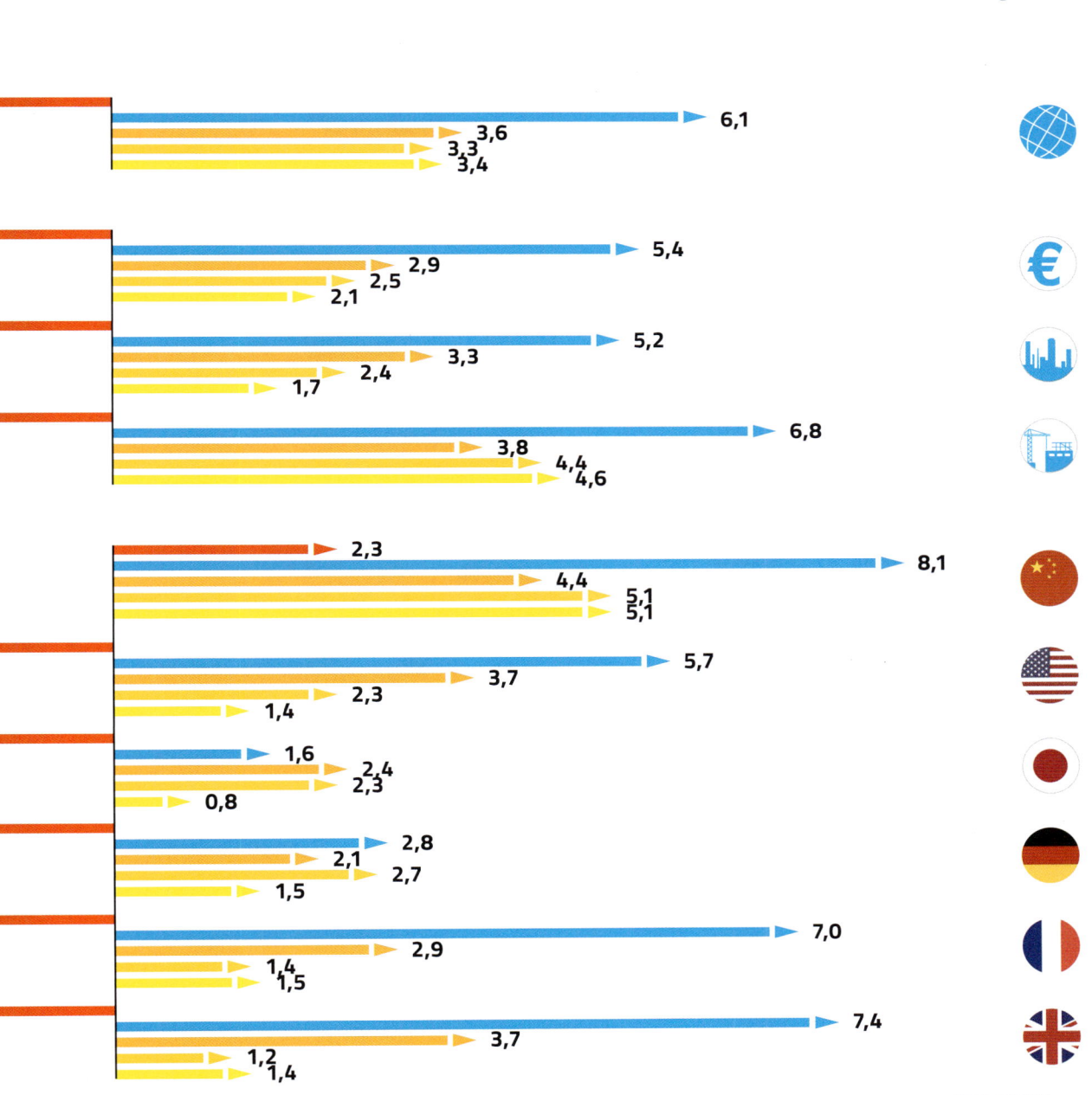

6,1
3,6
3,3
3,4

5,4
2,9
2,5
2,1

5,2
3,3
2,4
1,7

6,8
3,8
4,4
4,6

2,3
8,1
4,4
5,1
5,1

5,7
3,7
2,3
1,4

1,6
2,4
2,3
0,8

2,8
2,1
2,7
1,5

7,0
2,9
1,4
1,5

7,4
3,7
1,2
1,4

Stand: April 2022

19

Globale Handelsströme im Welthandel

in Milliarden US-Dollar

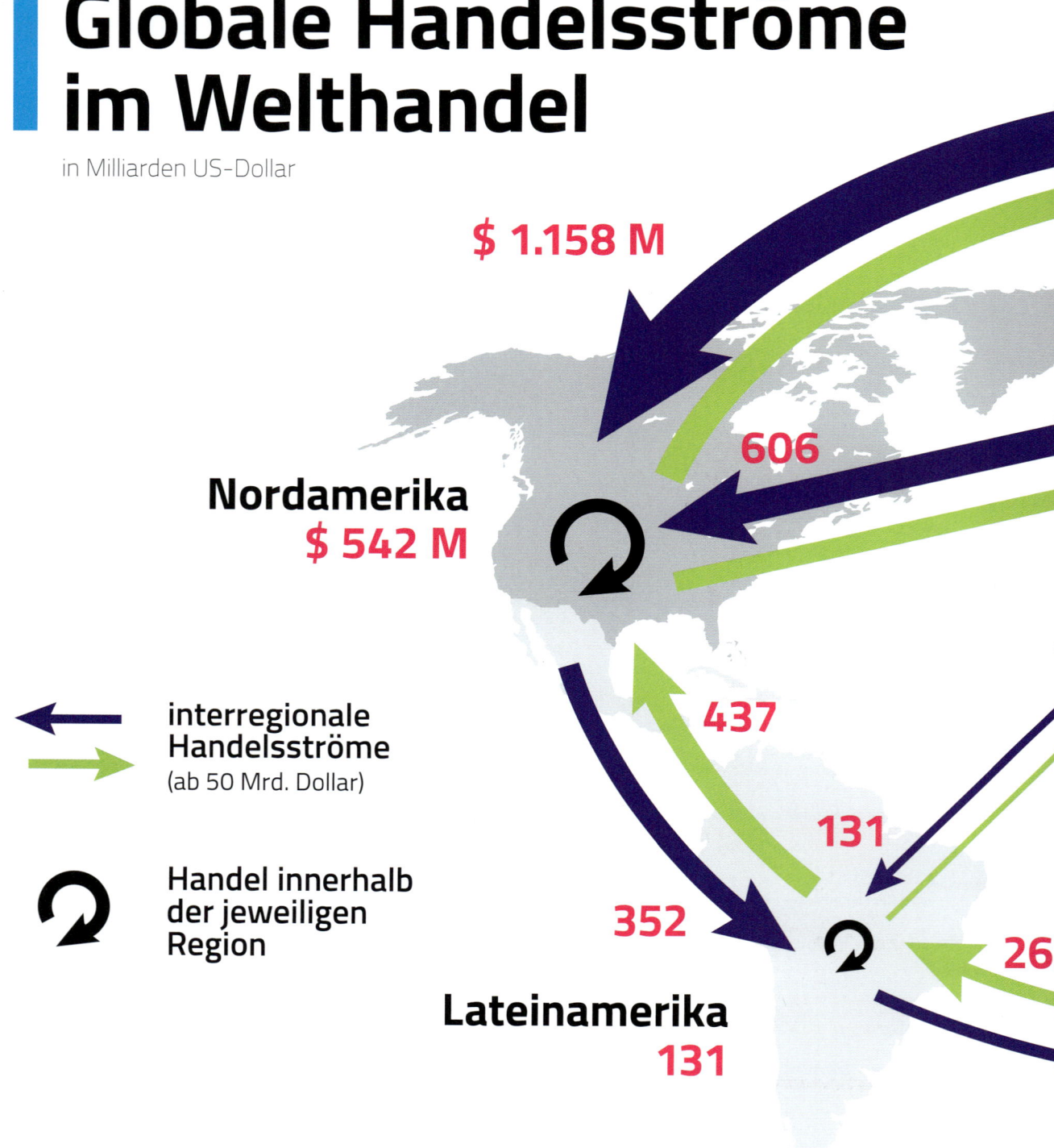

$ 1.158 M

606

Nordamerika
$ 542 M

interregionale
Handelsströme
(ab 50 Mrd. Dollar)

Handel innerhalb
der jeweiligen
Region

437

131

352

26

Lateinamerika
131

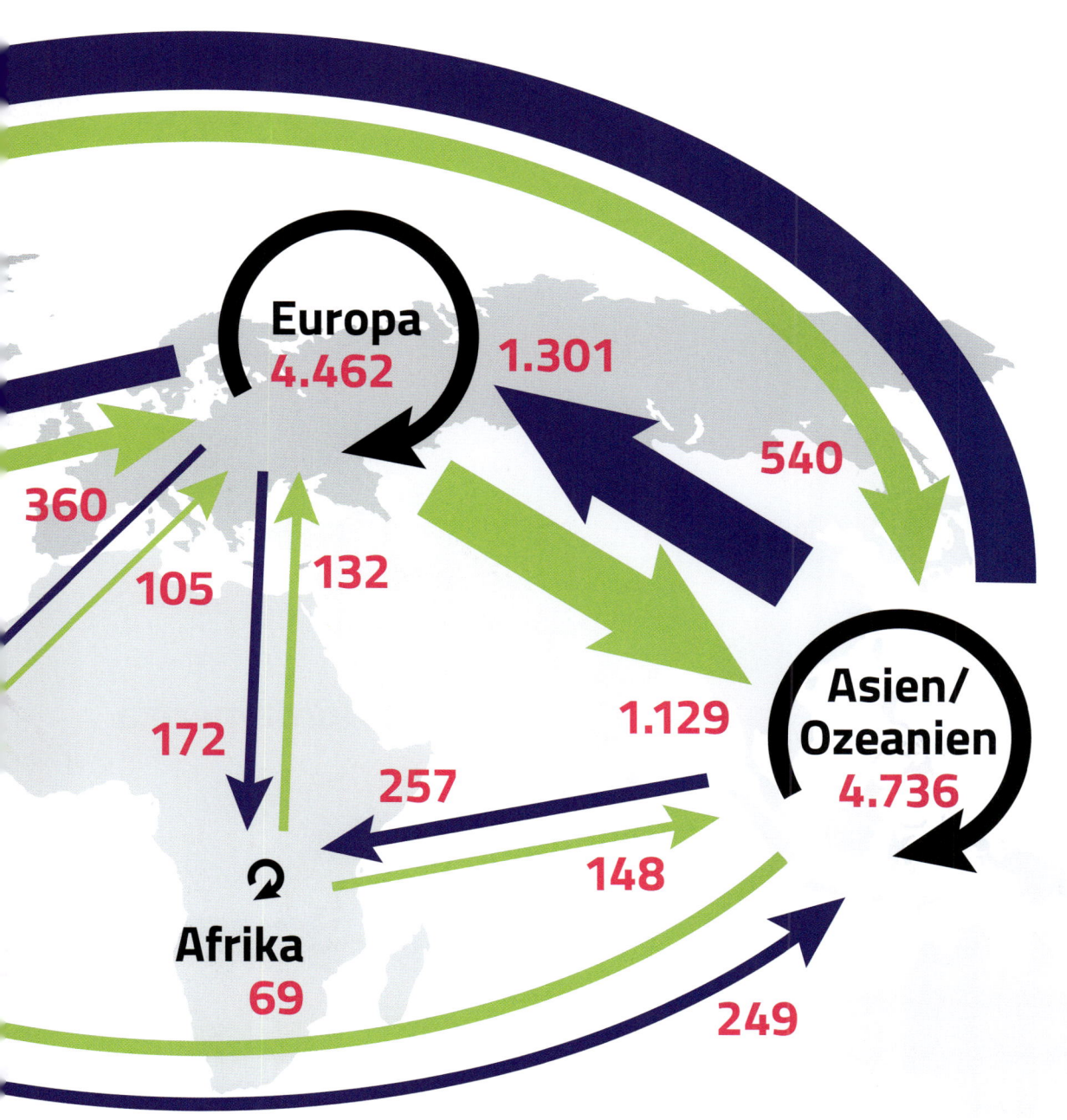

Europa
4.462

1.301

540

360

105

132

172

257

1.129

Asien/
Ozeanien
4.736

148

Afrika
69

249

Stand: Februar 2022

● Europa, darunter
- ● Deutschland
- ● Großbritannien

47,8 % **43,5** **45,9** **38,2**

9,3 9,2 10,2 8,1

7,8 5,0 4,2 2,4

1963 1983 2003 2020

Im internationalen Handel haben sich in den vergangenen sechs Jahrzehnten die Gewichte erheblich verschoben. In den 1960er-Jahren waren die USA mit Abstand Weltmarktführer auf den Exportmärkten. Auch Großbritannien übernahm eine wichtige Rolle, verlor aber über die Jahre an Bedeutung. Zwischen 2003 und 2008 übernahm Deutschland die Rolle als bedeutendste Exportnation. Erst im Jahr 2009 löste China Deutschland ab. Im Pandemiejahr 2020 kam das Reich der Mitte auf einen Anteil von 15,2 Prozent an allen weltweiten Exporten – eine deutliche Steigerung im Vergleich zum Vorjahr.

● Nordamerika
- ● USA

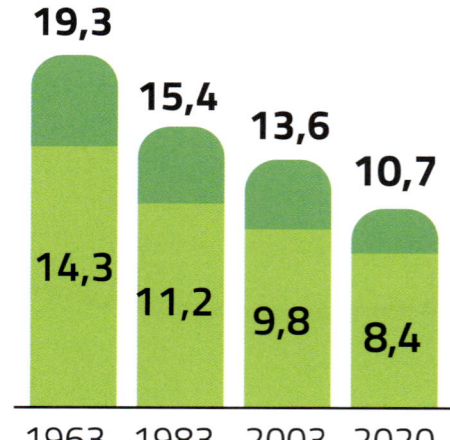

19,3 **15,4** **13,6** **10,7**

14,3 11,2 9,8 8,4

1963 1983 2003 2020

Neue Schwergewichte im Welthandel

Anteile am Weltexport in Prozent

Lateinamerika

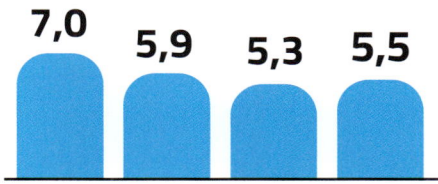

| 7,0 | 5,9 | 5,3 | 5,5 |

Afrika

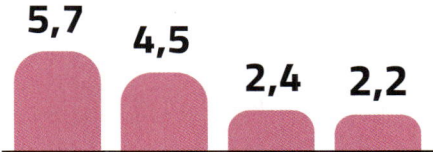

| 5,7 | 4,5 | 2,4 | 2,2 |

UdSSR/GUS-Staaten

| 4,6 | 5,0 | 2,6 | 2,7 |

Nahost

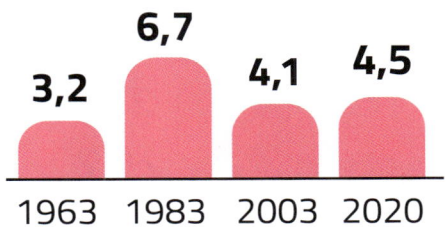

| 3,2 | 6,7 | 4,1 | 4,5 |

| | 1963 | 1983 | 2003 | 2020 |

● **Asien**
● China
● Japan

	1963	1983	2003	2020
Asien (gesamt)	12,5	19,1	26,1	36,1
China	1,3	1,2	5,9	15,2
Japan	3,5	8,0	6,4	3,8

Stand: 2021

Deutschlands wichtigste Handelspartner

in Milliarden Euro

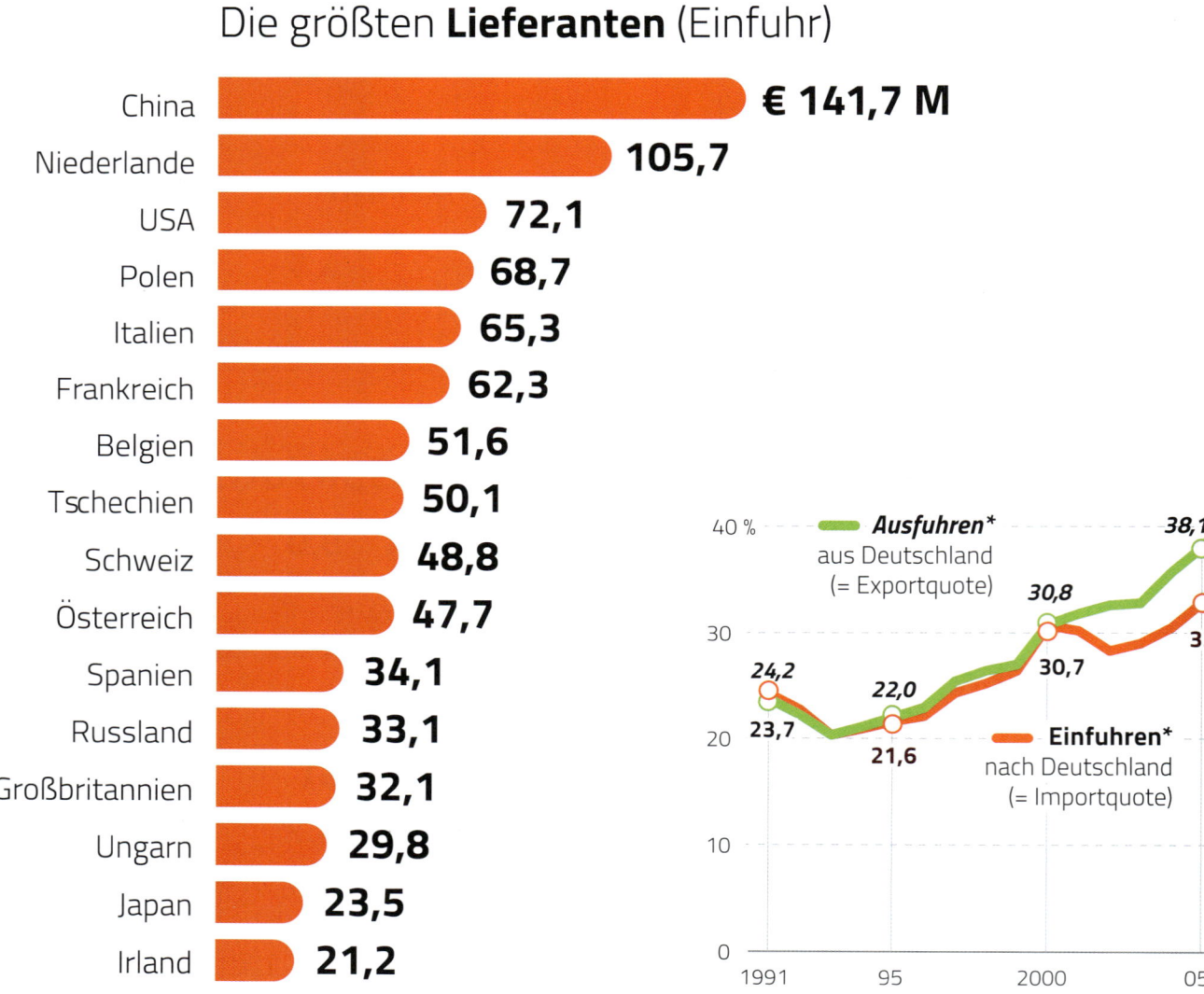

Die größten **Lieferanten** (Einfuhr)

China	€ 141,7 M
Niederlande	105,7
USA	72,1
Polen	68,7
Italien	65,3
Frankreich	62,3
Belgien	51,6
Tschechien	50,1
Schweiz	48,8
Österreich	47,7
Spanien	34,1
Russland	33,1
Großbritannien	32,1
Ungarn	29,8
Japan	23,5
Irland	21,2

Ausfuhren* aus Deutschland (= Exportquote)

Einfuhren* nach Deutschland (= Importquote)

40 %

24,2
23,7
22,0
21,6
30,8
30,7
38,1
32

30

20

10

0

1991   95   2000   05

China ist das sechste Jahr in Folge Deutschlands wichtigster Handelspartner. Von 2020 zu 2021 steigt der Umsatz des Außenhandels mit China - also die Summe von Exporten und Importen - um gut 15 Prozent auf 245 Milliarden Euro. In jüngster Zeit hat der weltweite Außenhandel im Zuge der Globalisierungsprozesse ein- und ausfuhrseitig deutlich zugenommen. Die Globalisierung hat nicht nur zu einer starken Expansion des internationalen Handels, sondern auch zu einer Internationalisierung der Produktionsprozesse geführt. Globale Wertschöpfungsketten spielen bei der Herstellung komplexer technischer Produkte eine immer größere Rolle und haben einen starken Anstieg des Außenhandels auf allen Produktionsstufen zur Folge.

Die größten **Kunden** (Ausfuhr)

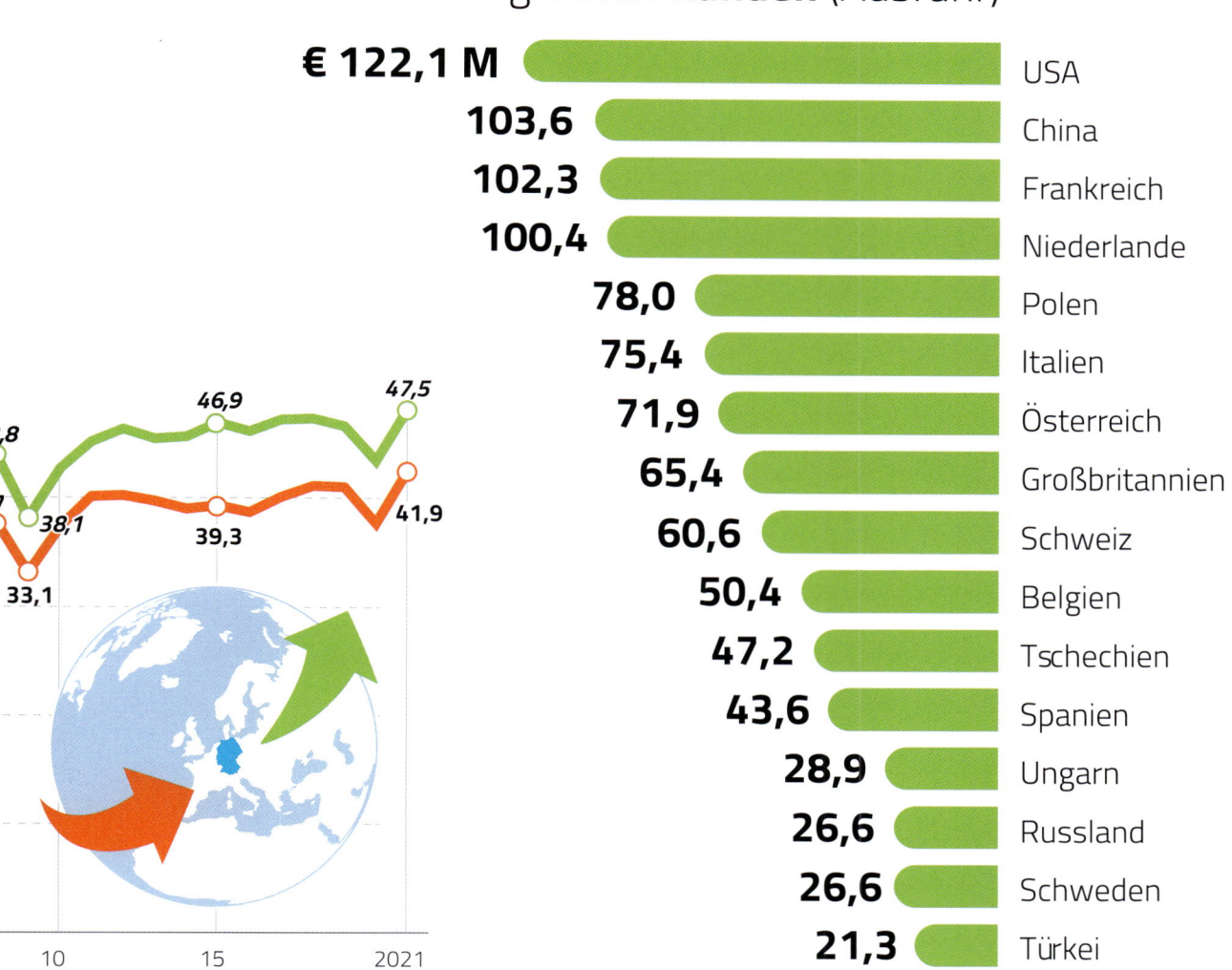

€ 122,1 M	USA
103,6	China
102,3	Frankreich
100,4	Niederlande
78,0	Polen
75,4	Italien
71,9	Österreich
65,4	Großbritannien
60,6	Schweiz
50,4	Belgien
47,2	Tschechien
43,6	Spanien
28,9	Ungarn
26,6	Russland
26,6	Schweden
21,3	Türkei

3,8
7
38,1
33,1
46,9
39,3
47,5
41,9

10   15   2021

Stand: Februar 2022

Die Leistung der deutschen Wirtschaft

So teilt sich das BIP auf

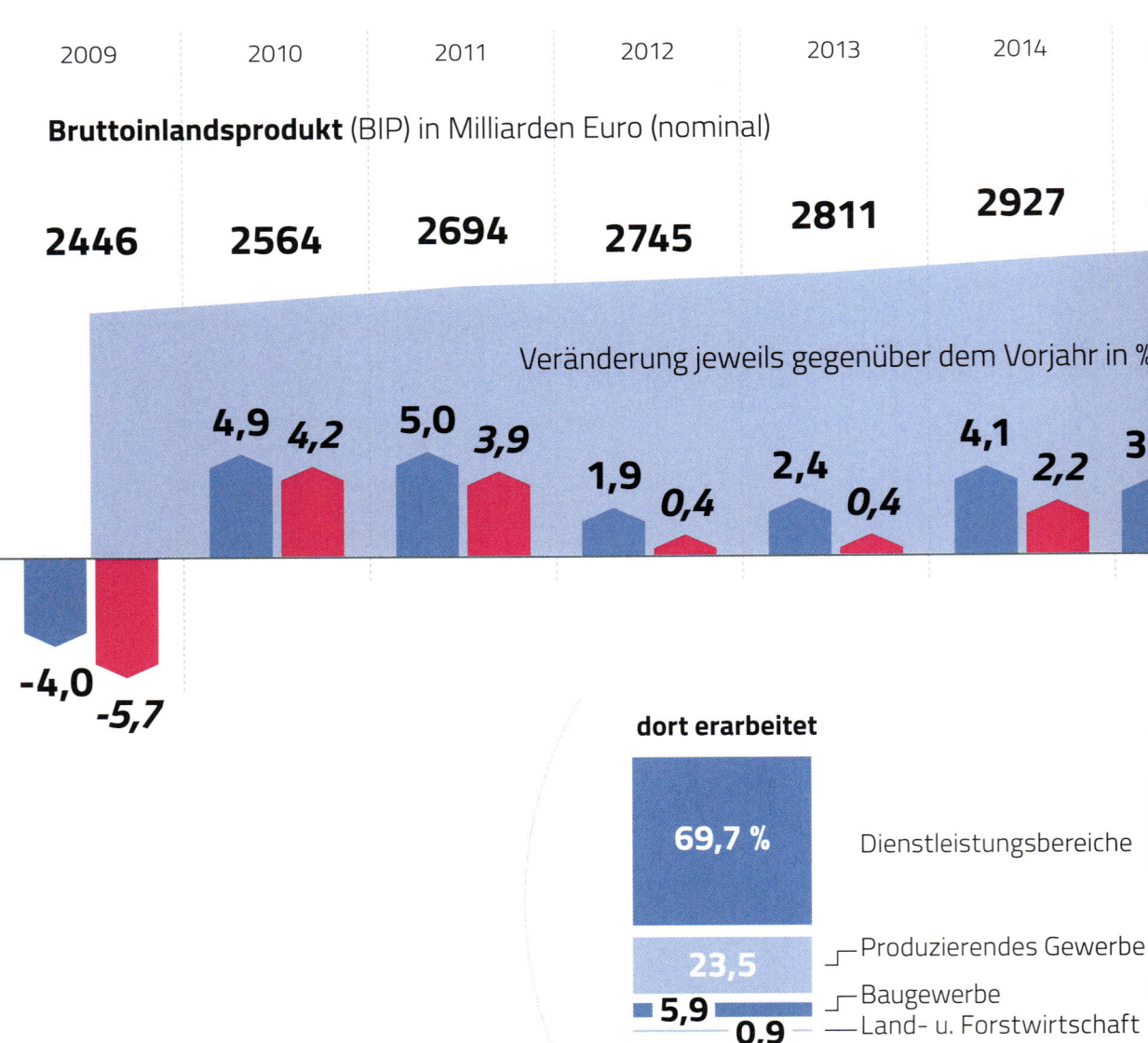

| 2009 | 2010 | 2011 | 2012 | 2013 | 2014 |

Bruttoinlandsprodukt (BIP) in Milliarden Euro (nominal)

| 2446 | 2564 | 2694 | 2745 | 2811 | 2927 |

Veränderung jeweils gegenüber dem Vorjahr in %

4,9 4,2   5,0 3,9   1,9 0,4   2,4 0,4   4,1 2,2   3,

-4,0
-5,7

dort erarbeitet

69,7 % Dienstleistungsbereiche

23,5 ⌐ Produzierendes Gewerbe

5,9 ⌐ Baugewerbe

0,9 — Land- u. Forstwirtschaft

Stand: Februar 2022

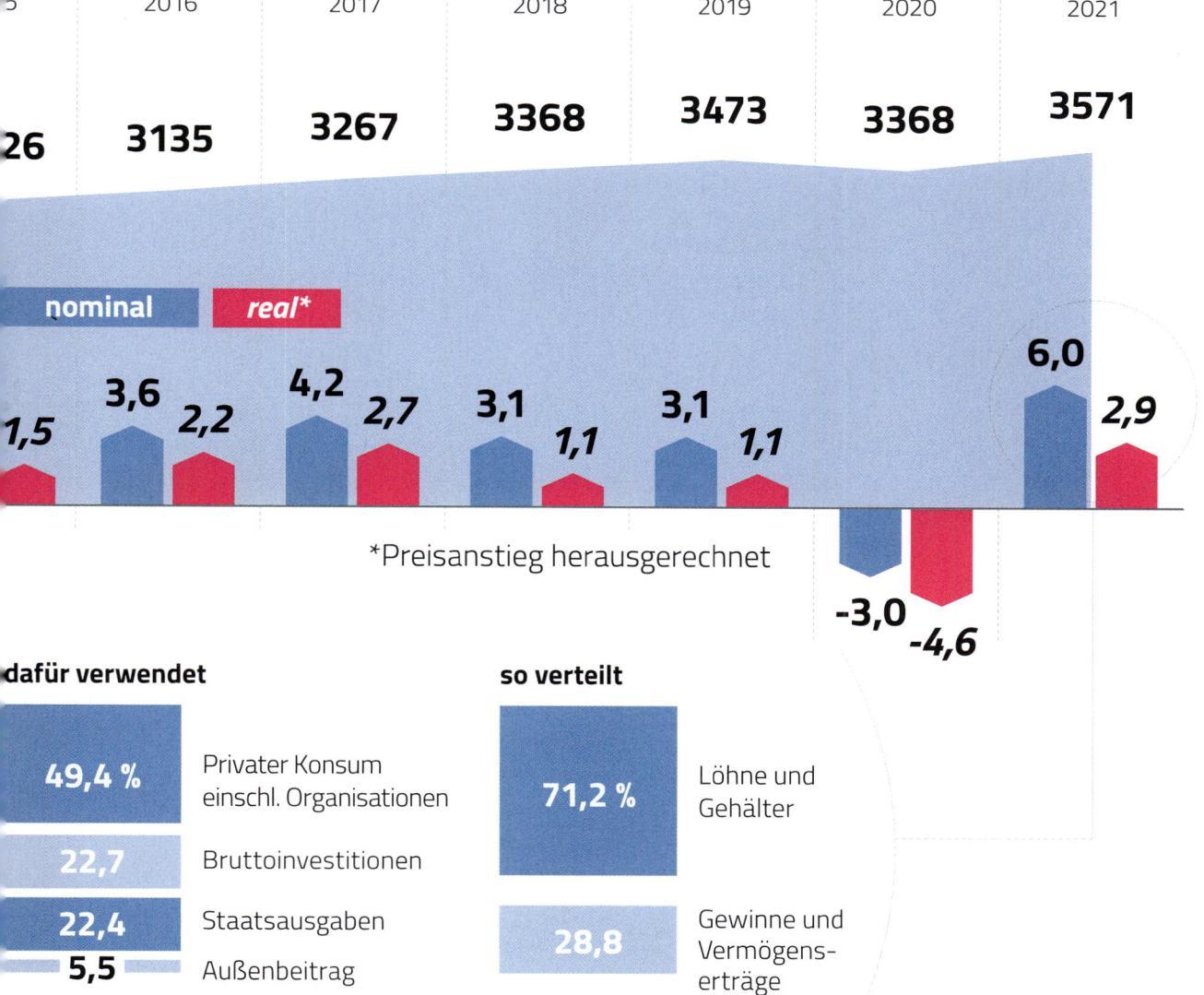

	2016	2017	2018	2019	2020	2021
5

26 | **3135** | **3267** | **3368** | **3473** | **3368** | **3571**

nominal real*

1,5   3,6 2,2   4,2 2,7   3,1 1,1   3,1 1,1   6,0 2,9

-3,0 -4,6

*Preisanstieg herausgerechnet

dafür verwendet

49,4 %	Privater Konsum einschl. Organisationen
22,7	Bruttoinvestitionen
22,4	Staatsausgaben
5,5	Außenbeitrag

so verteilt

71,2 %	Löhne und Gehälter
28,8	Gewinne und Vermögens- erträge

Wirtschaftsbündnisse weltweit

Die wichtigsten Freihandelsabkommen unter dem Dach der Welthandelsorganisation WTO

USMCA
3 Staaten

EU
27 Staaten

CAN
4 Staaten

ECO

MERCO
5 Staaten

USMCA

US-Mexiko-Kanada-Abkommen
Kanada, Mexiko, USA

CAN

Andengemeinschaft
Bolivien, Ecuador, Kolumbien, Peru

MERCOSUR

Gemeinsamer Markt Südamerikas
Argentinien, Brasilien, Paraguay, Uruguay, Venezuela

ECOWAS

Westafrikanische Wirtschaftsgemeinschaft
Benin, Burkina-Faso, Elfenbeinküste, Gambia,
Ghana, Guinea, Guinea-Bissau, Kap Verde, Liberia,
Mali, Niger, Nigeria, Senegal, Sierra Leone, Togo

EU

Europäische Union
Belgien, Bulgarien, Dänemark, Deutschland,
Estland, Finnland, Frankreich, Griechenland, Irland,
Italien, Kroatien, Lettland, Litauen, Luxemburg,
Malta, Niederlande, Österreich, Polen, Portugal,
Rumänien, Schweden, Slowakei, Slowenien,
Spanien, Tschechien, Ungarn, Zypern

EFTA

Europäische Freihandelszone
Island, Liechtenstein, Norwegen, Schweiz

CEFTA

Mitteleuropäisches Freihandelsabkommen
Albanien, Bosnien u. Herzegowina,
Nordmazedonien, Moldau, Montenegro, Serbien

SACU

Zollunion des südlichen Afrika
Botswana, Eswatini, Lesotho, Namibia, Südafrika

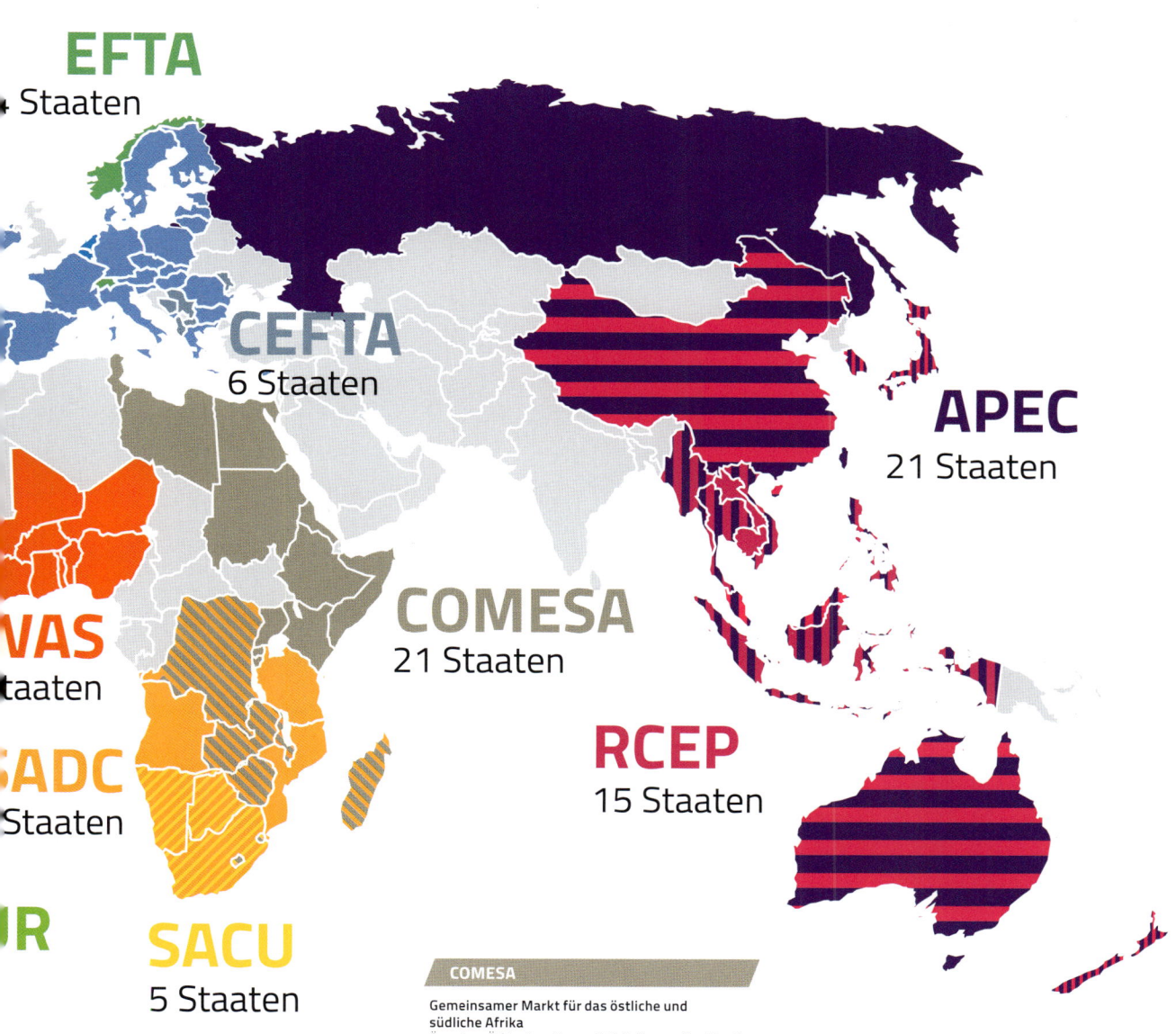

EFTA
Staaten

CEFTA
6 Staaten

APEC
21 Staaten

COMESA
21 Staaten

VAS
taaten

RCEP
15 Staaten

SADC
Staaten

UR

SACU
5 Staaten

COMESA

Gemeinsamer Markt für das östliche und südliche Afrika
Ägypten, Äthiopien, Burundi, D. R. Kongo, Dschibuti, Eritrea, Eswatini, Kenia, Komoren, Libyen, Madagaskar, Malawi, Mauritius, Ruanda, Sambia, Seychellen, Simbabwe, Somalia, Sudan, Tunesien, Uganda

APEC

Asiatisch-Pazifische Wirtschaftsgemeinschaft
Australien, Brunei, Chile, China, Hongkong, Indonesien, Japan, Kanada, Malaysia, Mexiko, Neuseeland, Papua-Neuguinea, Peru, Philippinen, Russland, Singapur, Südkorea, Taiwan, Thailand, USA, Vietnam

RCEP

Regionale, umfassende Wirtschaftspartnerschaft
Australien, Brunei, China, Indonesien, Japan, Kambodscha, Laos, Malaysia, Myanmar, Neuseeland, Philippinen, Singapur, Südkorea, Thailand, Vietnam

SADC

Entwicklungsgemeinschaft des südlichen Afrika
Angola, Botswana, Dem. Rep. Kongo, Eswatini, Komoren, Lesotho, Madagaskar, Malawi, Mauritius, Mosambik, Namibia, Sambia, Seychellen, Simbabwe, Südafrika, Tansania

Stand: 2020

Weltkarte der Länderrisiken

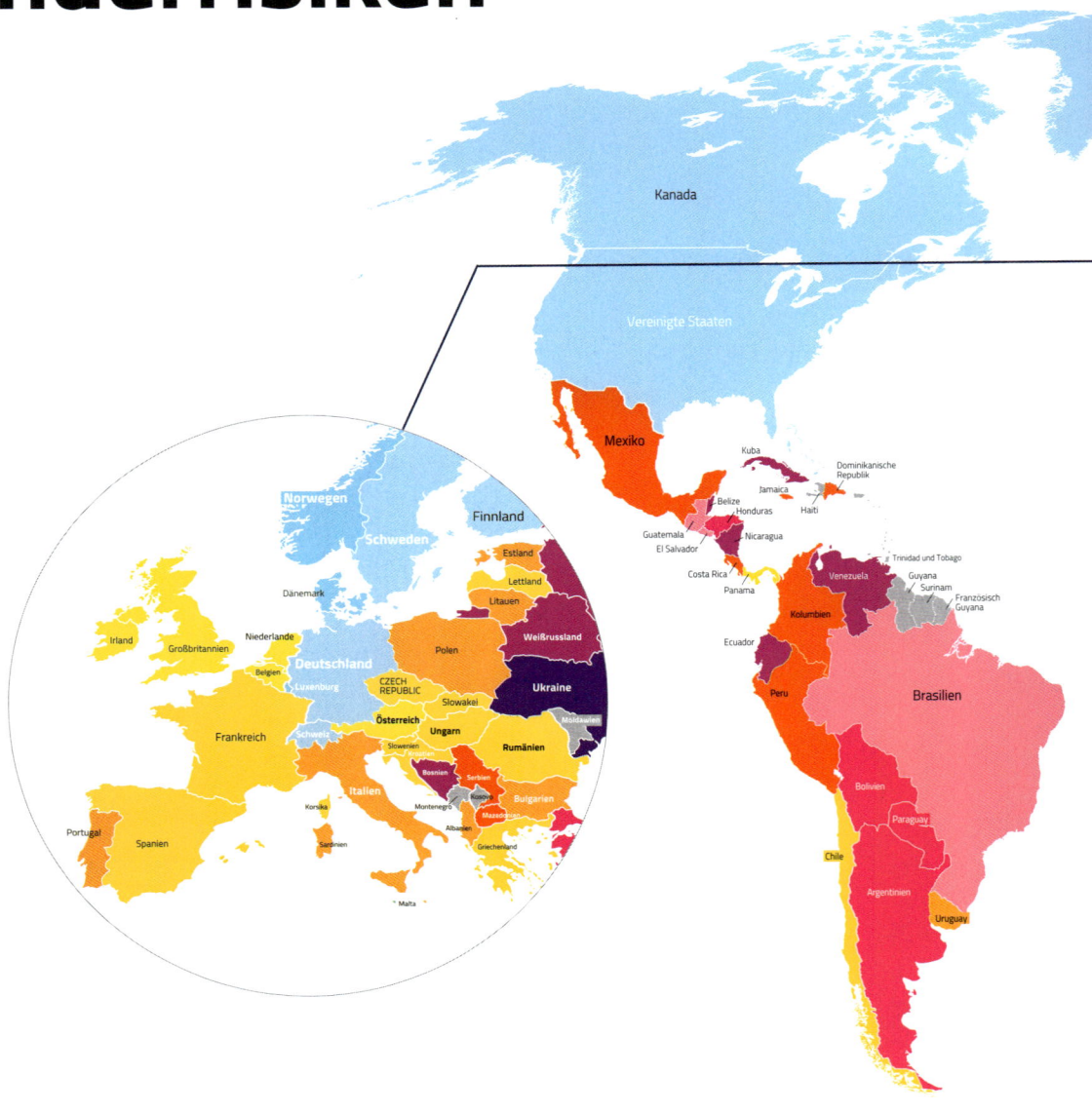

Stand: Juli 2022

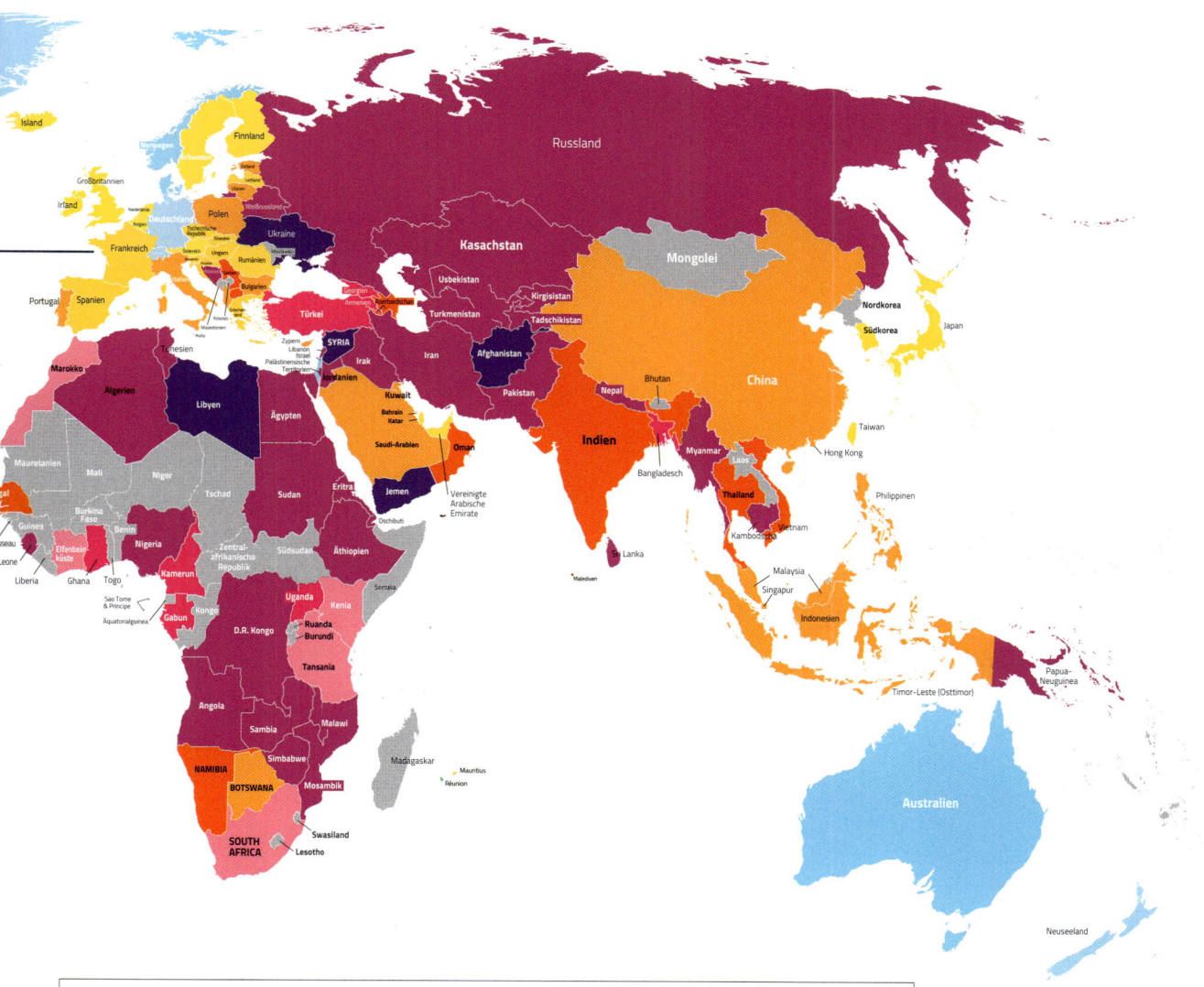

niedriges Risiko | mittleres Risiko | hohes Risiko

Die Coronakrise und Russlands Krieg gegen die Ukraine haben gezeigt, wie schnell sich die wirtschaftliche Lage in Teilen der Welt negativ verändern kann. Die Entwicklungen wirken sich auch auf die Länderrisiken aus. Unsere Karte visualisiert, dass das Risiko in vielen Volkswirtschaften noch immer hoch, im Vergleich zum Vorjahr sogar gestiegen ist. Besonders in Ländern wie Afghanistan, Libyen oder Syrien ist es riskant, Geschäfte zu machen. Das Risiko-Rating der Länder reicht über eine Skala von „niedriges Risiko" bis hin zu „hohes Risiko". Zudem gibt es Länder, über die wir keine ausreichenden Informationen zur Verfügung haben, diese Flächen sind grau gefärbt.

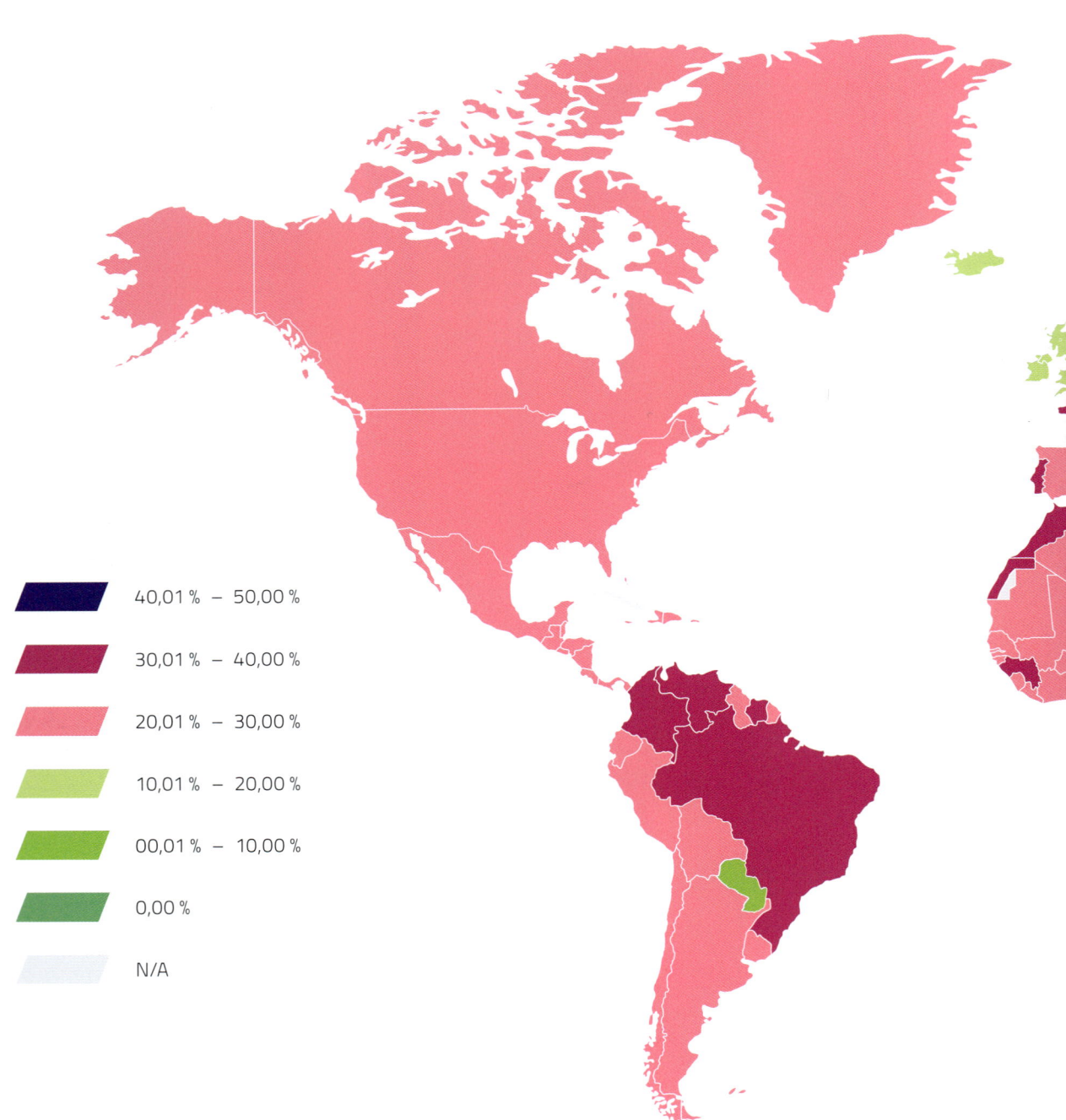

	40,01 % – 50,00 %
	30,01 % – 40,00 %
	20,01 % – 30,00 %
	10,01 % – 20,00 %
	00,01 % – 10,00 %
	0,00 %
	N/A

Gesetzliche Körperschaftssteuersätze

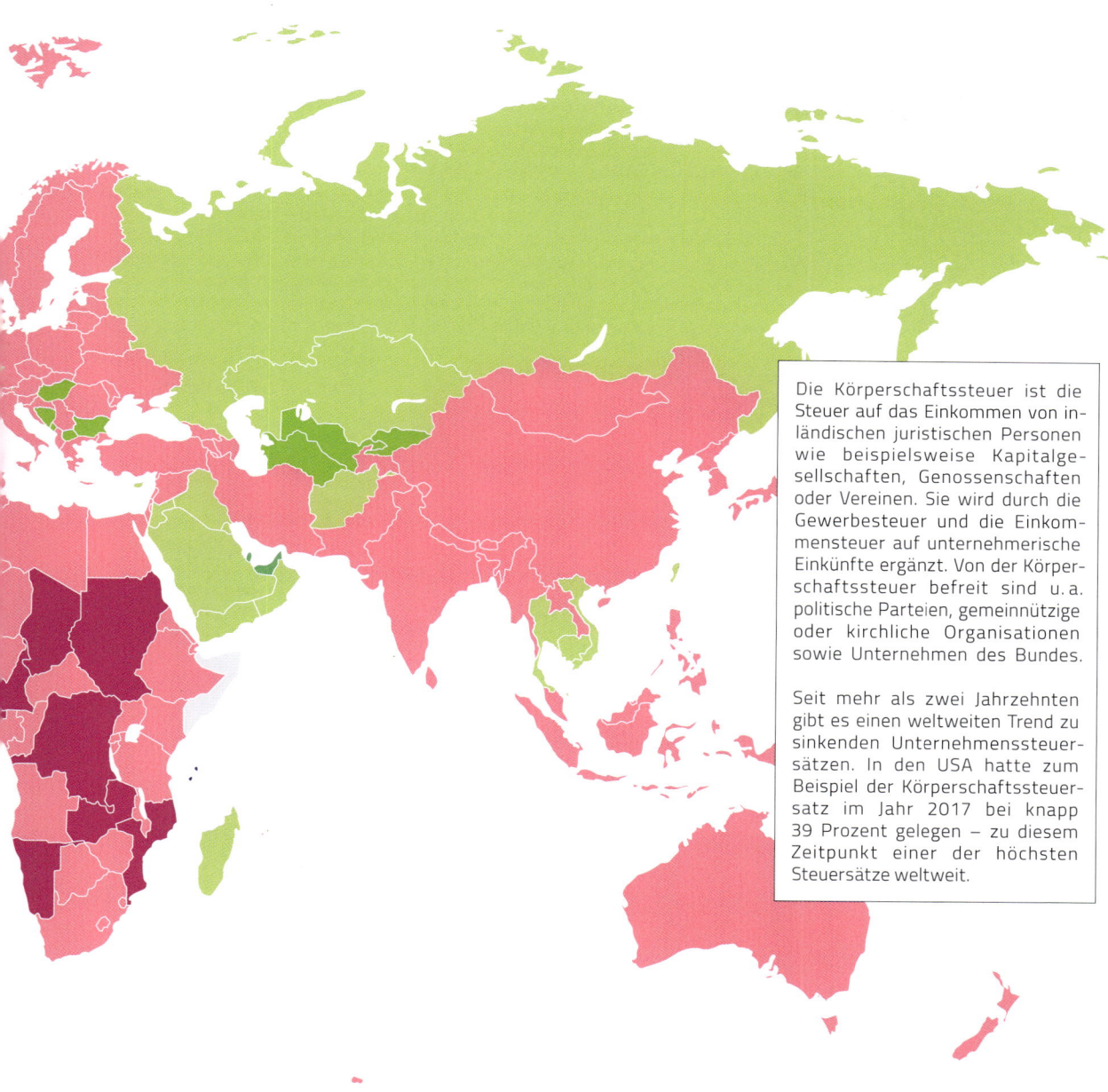

Die Körperschaftssteuer ist die Steuer auf das Einkommen von inländischen juristischen Personen wie beispielsweise Kapitalgesellschaften, Genossenschaften oder Vereinen. Sie wird durch die Gewerbesteuer und die Einkommensteuer auf unternehmerische Einkünfte ergänzt. Von der Körperschaftssteuer befreit sind u. a. politische Parteien, gemeinnützige oder kirchliche Organisationen sowie Unternehmen des Bundes.

Seit mehr als zwei Jahrzehnten gibt es einen weltweiten Trend zu sinkenden Unternehmenssteuersätzen. In den USA hatte zum Beispiel der Körperschaftssteuersatz im Jahr 2017 bei knapp 39 Prozent gelegen – zu diesem Zeitpunkt einer der höchsten Steuersätze weltweit.

Stand: 2020

Welt-währungen

$		Dollar
€		Euro
¥		Yen/Yuan
£		Pfund
₽		Rubel
₹		Rupien
₣		Franc
₱		Peso
		Andere

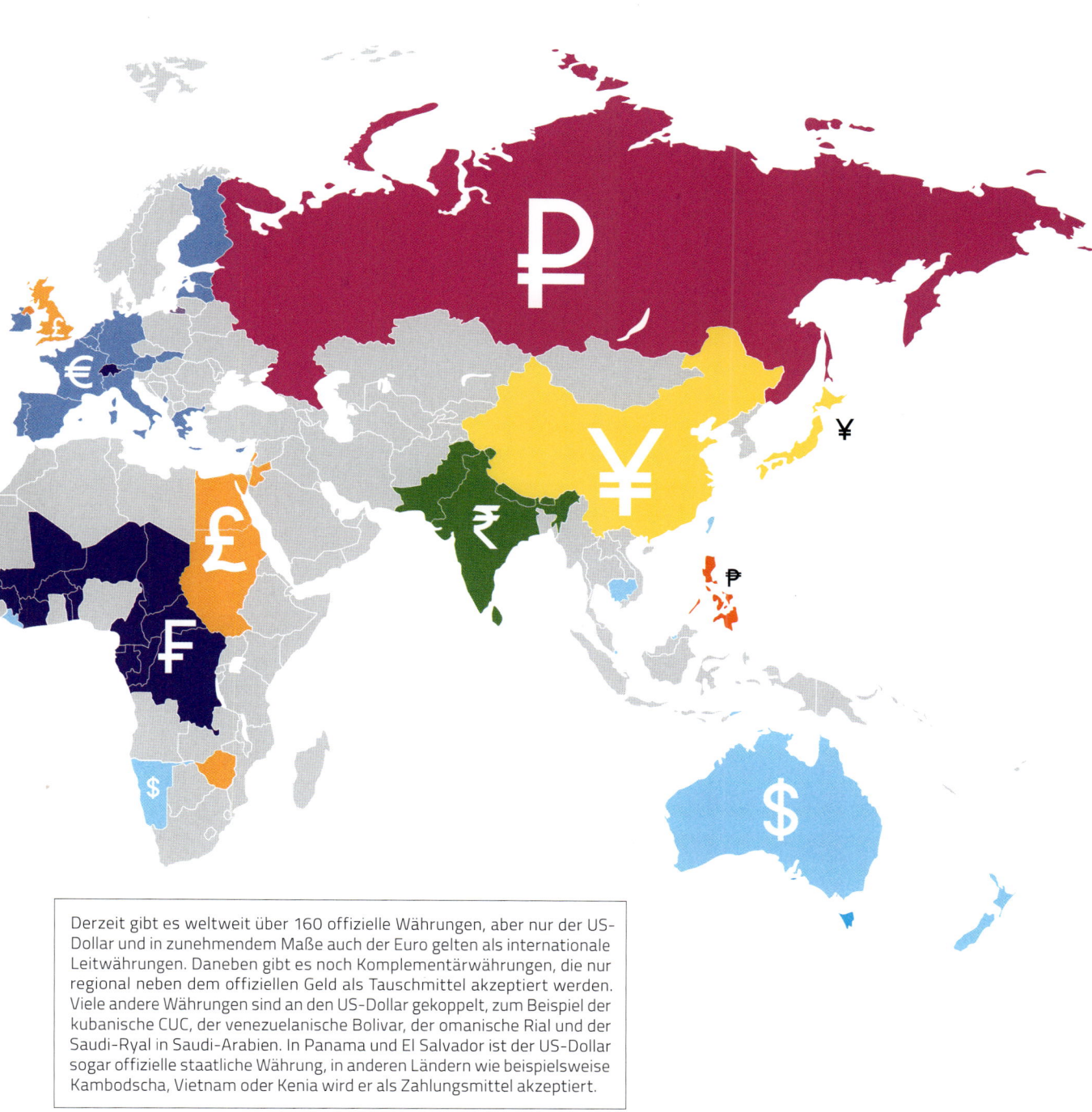

Derzeit gibt es weltweit über 160 offizielle Währungen, aber nur der US-Dollar und in zunehmendem Maße auch der Euro gelten als internationale Leitwährungen. Daneben gibt es noch Komplementärwährungen, die nur regional neben dem offiziellen Geld als Tauschmittel akzeptiert werden. Viele andere Währungen sind an den US-Dollar gekoppelt, zum Beispiel der kubanische CUC, der venezuelanische Bolivar, der omanische Rial und der Saudi-Ryal in Saudi-Arabien. In Panama und El Salvador ist der US-Dollar sogar offizielle staatliche Währung, in anderen Ländern wie beispielsweise Kambodscha, Vietnam oder Kenia wird er als Zahlungsmittel akzeptiert.

Stand: 2021

Der Big-Mac-Index

Preis des Burgers in US-Dollar

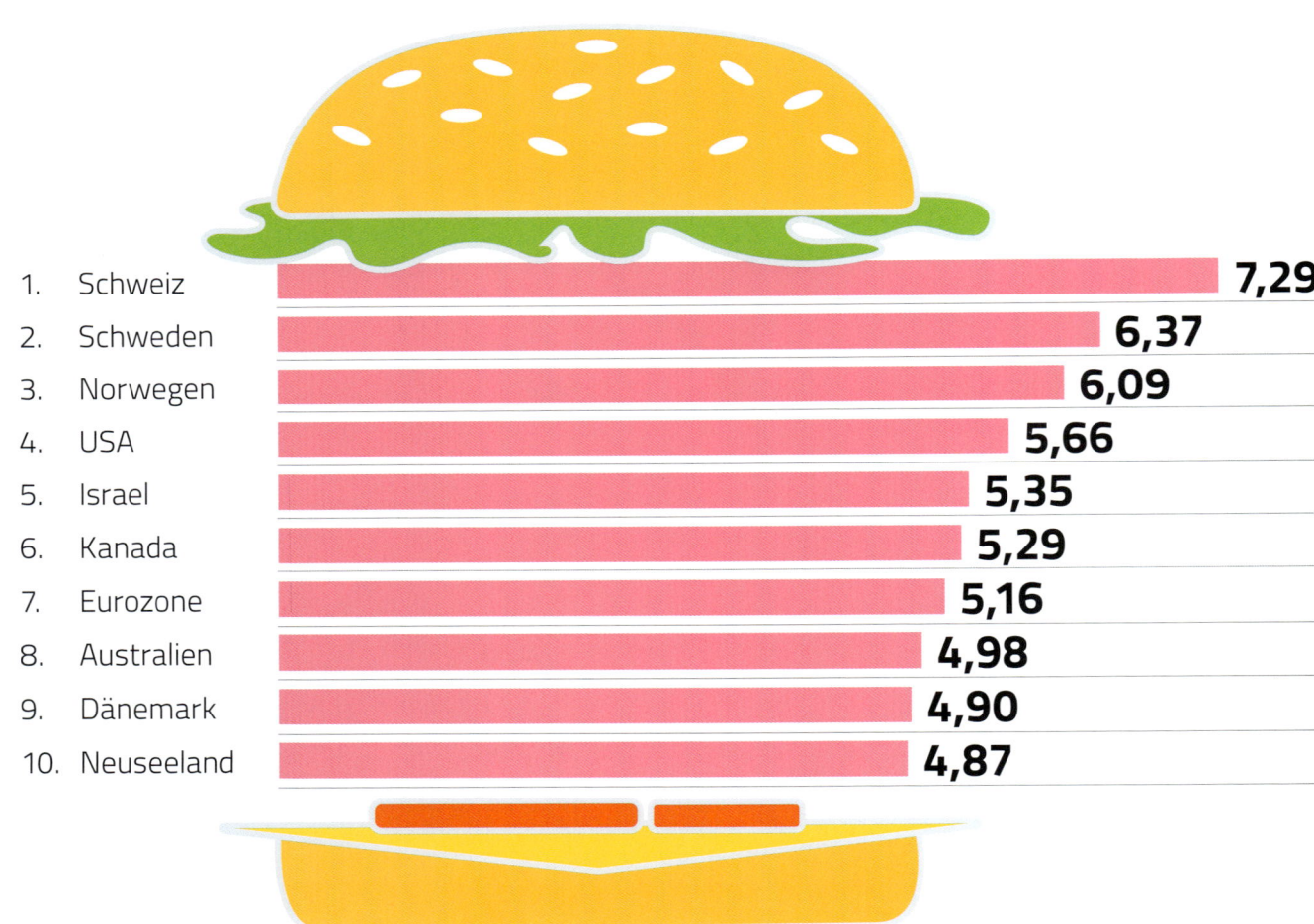

1.	Schweiz	**7,29**
2.	Schweden	**6,37**
3.	Norwegen	**6,09**
4.	USA	**5,66**
5.	Israel	**5,35**
6.	Kanada	**5,29**
7.	Eurozone	**5,16**
8.	Australien	**4,98**
9.	Dänemark	**4,90**
10.	Neuseeland	**4,87**

wo der Burger am teuersten ist

Der Big-Mac-Index ist ein Indikator, der die Kaufkraft verschiedener Währungen anhand der Preise für einen Big Mac in verschiedenen Ländern vergleicht. Er wurde 1986 von der britischen Wochenzeitung *The Economist* erfunden, um einen leicht verständlichen Währungsvergleich auf Basis von Kaufkraftparitäten zu ermöglichen und Über- und Unterbewertungen einzelner Währungen zu zeigen. Seitdem wird er regelmäßig erhoben und auch in wissenschaftlichen Studien und Lehrbüchern zitiert.

Durch die Umrechnung der jeweiligen Währung zum aktuellen US-Dollar-Kurs wird die Kaufkraft der Währungen vereinfachend miteinander verglichen. Der weltbekannte Burger wird hier als ein einfacher Indikator für die Kaufkraft einer Währung herangezogen, weil es ihn in vielen Ländern der Welt in standardisierter Größe, Zusammensetzung und Qualität gibt.

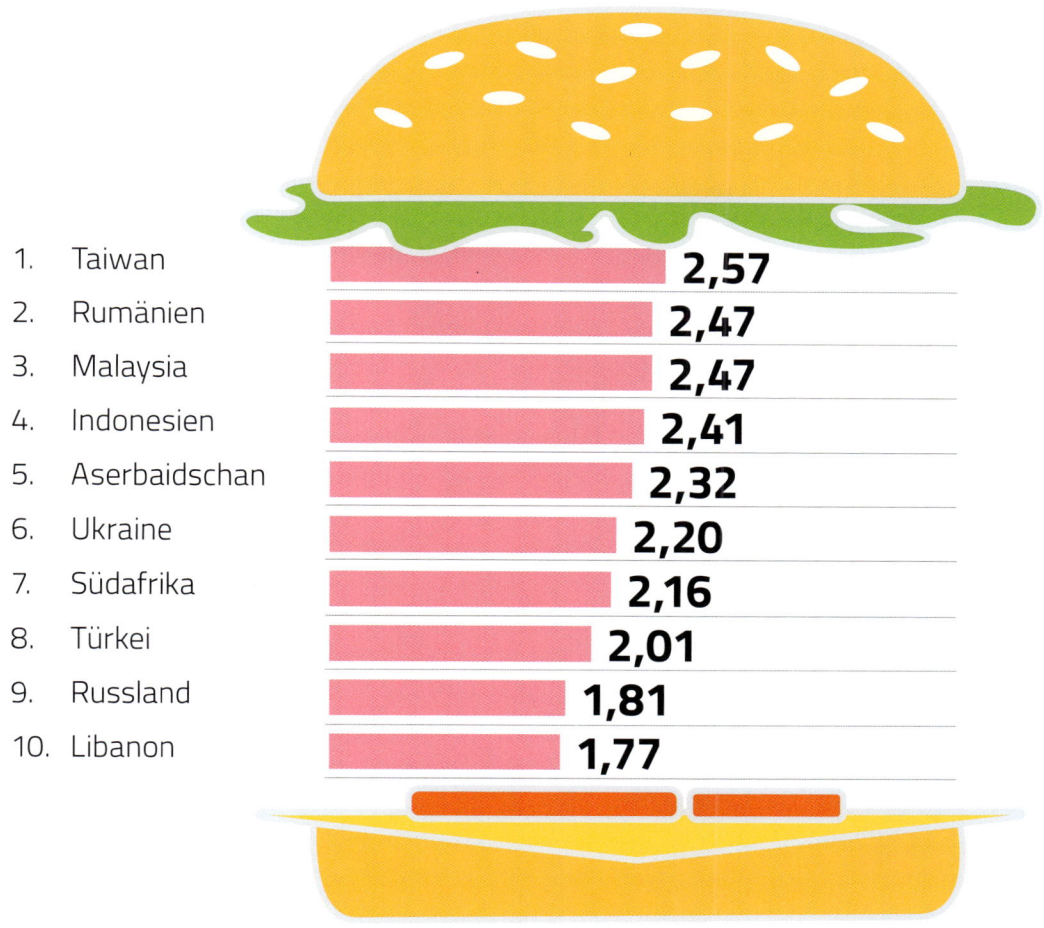

#	Land	Wert
1.	Taiwan	2,57
2.	Rumänien	2,47
3.	Malaysia	2,47
4.	Indonesien	2,41
5.	Aserbaidschan	2,32
6.	Ukraine	2,20
7.	Südafrika	2,16
8.	Türkei	2,01
9.	Russland	1,81
10.	Libanon	1,77

wo der Burger am günstigsten ist

Stand: 2021

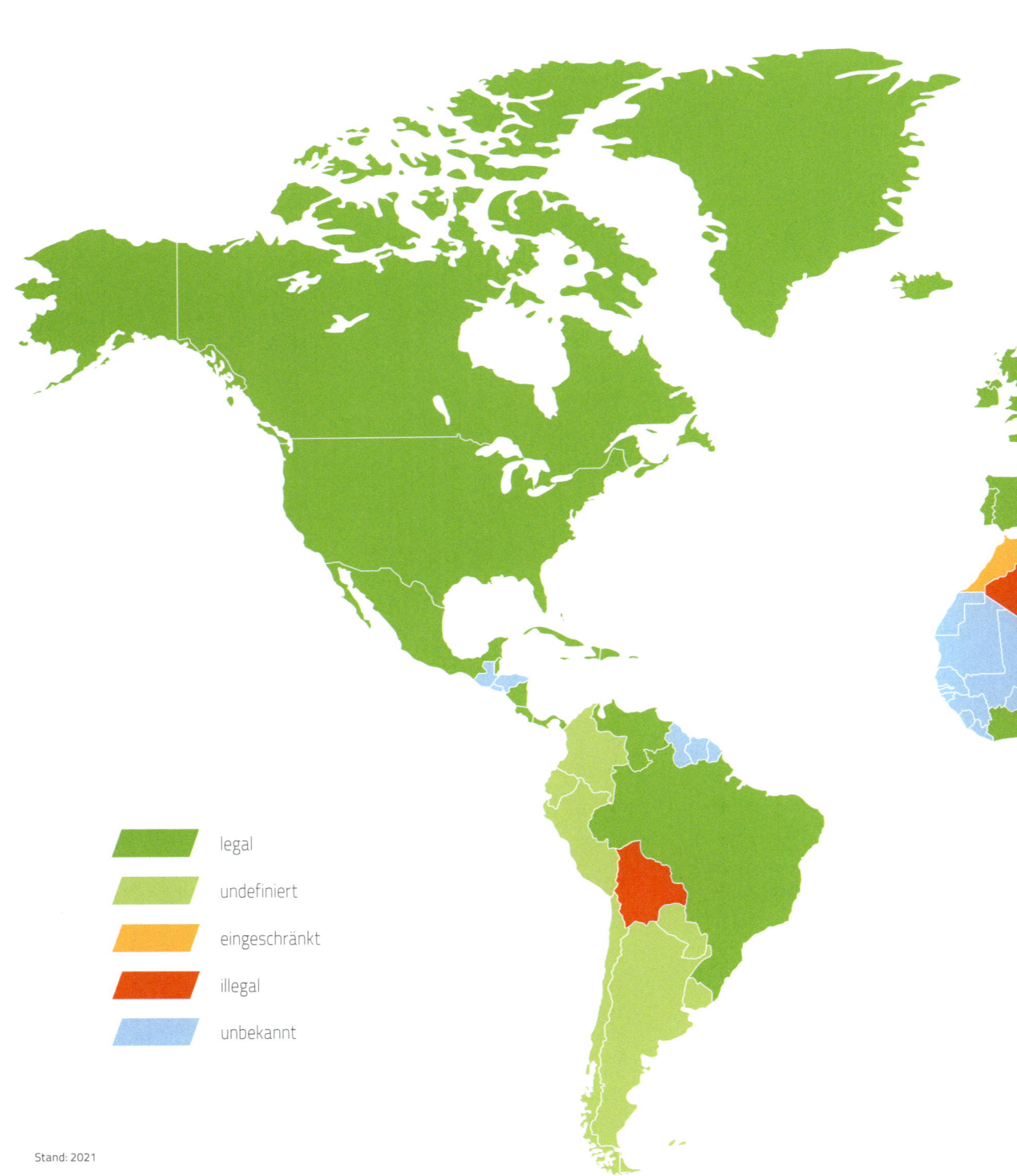

legal
undefiniert
eingeschränkt
illegal
unbekannt

Stand: 2021

Bitcoin-Status weltweit

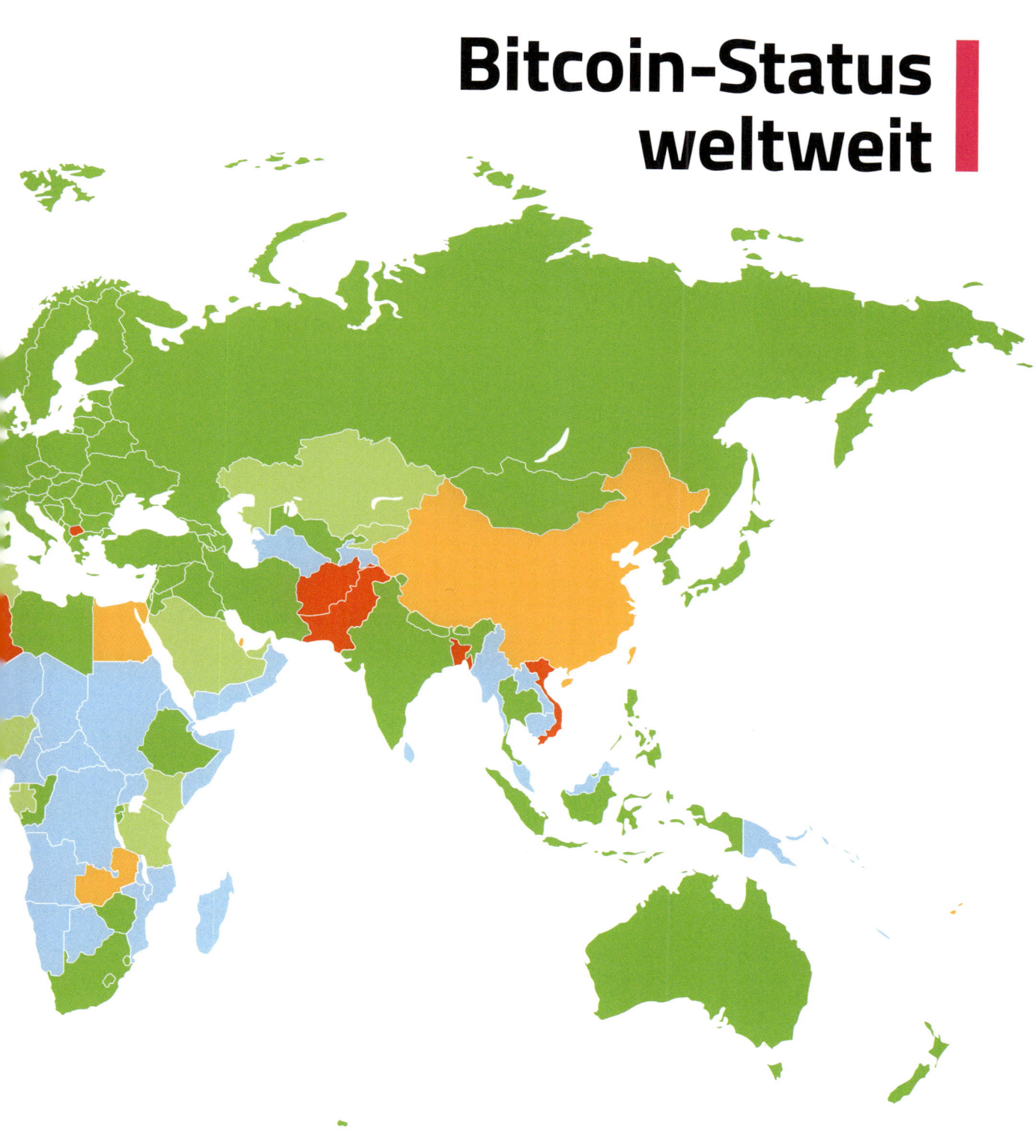

Kaufkraft-Perspektiven

Inflation in der Europäischen Union

in Prozent

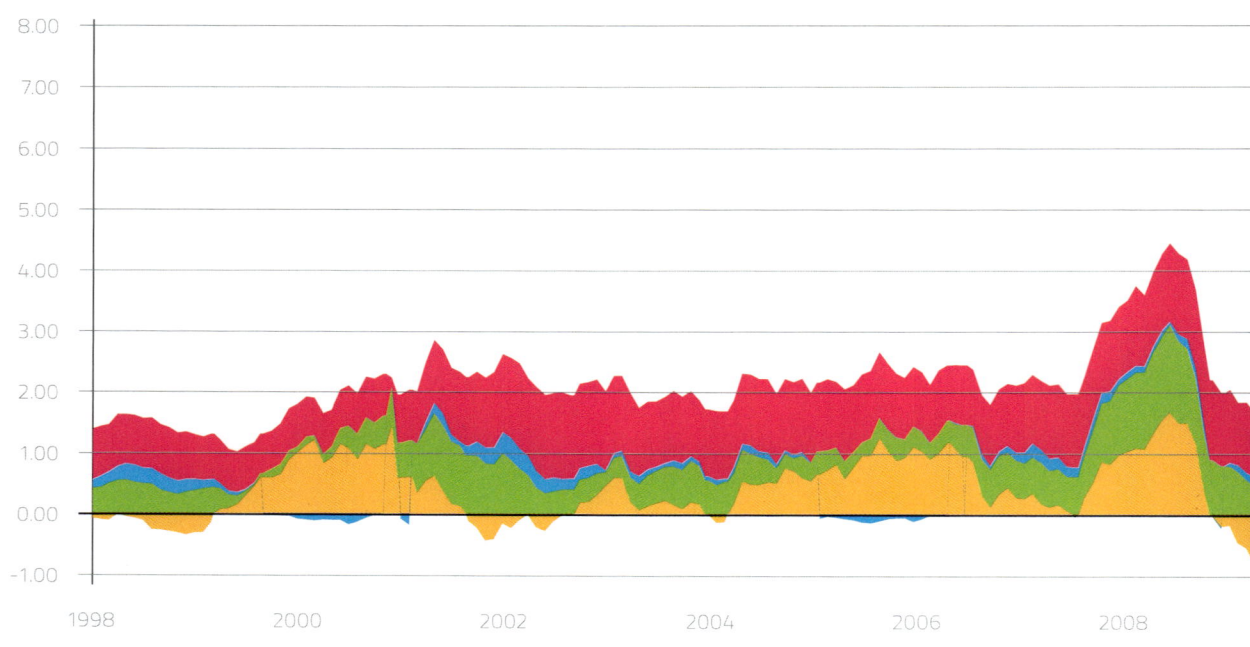

Der rasante Anstieg der Inflation weltweit hat viele Menschen überrascht und finanziell unter Druck gesetzt. Anfang 2022 lagen sowohl die Gesamtinflation (Preise für alle Waren und Dienstleistungen) als auch die Kerninflation (ohne Nahrungsmittel und Energie) in den meisten fortgeschrittenen Volkswirtschaften und mehreren Schwellenländern deutlich über den Zielwerten. Experten sorgen sich über einen anhaltenden Preisschub. Warum die Inflation so hoch ist und ob sie anhalten wird, wird von unzähligen Ökonomen diskutiert. Der Internationale Währungsfonds sieht fünf Hauptursachen für den derzeitigen Anstieg:

1. Engpässe in der Lieferkette
Am Anfang der Pandemie führten Abriegelungen und Mobilitätseinschränkungen zu schwerwiegenden Unterbrechungen verschiedener Lieferketten. Infolge der wirtschaftlichen Erholung und der damit verbundenen starken Gesamtnachfrage kam es ebenfalls zu Engpässen in den globalen Prozessketten.

2. Verschiebung der Nachfrage weg von Dienstleistungen hin zu Waren
2020 stiegen die Ausgaben für Waren drastisch an. Ein Großteil des kurzfristigen Inflationsanstiegs spiegelte die Inflation bei langlebigen Gütern (einschließlich Gebrauchtwagen) wider, während die Inflation bei Dienstleistungen nur mäßig zunahm.

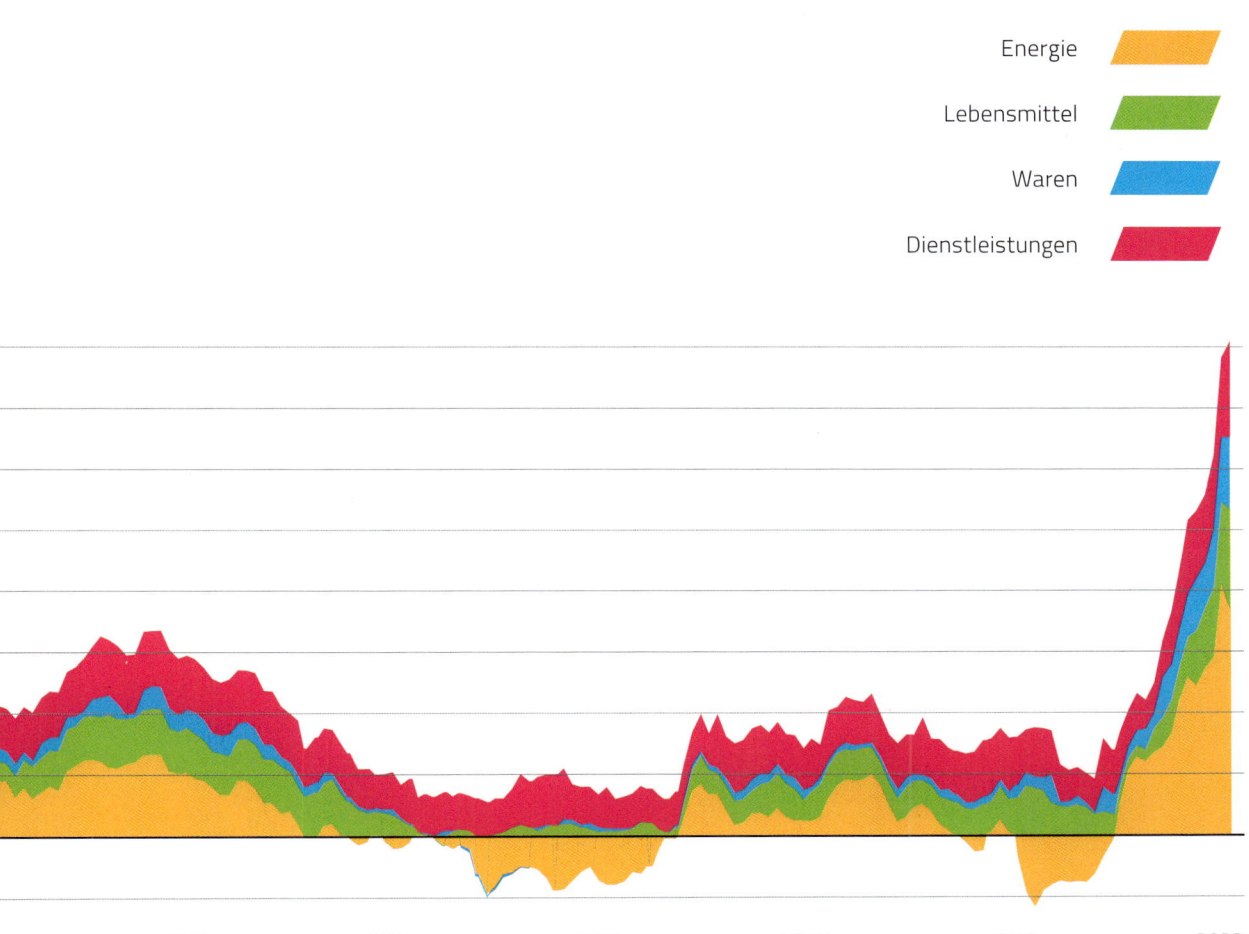

Energie
Lebensmittel
Waren
Dienstleistungen

2012   2014   2016   2018   2020   2022

3. Gestiegene Geldmenge
Die Geldmenge ist seit Ausbruch der Coronapandemie deutlich gestiegen. Weltweit sollen etwa 16,9 Billionen Dollar helfen, die Wirtschaft wieder auf Vorkrisenniveau zu heben. Allein der amerikanische Markt wurde mit 1,9 Billionen Dollar geflutet.

4. Schock für das Arbeitsangebot
Die Pandemie hat auch den Arbeitsmarkt verändert. Die Erwerbsbeteiligung liegt in mehreren Ländern unter dem Vorkrisen-Niveau. Wird dieser Schock anhalten? Die Meinungen der Experten gehen auseinander.

5. Gestiegene Kosten bei Energie und Lebensmitteln
Putins Krieg gegen die Ukraine hat zu steigenden Energie- und Lebensmittelpreisen geführt. Sowohl Russland als auch die Ukraine exportieren wichtige Rohstoffe. Besonders die Preise für Öl und Erdgas sind gestiegen.

Stand: Mai 2022

Inflation in Deutschland

in Prozent

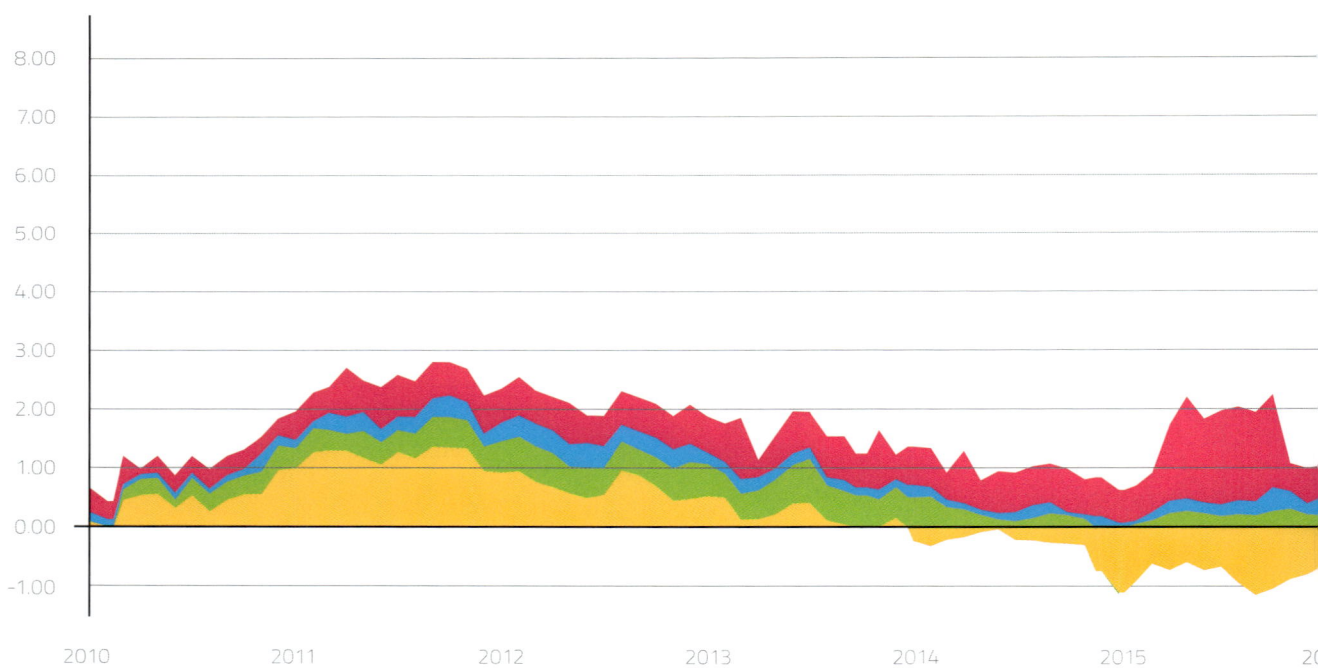

Stand: Juli 2022

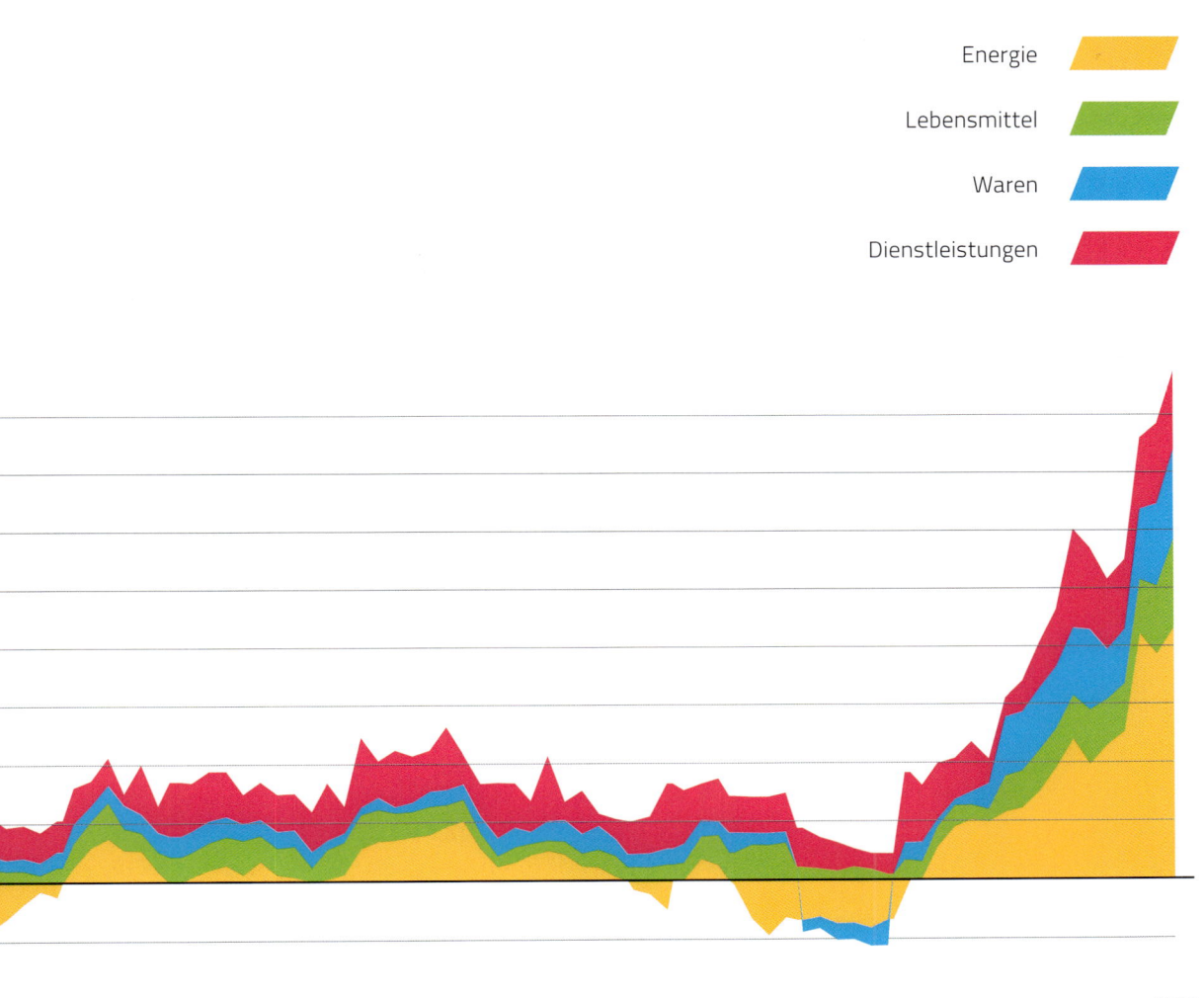

Energie

Lebensmittel

Waren

Dienstleistungen

2017   2018   2019   2020   2021   2022

So hoch wie im Mai 2022 war die Inflation zuletzt im Herbst 1981. Die Grafik zeigt die Inflationsentwicklung in Deutschland seit 2010. Inflation wird auch als Teuerung bezeichnet. Sie gibt in Prozent an, wie sehr Preise für Waren und Dienstleistungen gestiegen sind. Die Inflationsrate wird bestimmt, indem ein an Statistiken angelehnter Warenkorb betrachtet wird. Darin enthalten sind Waren und Dienstleistungen, die Privathaushalte typischerweise konsumieren. Wenn diese Preise im Durchschnitt steigen, verliert Geld an Wert. Bei einer jährlichen Inflation von 5 Prozent würde die Kaufkraft von 1.000 Euro nach 10 Jahren noch bei 614 Euro liegen. Nach 30 Jahren sind es nur noch 231 Euro.

Repräsentativer Warenkorb Deutschland

des statistischen Bundesamtes

Plus 6,2 Prozent. Die Preise für Brot sind nicht ganz so stark gestiegen wie die für Milch oder Kaffee. Gemüse kostet 12,4 Prozent mehr als vor einem Jahr.

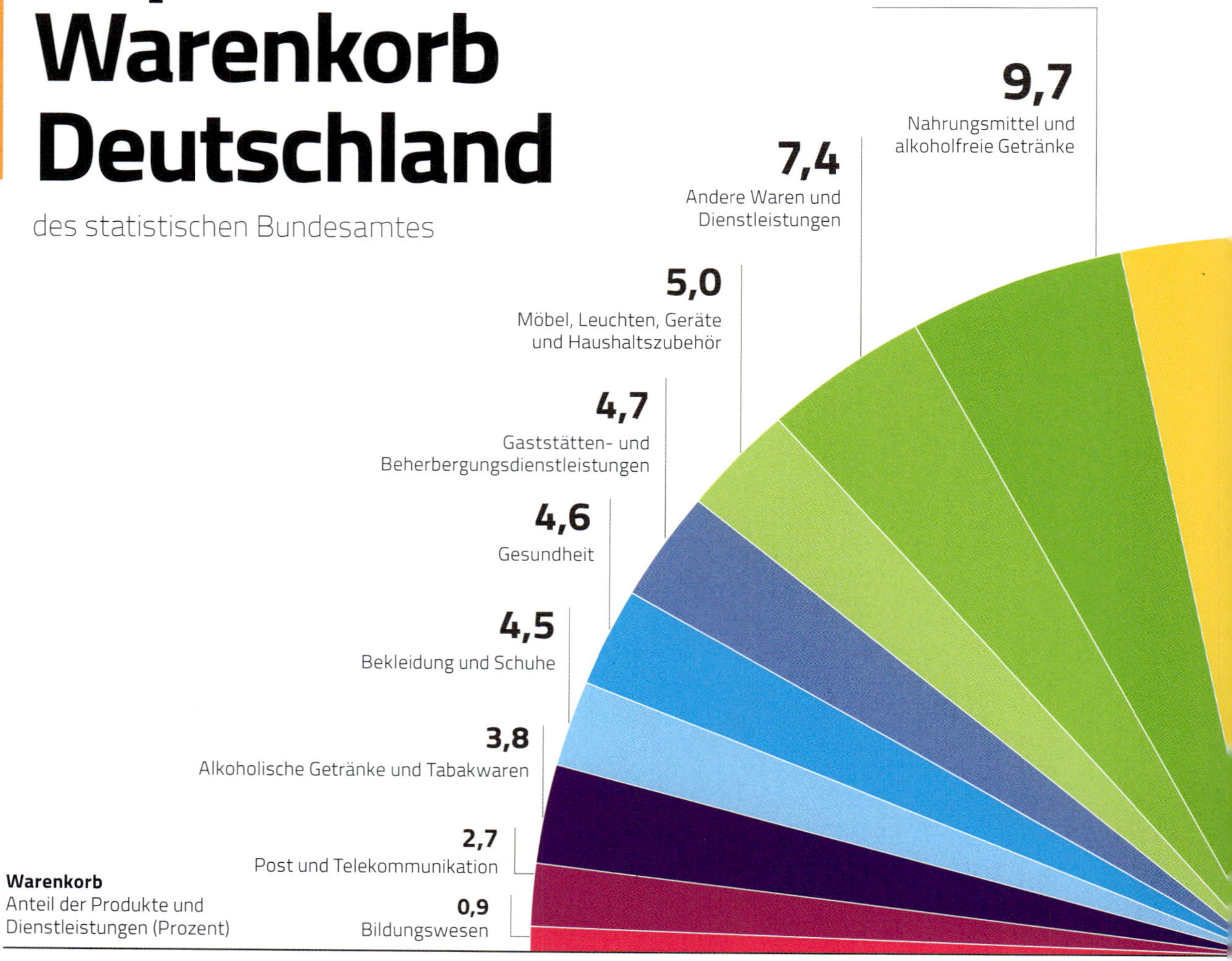

9,7
Nahrungsmittel und alkoholfreie Getränke

7,4
Andere Waren und Dienstleistungen

5,0
Möbel, Leuchten, Geräte und Haushaltszubehör

4,7
Gaststätten- und Beherbergungsdienstleistungen

4,6
Gesundheit

4,5
Bekleidung und Schuhe

3,8
Alkoholische Getränke und Tabakwaren

2,7
Post und Telekommunikation

Warenkorb
Anteil der Produkte und Dienstleistungen (Prozent)

0,9
Bildungswesen

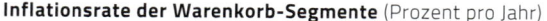

Inflationsrate der Warenkorb-Segmente (Prozent pro Jahr)

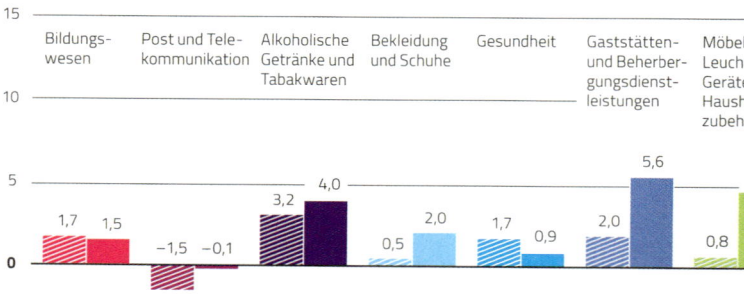

	Bildungs-wesen	Post und Tele-kommunikation	Alkoholische Getränke und Tabakwaren	Bekleidung und Schuhe	Gesundheit	Gaststätten- und Beherber-gungsdienst-leistungen	Möbel, Leuchte, Geräte Hausha zubehö
	1,7 1,5	−1,5 −0,1	3,2 4,0	0,5 2,0	1,7 0,9	2,0 5,6	0,8

46

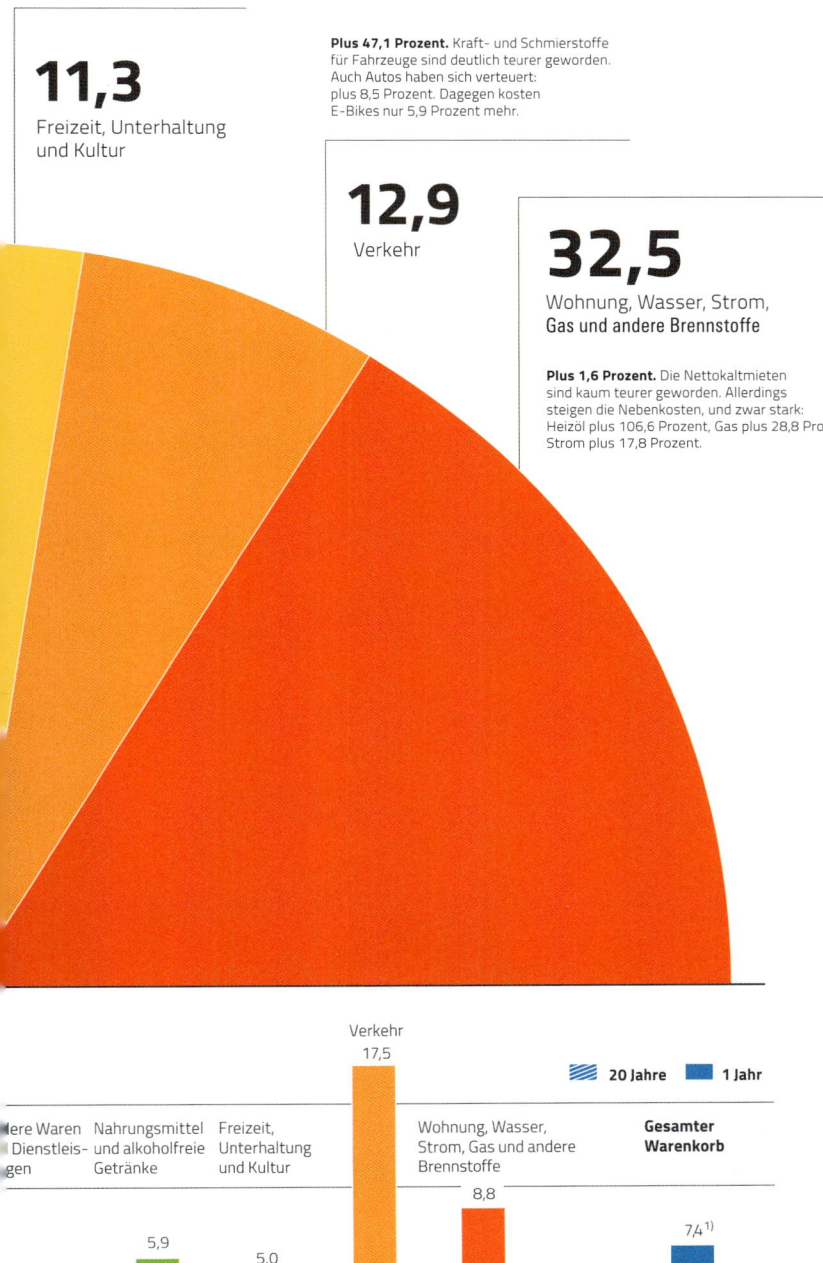

Plus 11,2 Prozent. Für Pauschal-reisen müssen die Menschen tiefer in die Tasche greifen. Die Preise für Bücher sind nur um 1,5 Prozent gestiegen.

11,3
Freizeit, Unterhaltung und Kultur

Plus 47,1 Prozent. Kraft- und Schmierstoffe für Fahrzeuge sind deutlich teurer geworden. Auch Autos haben sich verteuert: plus 8,5 Prozent. Dagegen kosten E-Bikes nur 5,9 Prozent mehr.

12,9
Verkehr

32,5
Wohnung, Wasser, Strom, Gas und andere Brennstoffe

Plus 1,6 Prozent. Die Nettokaltmieten sind kaum teurer geworden. Allerdings steigen die Nebenkosten, und zwar stark: Heizöl plus 106,6 Prozent, Gas plus 28,8 Prozent, Strom plus 17,8 Prozent.

Der Warenkorb des Statistischen Bundesamtes beinhaltet eine möglichst repräsentative Auswahl verschiedener Güter zur Ermittlung des Preisindex und der Inflation. Die Zusammenstellung des Warenkorbs wird laufend aktualisiert. Aus dem Preisanstieg des durch das Statistische Bundesamt definierten Produktwarenkorbs errechnet sich die Inflationsrate. Die untere Grafik zeigt die starken Preisanstiege des vergangenen Jahres. Zum Vergleich haben wir außerdem die jährlichen Preissteigerungsraten über die vergangenen 20 Jahre dargestellt.

Verkehr
17,5

20 Jahre · 1 Jahr

...ere Waren Dienstleis-gen · Nahrungsmittel und alkoholfreie Getränke · Freizeit, Unterhaltung und Kultur · Wohnung, Wasser, Strom, Gas und andere Brennstoffe · **Gesamter Warenkorb**

8,8

...6 · 2,0 · 1,9 · 5,9 · 0,7 · 5,0 · 2,6 · 1,9 · 7,4[1] · 1,7

Stand: April 2022

ISLAND

Kaufkraft Europa

VEREINIGTES
KÖNIGREICH

IRLAND

niedrig   europäischer Durchschnitt   hoch

Unter der Kaufkraft versteht man das nominal verfügbare Nettoeinkommen der Bevölkerung inklusive staatlicher Transferzahlungen wie Renten, Arbeitslosen- und Kindergeld. Wie viel vom nominalen Kaufkraftzuwachs real übrig bleibt, hängt immer auch davon ab, wie sich Verbraucherpreise entwickeln. Deshalb bedeutet ein nominaler Anstieg der Kaufkraft nicht zwangsläufig, dass dem Einzelnen real mehr Geld zur Verfügung steht, wenn die aufgeführten Ausgaben stärker ansteigen. Außerdem ist zu berücksichtigen, dass die Kaufkraft einer Region einen Durchschnittswert der dort lebenden Bevölkerung darstellt und nichts über die Kaufkraft einzelner Individuen, die Kaufkraft je Haushalt oder über die dahinter liegende Einkommensverteilung und damit die Schere zwischen Arm und Reich aussagt.

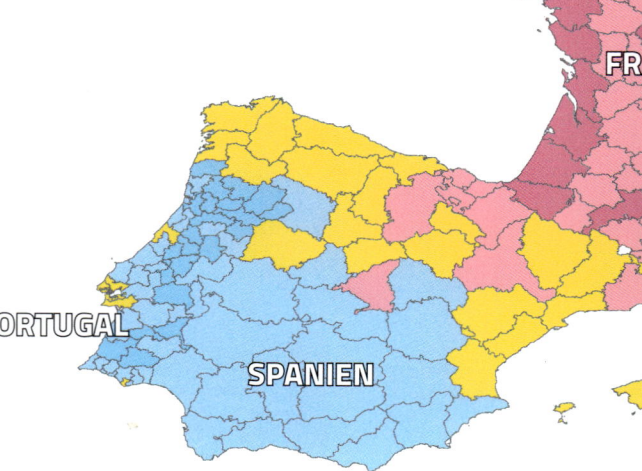

FRAN

PORTUGAL

SPANIEN

Stand: 2022

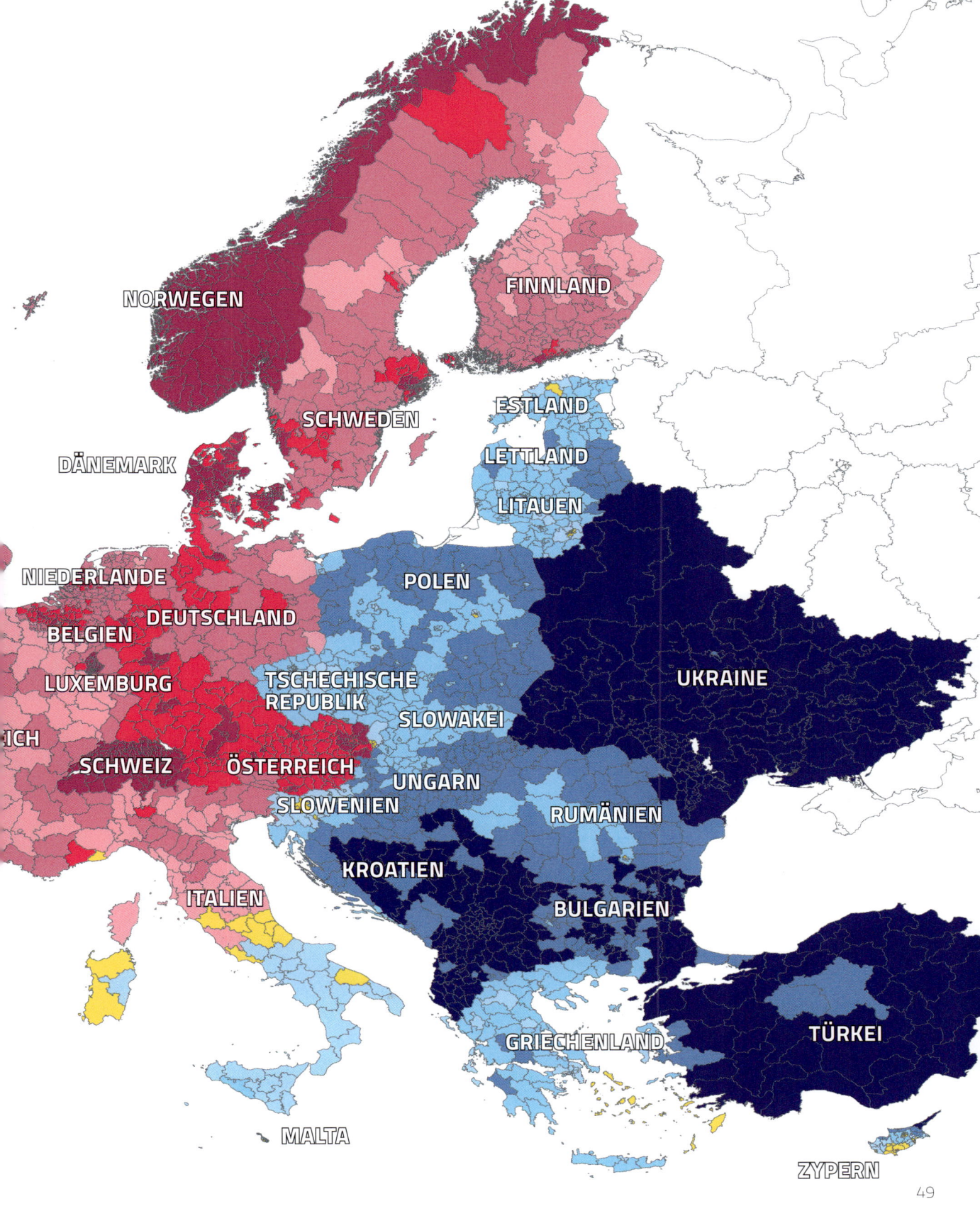

NORWEGEN

FINNLAND

SCHWEDEN

DÄNEMARK

ESTLAND

LETTLAND

LITAUEN

NIEDERLANDE

POLEN

BELGIEN

DEUTSCHLAND

LUXEMBURG

TSCHECHISCHE
REPUBLIK

UKRAINE

SLOWAKEI

ICH

SCHWEIZ

ÖSTERREICH

UNGARN

RUMÄNIEN

SLOWENIEN

KROATIEN

ITALIEN

BULGARIEN

GRIECHENLAND

TÜRKEI

MALTA

ZYPERN

Kaufkraft Deutschland

Kaufkraftindex je Einwohner

in den Stadt-/Landkreisen (Landesdurchschnitt = 100)

	unter		80
80	bis unter		88
88	bis unter		96
96	bis unter		104
104	bis unter		112
112	bis unter		120
120	und mehr		

Ein Blick auf die regionale Verteilung der Kaufkraft in Deutschland eröffnet spannende Einblicke, wo Menschen mit besonders hohem Ausgabepotenzial leben. Bei den deutschen Bundesländern gibt es 2022 eine Rangänderung im Vergleich zum Vorjahr: Mit einer Pro-Kopf-Kaufkraft von 23.313 Euro schiebt sich Brandenburg mit einem minimalen Vorsprung am Saarland vorbei auf den neunten Platz. Unangefochtener Spitzenreiter unter den Bundesländern ist nach wie vor Bayern: Im Freistaat stehen den Einwohnern im Schnitt 26.936 Euro pro Kopf für Ausgaben und zum Sparen zur Verfügung, womit die Kaufkraft der Bayern knapp 9 Prozent über dem Landesdurchschnitt liegt.

Neben Bayern weisen außerdem Hamburg, Baden-Württemberg und Hessen eine überdurchschnittliche Pro-Kopf-Kaufkraft auf. Alle anderen Bundesländer schneiden im bundesweiten Vergleich weiterhin unterdurchschnittlich ab, obwohl die neuen Bundesländer die größten Kaufkraftzuwächse verzeichnen. Schlusslicht ist wie im Vorjahr Mecklenburg-Vorpommern, wo den Menschen im Schnitt 21.707 Euro zur Verfügung stehen, was weniger als 88 Prozent des Landesdurchschnitts entspricht.

Stand: 2022

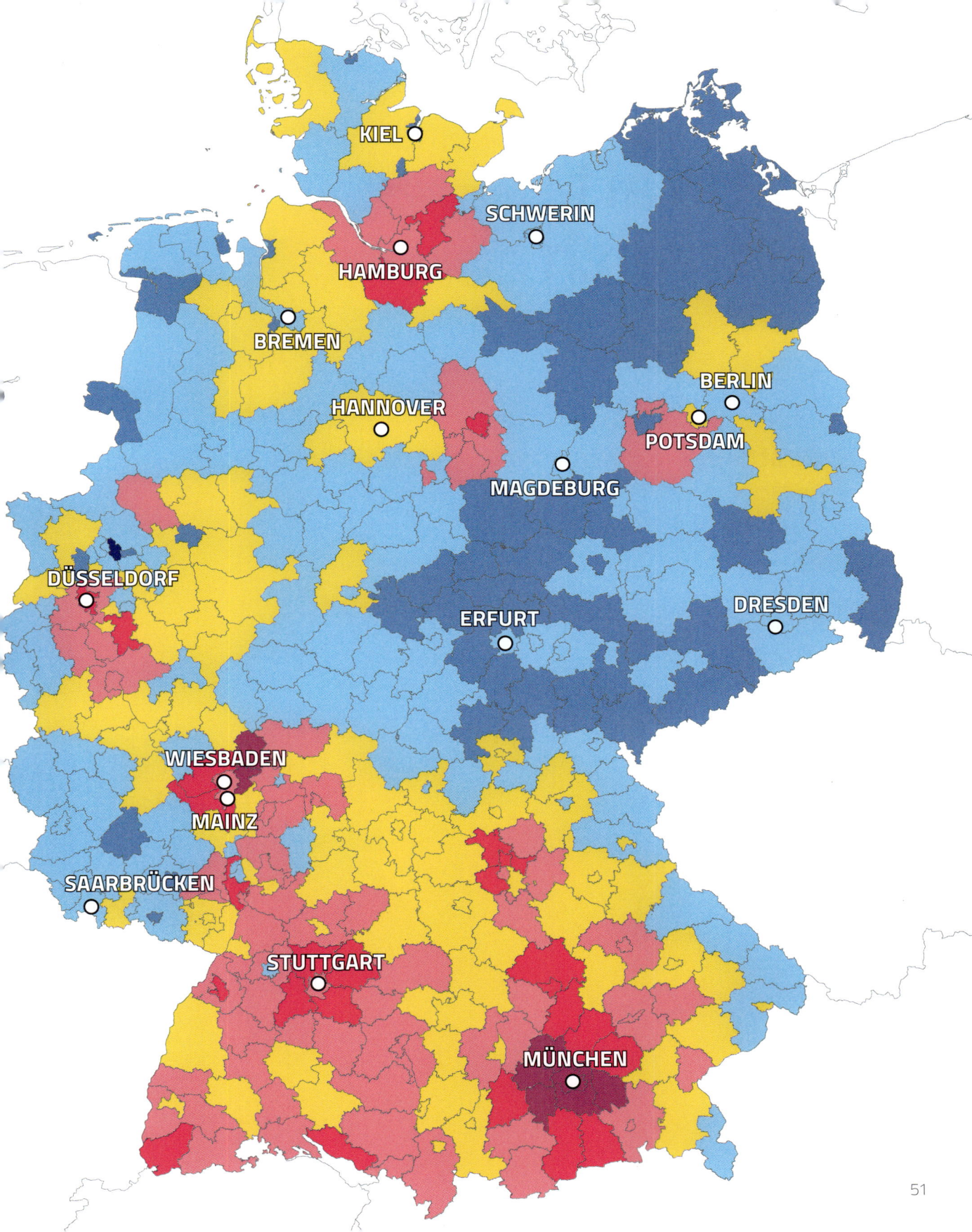

Kaufkraft Österreich

Kaufkraftindex je Einwohner

in den Bezirken (Landesdurchschnitt = 100)

	unter 80
	80 bis unter 88
	88 bis unter 96
	96 bis unter 104
	104 bis unter 112
	112 bis unter 120
	120 und mehr

○ INNSBRUCK

Stand: 2022

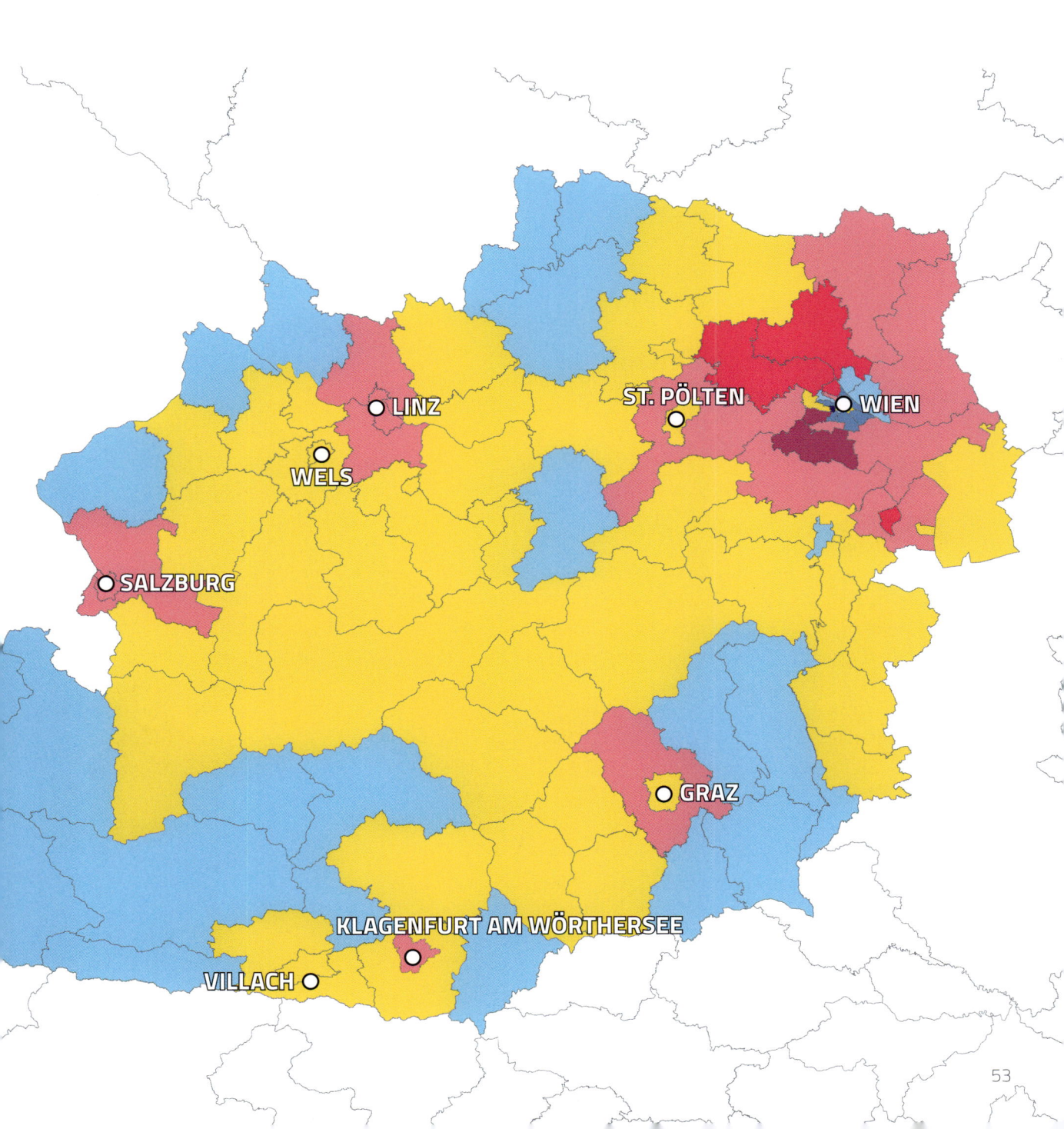

Kaufkraft Schweiz

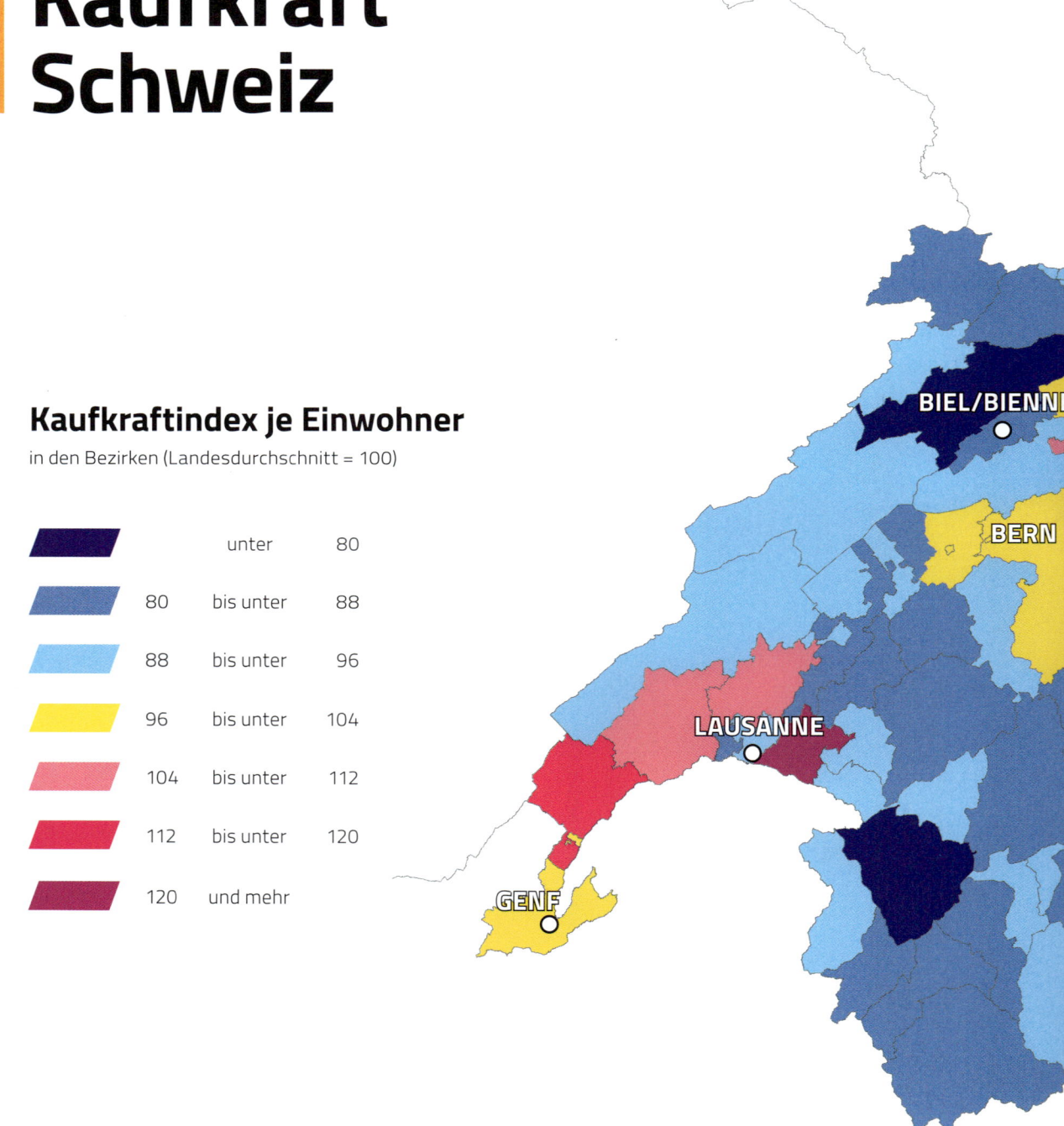

Kaufkraftindex je Einwohner

in den Bezirken (Landesdurchschnitt = 100)

	unter		80
80	bis unter		88
88	bis unter		96
96	bis unter		104
104	bis unter		112
112	bis unter		120
120	und mehr		

BIEL/BIENNE

BERN

LAUSANNE

GENF

Stand: 2022

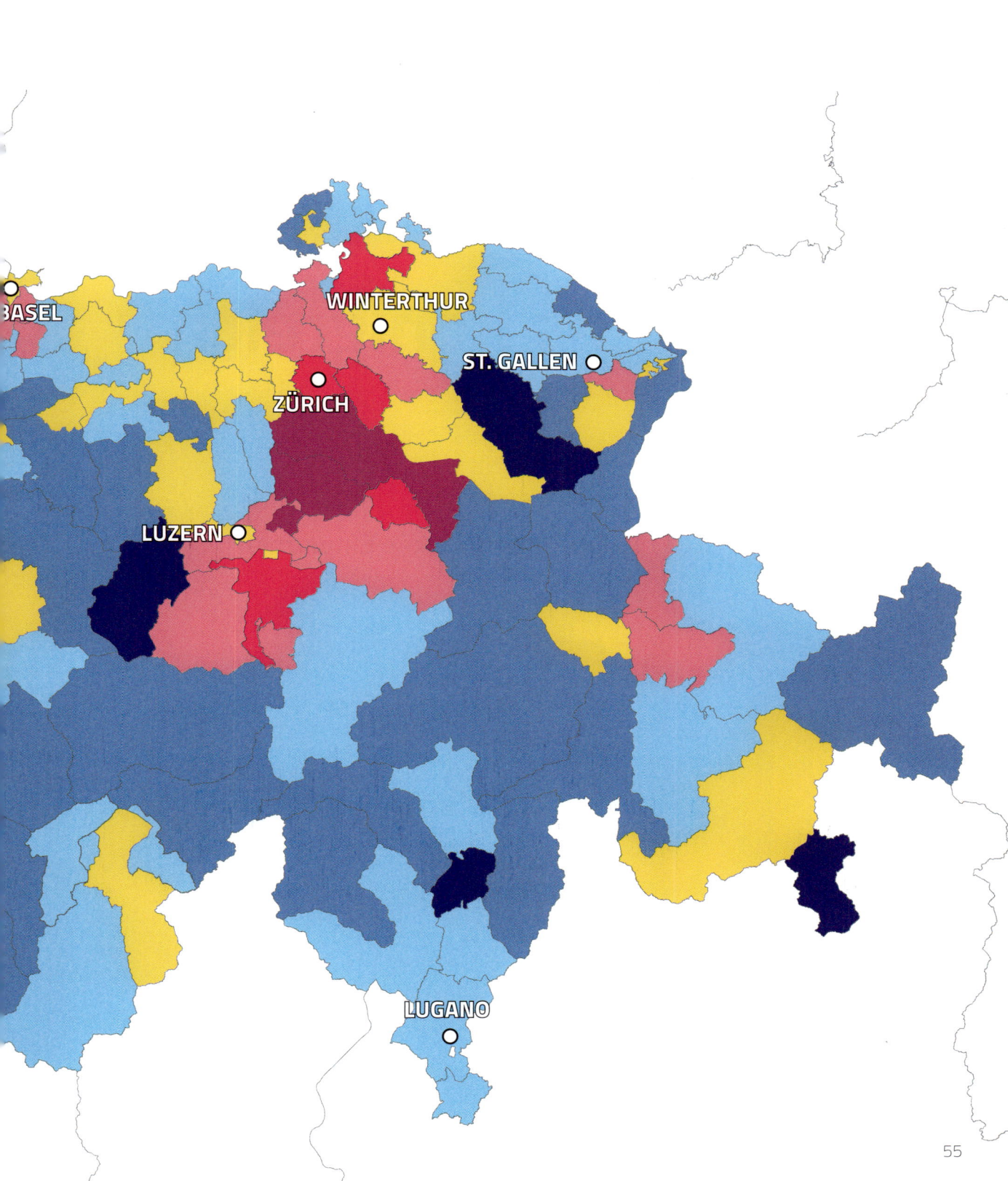

Kaufkraft
Vereinigtes Königreich

Kaufkraftindex je Einwohner

in den Bezirken (Landesdurchschnitt = 100)

		unter	80
	80	bis unter	88
	88	bis unter	96
	96	bis unter	104
	104	bis unter	112
	112	bis unter	120
	120	und mehr	

Stand: 2022

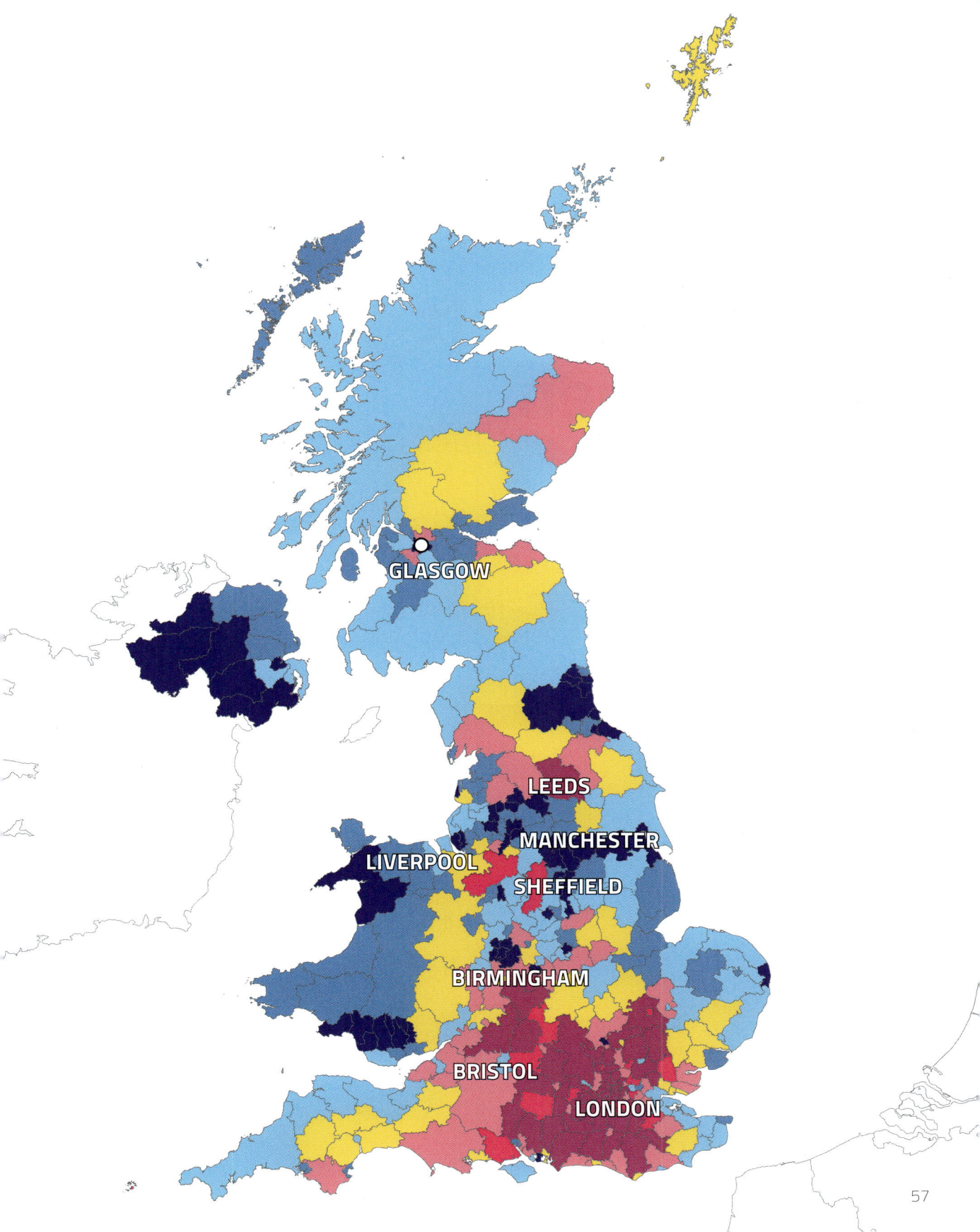

GLASGOW

LEEDS

MANCHESTER

LIVERPOOL

SHEFFIELD

BIRMINGHAM

BRISTOL

LONDON

Kaufkraft Italien

Kaufkraftindex je Einwohner

in den Provizen (Landesdurchschnitt = 100)

	unter		80
80	bis unter		88
88	bis unter		96
96	bis unter		104
104	bis unter		112
112	bis unter		120
120	und mehr		

Stand: 2022

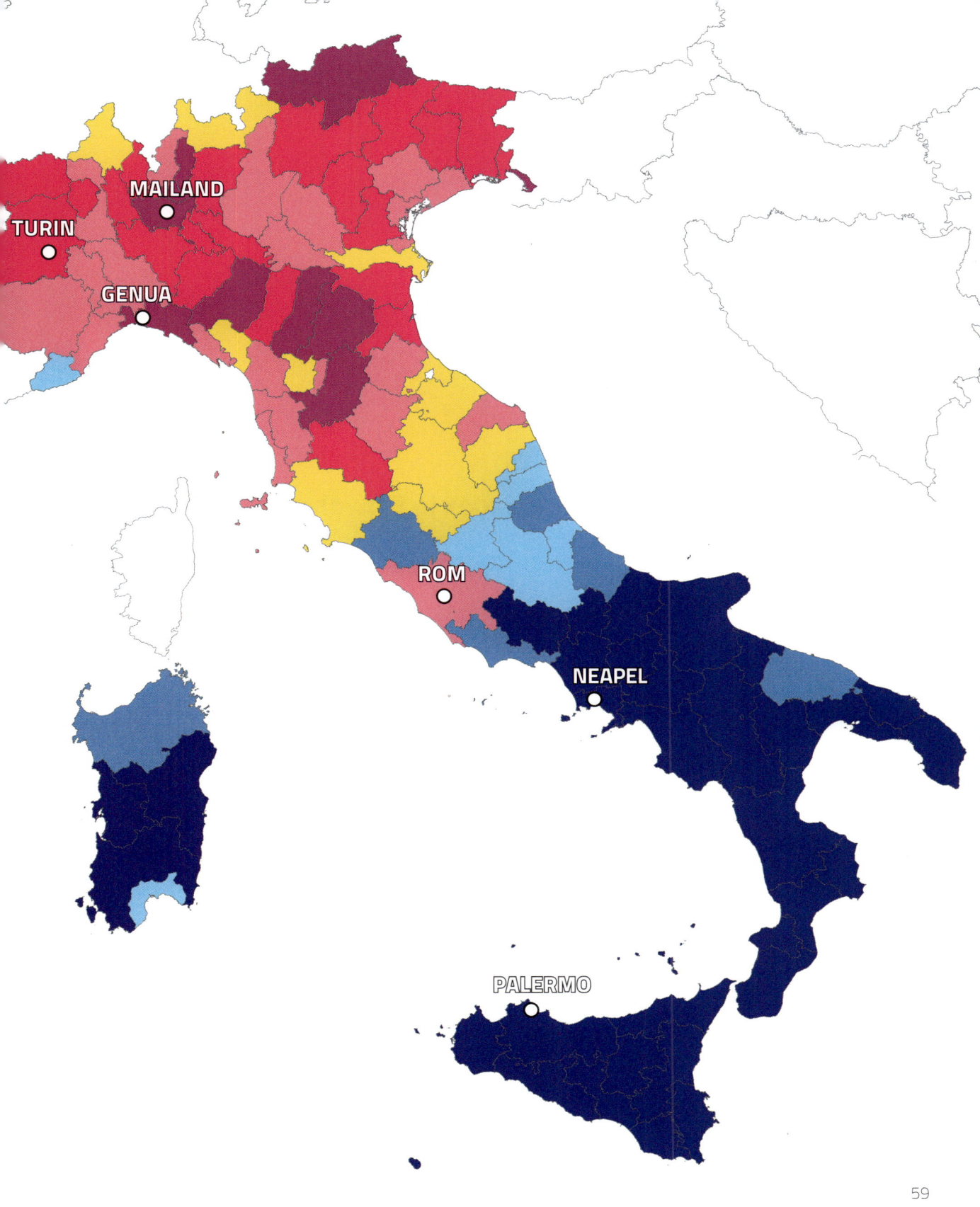

TURIN

MAILAND

GENUA

ROM

NEAPEL

PALERMO

Kaufkraft Spanien

Kaufkraftindex je Einwohner

in den Provinzen (Landesdurchschnitt = 100)

		unter	80
	80	bis unter	88
	88	bis unter	96
	96	bis unter	104
	104	bis unter	112
	112	bis unter	120
	120	und mehr	

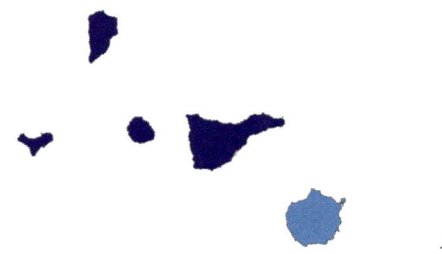

Stand: 2022

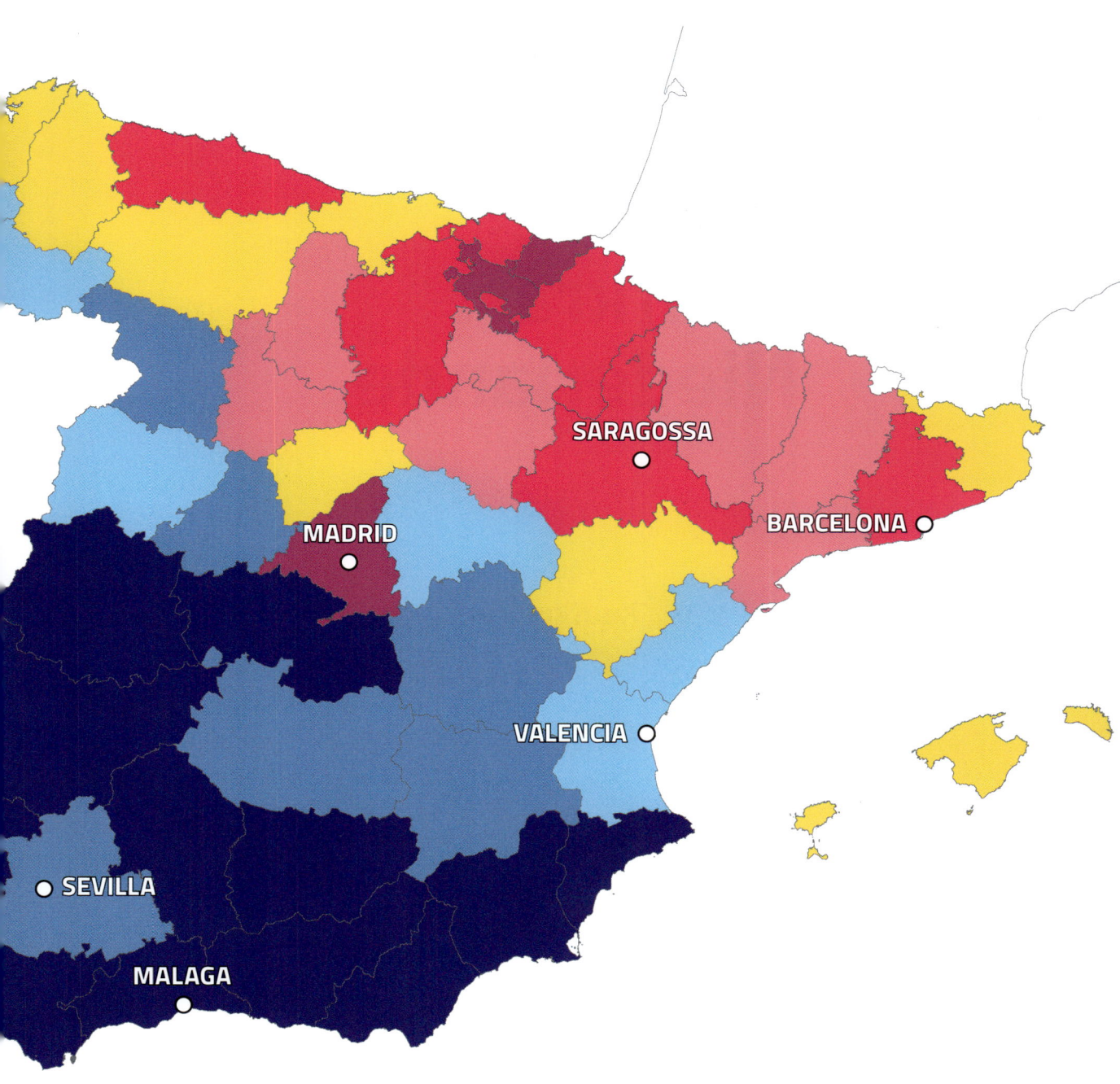

SARAGOSSA

BARCELONA

MADRID

VALENCIA

SEVILLA

MALAGA

Kaufkraft Niederlande

Kaufkraftindex je Einwohner

in den Provinzen (Landesdurchschnitt = 100)

	unter	80	
80	bis unter	88	
88	bis unter	96	
96	bis unter	104	
104	bis unter	112	
112	bis unter	120	
120	und mehr		

Stand: 2022

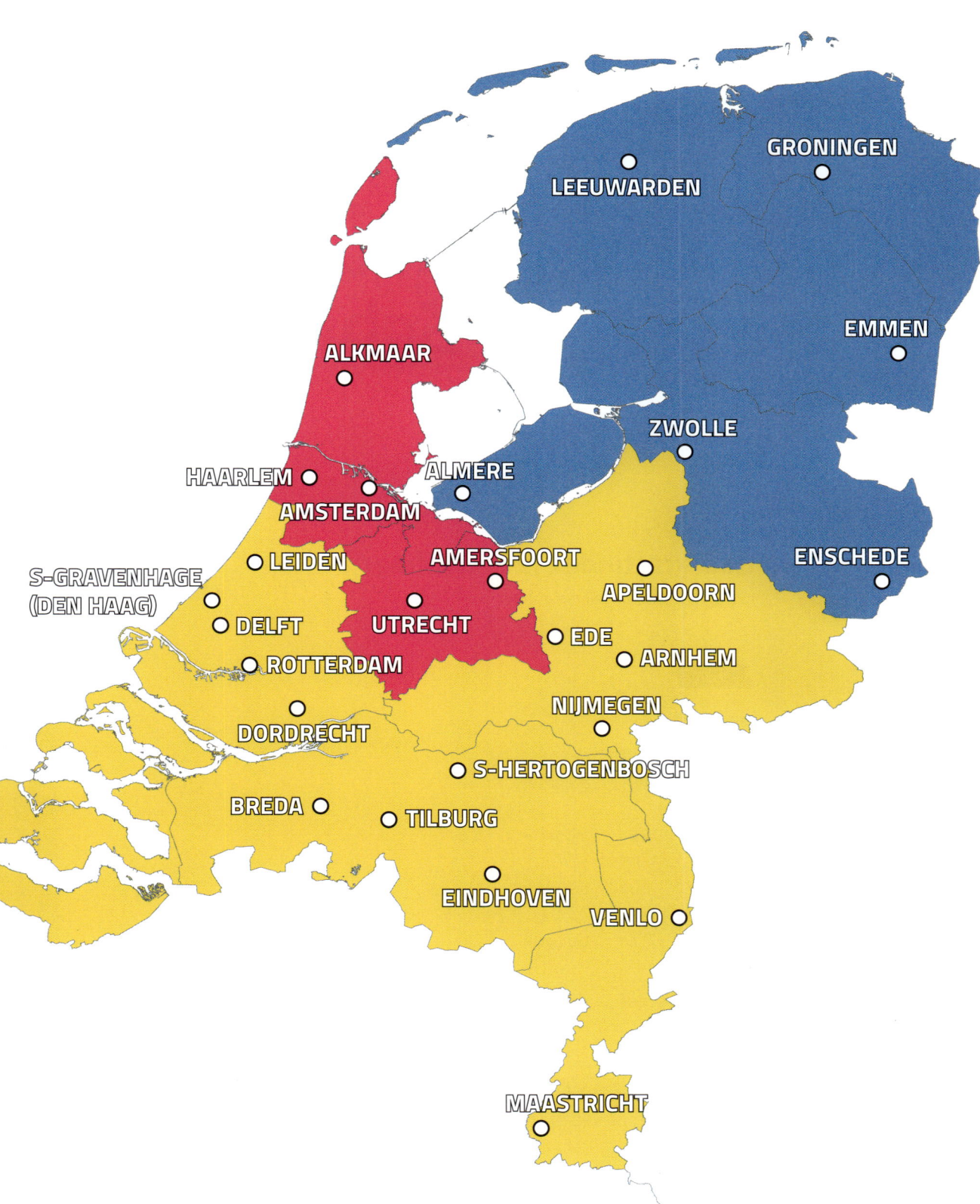

LEEUWARDEN

GRONINGEN

EMMEN

ALKMAAR

ZWOLLE

HAARLEM

ALMERE

ENSCHEDE

AMSTERDAM

AMERSFOORT

LEIDEN

APELDOORN

S-GRAVENHAGE
(DEN HAAG)

DELFT

UTRECHT

EDE

ARNHEM

ROTTERDAM

NIJMEGEN

DORDRECHT

S-HERTOGENBOSCH

BREDA

TILBURG

EINDHOVEN

VENLO

MAASTRICHT

Kaufkraft Schweden

Kaufkraftindex je Einwohner

in den Gemeinden (Landesdurchschnitt = 100)

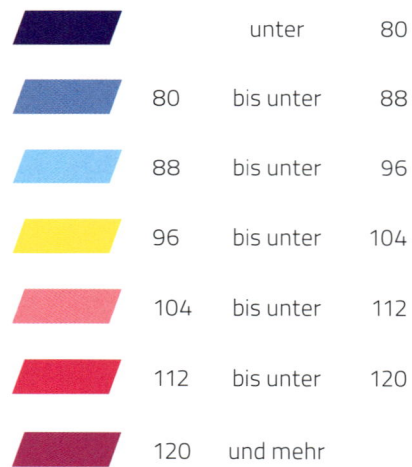

	unter	80
80	bis unter	88
88	bis unter	96
96	bis unter	104
104	bis unter	112
112	bis unter	120
120	und mehr	

Stand: 2022

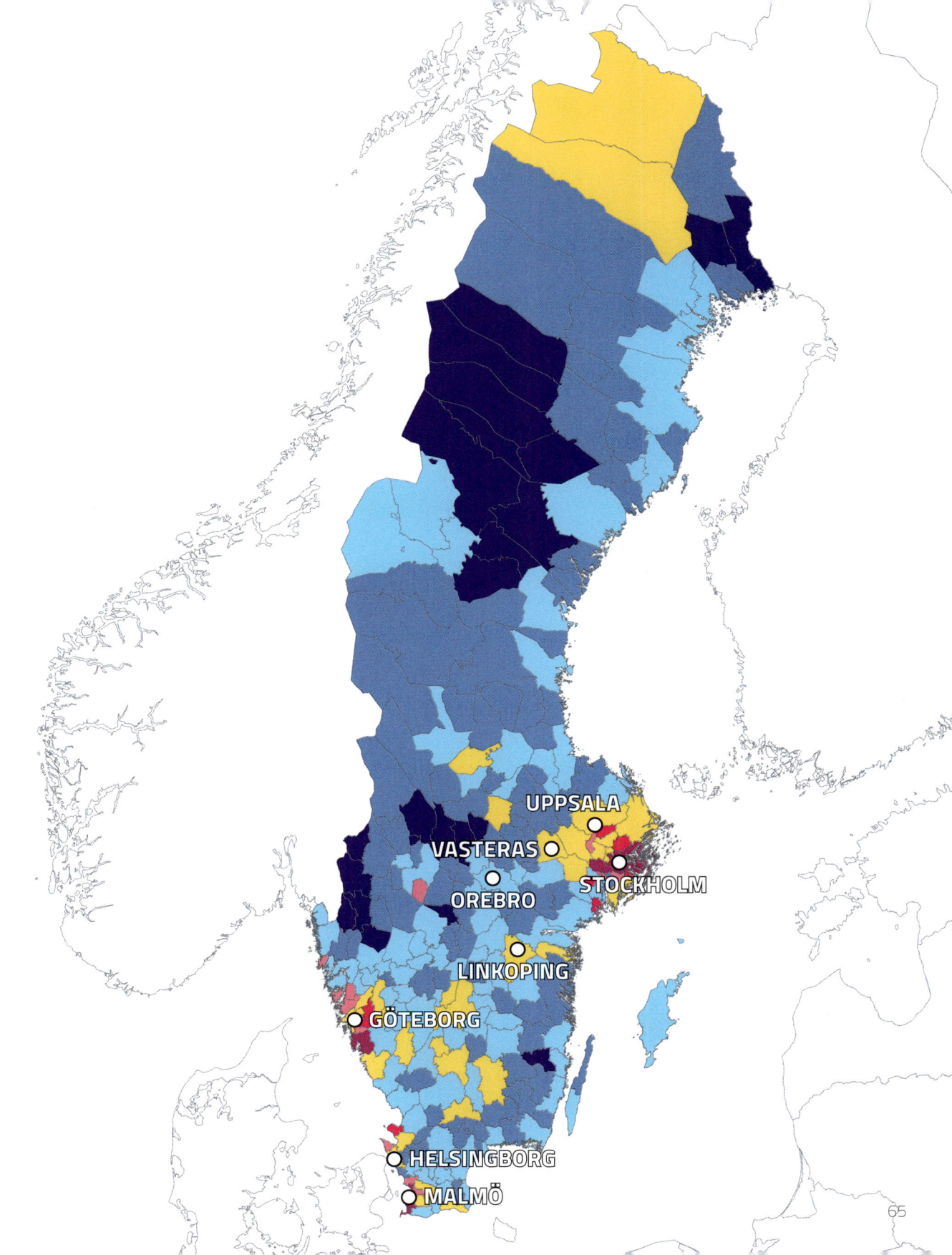

UPPSALA

VASTERAS

OREBRO

STOCKHOLM

LINKOPING

GÖTEBORG

HELSINGBORG

MALMÖ

65

3

Historische Perspektiven

Der Dow Jones im Zeitverlauf

1901 – 2022

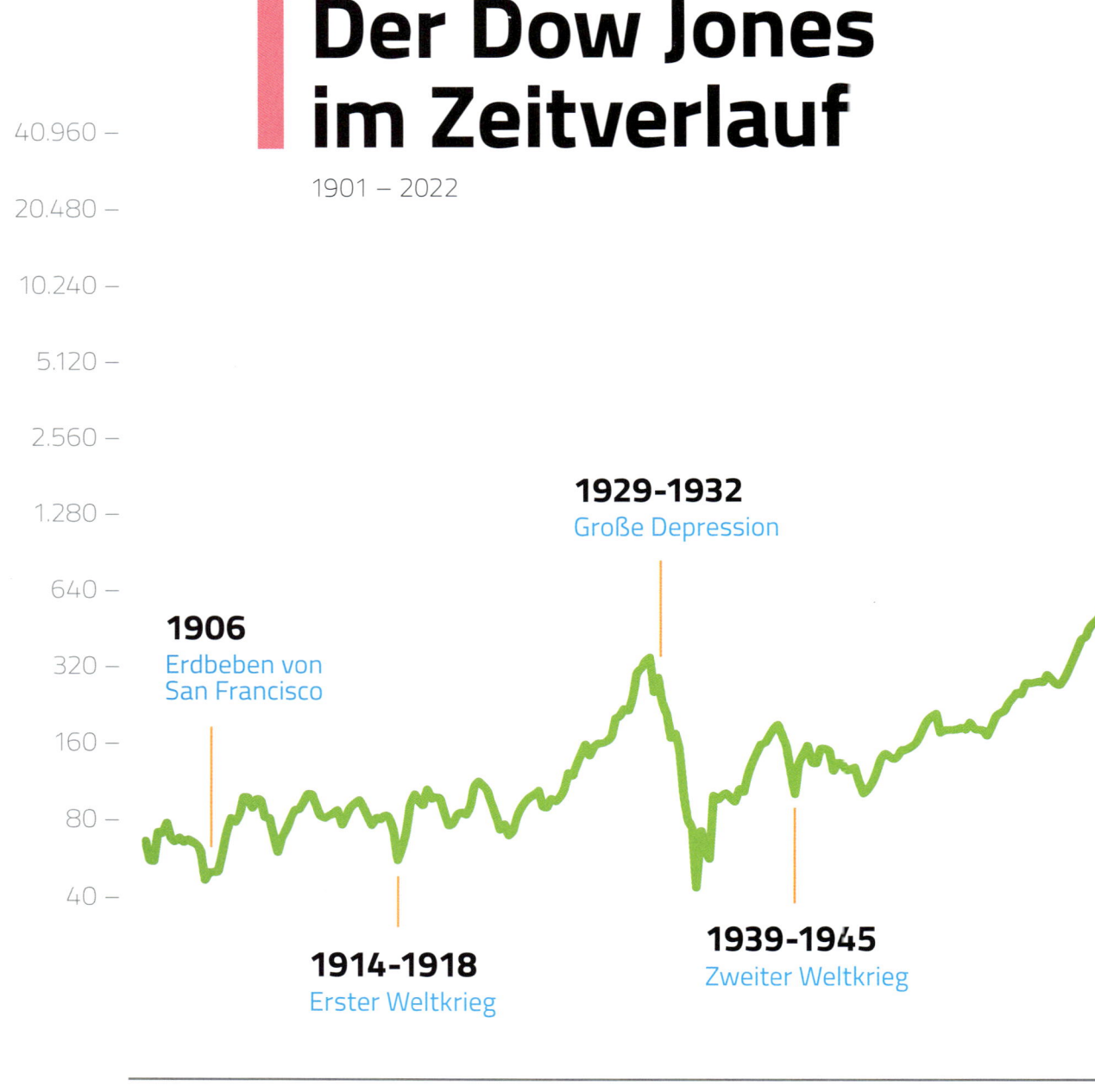

40.960	
20.480	
10.240	
5.120	
2.560	
1.280	
640	
320	
160	
80	
40	

1929-1932
Große Depression

1906
Erdbeben von
San Francisco

1914-1918
Erster Weltkrieg

1939-1945
Zweiter Weltkrieg

1901　1906　1911　1916　1921　1926　1931　1936　1941　1946　1951　1956

Stand: 2022

1962
Kuba-
krise

1964-1975
Vietnamkrieg

1963
Ermordung
John F. Kennedys

1973/74
Erste Ölkrise

1979/80
Zweite Ölkrise

Oktober 1987
Schwarzer
Montag

1986
Tschernobyl

1990/91
Golf-Krieg

1998
Asienkrise

2000-2003
Platzen der
Internetblase

2003
Golfkrieg

11.9.2001
Terrorwelle in
den USA

11.3.2011
Fukushima

2008
Finanzkrise

2022
Zinswende und
Ukrainekrieg

2020
Corona-
crash

1961 1966 1971 1976 1981 1986 1991 1996 2001 2006 2011 2016 2022

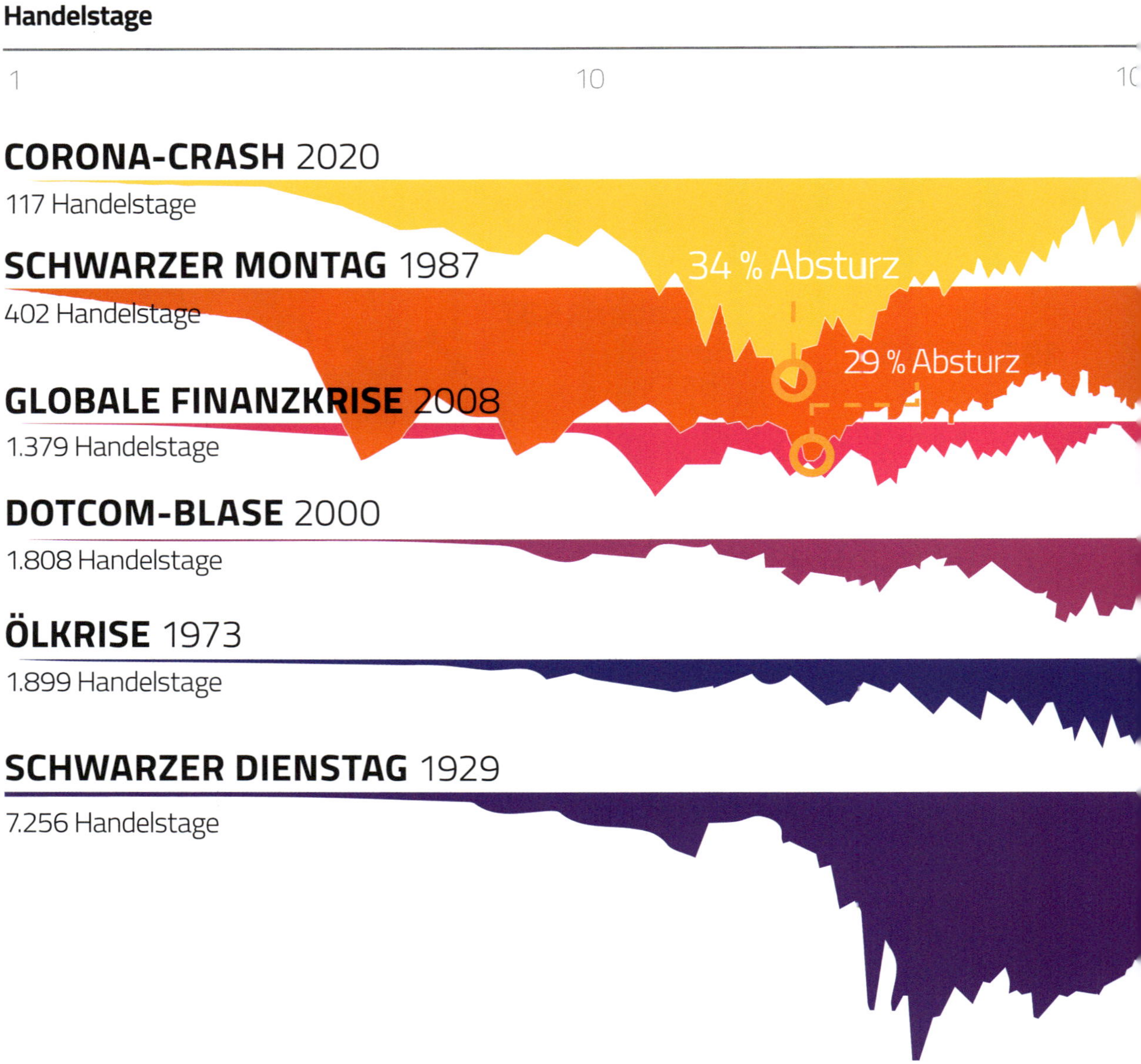

Handelstage

1	10	10

CORONA-CRASH 2020
117 Handelstage

SCHWARZER MONTAG 1987
402 Handelstage

34 % Absturz

GLOBALE FINANZKRISE 2008
1.379 Handelstage

29 % Absturz

DOTCOM-BLASE 2000
1.808 Handelstage

ÖLKRISE 1973
1.899 Handelstage

SCHWARZER DIENSTAG 1929
7.256 Handelstage

Die größten Crashs aller Zeiten

Einbrüche des S&P 500 Index

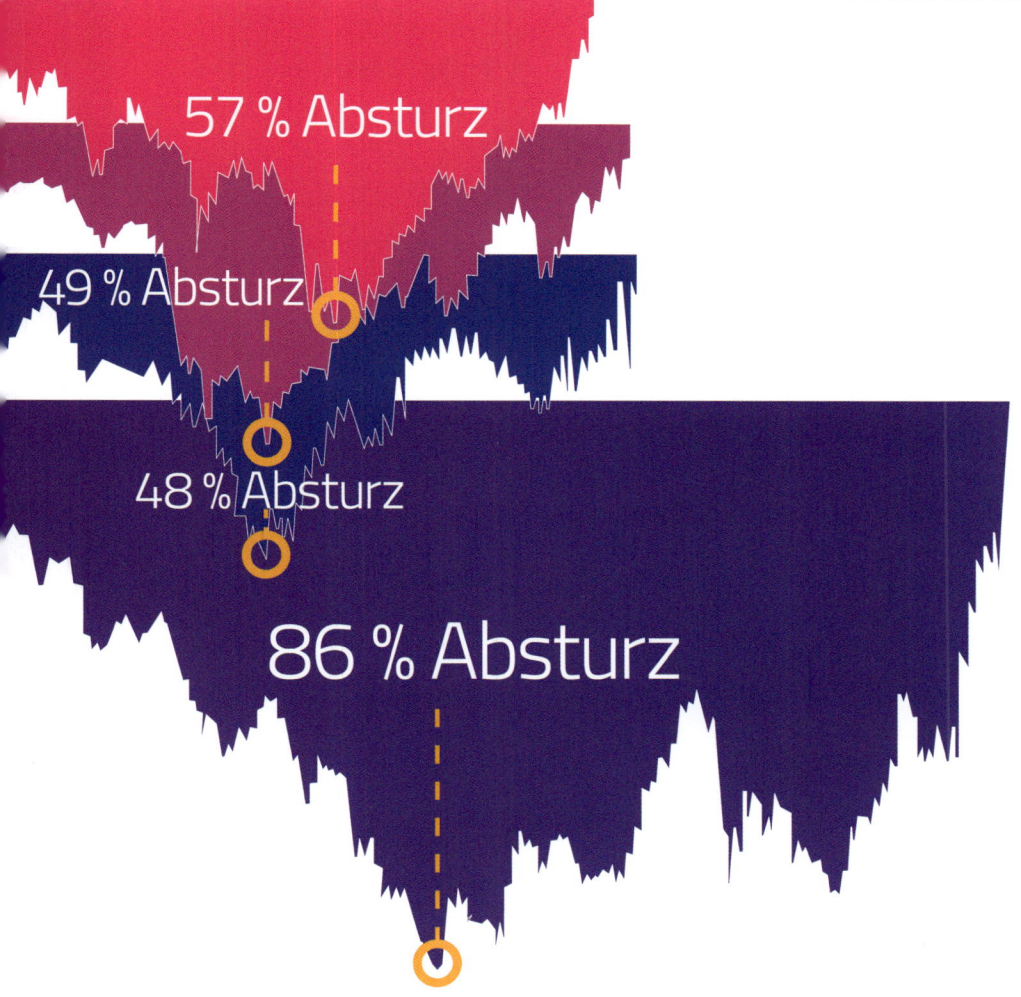

57 % Absturz

49 % Absturz

48 % Absturz

86 % Absturz

Reale Renditen in verschiedenen Zeiträumen

in Prozent pro Jahr

Anlageklasse

1 Aktien Welt (MSCI World)

2 Deutsche Aktien (Dax)

3 Gold

4 Deutsche Staatsanleihen (Rex)

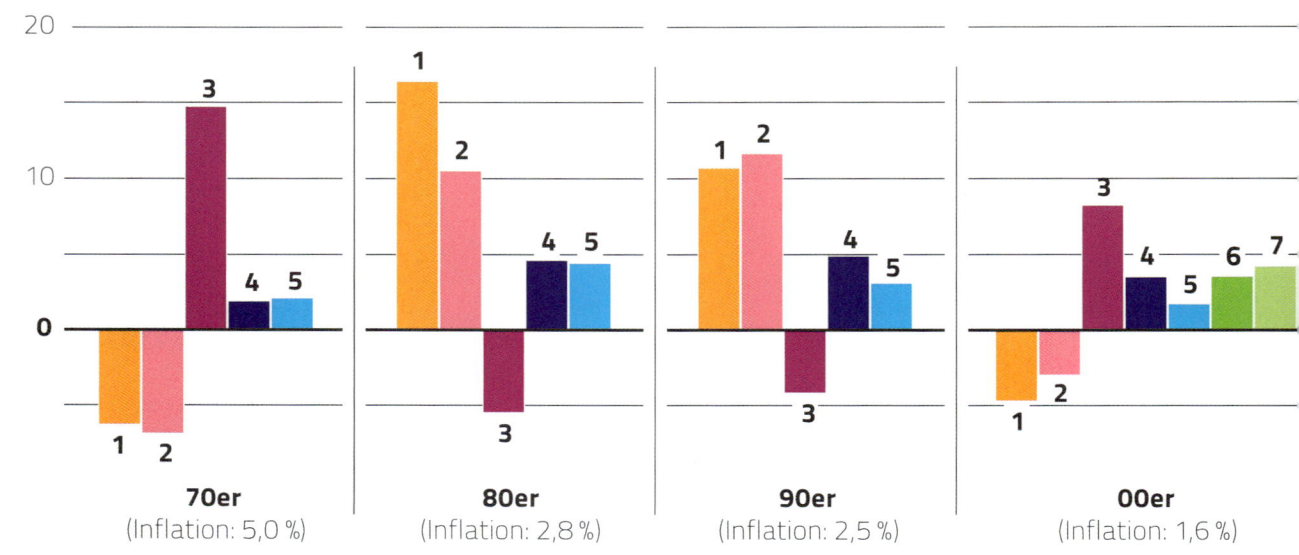

| 70er (Inflation: 5,0 %) | 80er (Inflation: 2,8 %) | 90er (Inflation: 2,5 %) | 00er (Inflation: 1,6 %) |

5 Deutsche Staatsanleihen 1-jährig

6 Euro-Staatsanleihen

7 Euro-Staatsanleihen inflationsgeschützt

Die Inflation trifft Sparer in Zeiten niedriger Zinsen besonders hart. Die Verzinsung auf dem Sparkonto und die Inflation ergeben zusammen den Realzins, also die „echte" Verzinsung. Liegen die Zinsen bei 1 Prozent und die Inflation ebenfalls bei 1 Prozent, ist der Realzins 0 Prozent. Die Kaufkraft des Vermögens bleibt dann erhalten. Sind die Zinsen aber bei 0 Prozent und die Inflation bei 6 Prozent, liegt der Realzins bei minus 6 Prozent. Das Vermögen verliert mit der Zeit an Wert. In der Vergangenheit gab es Inflationsschutz vor allem mit Aktien oder Gold, zeitweise aber auch mit Anleihen. Um sich für die Zukunft gut aufzustellen, empfiehlt sich eine Mischung aus verschiedenen Anlagen.

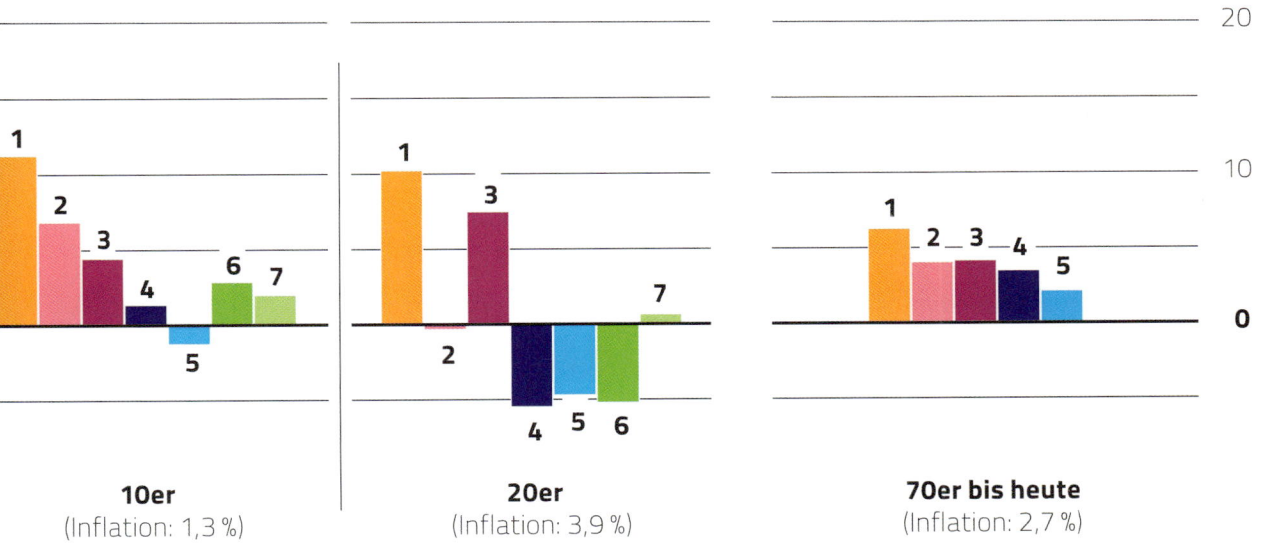

10er	**20er**
(Inflation: 1,3 %)	(Inflation: 3,9 %)

70er bis heute
(Inflation: 2,7 %)

Stand: Juni 2022

Die Ära Merkel – eine Wirtschaftsbilanz

Kennzahlen zur wirtschaftlichen Entwicklung Deutschlands 2005 bis 2020

Angela Merkel hat Deutschlands Wirtschaft 16 Jahre lang geprägt. Doch wie hat die ehemalige Bundeskanzlerin die Bundesrepublik verändert? Der finanzielle Wohlstand ist deutlich und kontinuierlich gewachsen: das Bruttoinlandsprodukt pro Kopf stieg um rund 43 Prozent. Ohne Ausbruch der Coronapandemie hätte dieses Wachstum wohl knapp an die 50-Prozent-Marke herangereicht. Zur positiven Bilanz Merkels gehört auch die Zahl der Arbeitslosen. Diese ist – trotz des pandemiebedingten Anstiegs im Jahr 2020 – um rund 44 Prozent gesunken. 2005, als Merkel ins Kanzleramt einzog, waren knapp fünf Millionen Menschen als arbeitslos registriert, 2019 schließlich waren es nur noch 2,3 Millionen Menschen. Hingegen sind die Schulden des öffentlichen Gesamthaushalts von Bund, Ländern, Gemeinden und Sozialversicherung gestiegen – je Einwohner von rund 18.000 auf über 26.000 Euro.

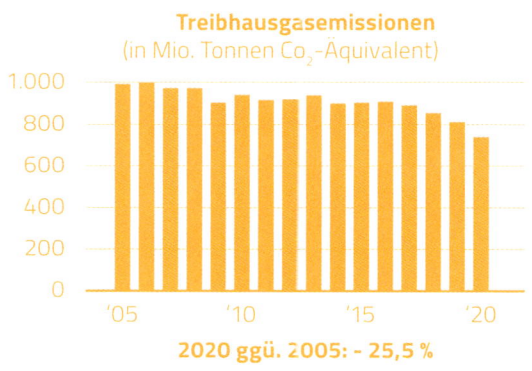

Arbeitslose in Mio.

2020 ggü. 2005: - 44,4 %

Treibhausgasemissionen
(in Mio. Tonnen CO_2-Äquivalent)

2020 ggü. 2005: - 25,5 %

BIP pro Kopf in €

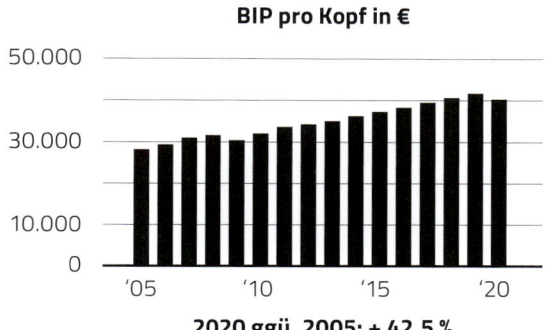

2020 ggü. 2005: + 42,5 %

Unternehmensinsolvenzen

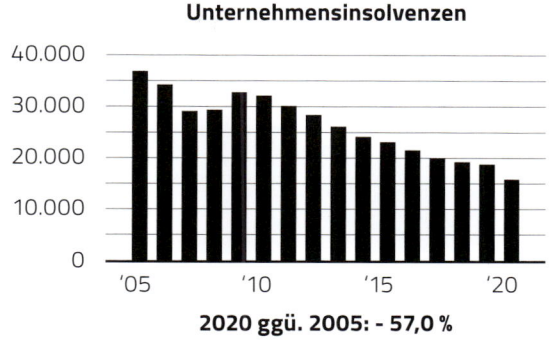

2020 ggü. 2005: - 57,0 %

Saldo Außenhandelsbilanz in Mrd. €

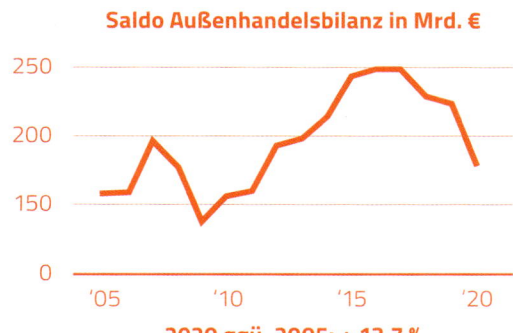

2020 ggü. 2005: + 13,7 %

Öffentl. Gesamtschulden pro Kopf in €

2020 ggü. 2005: + 44,7 %

Steuereinnahmen in Mrd. €

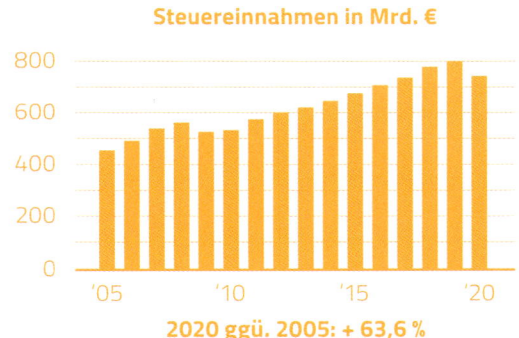

2020 ggü. 2005: + 63,6 %

Militärausgaben in Mrd. €

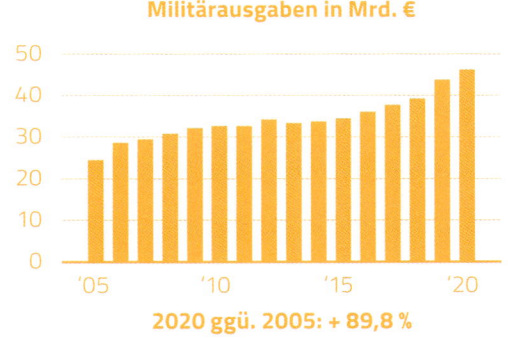

2020 ggü. 2005: + 89,8 %

Stand: September 2021

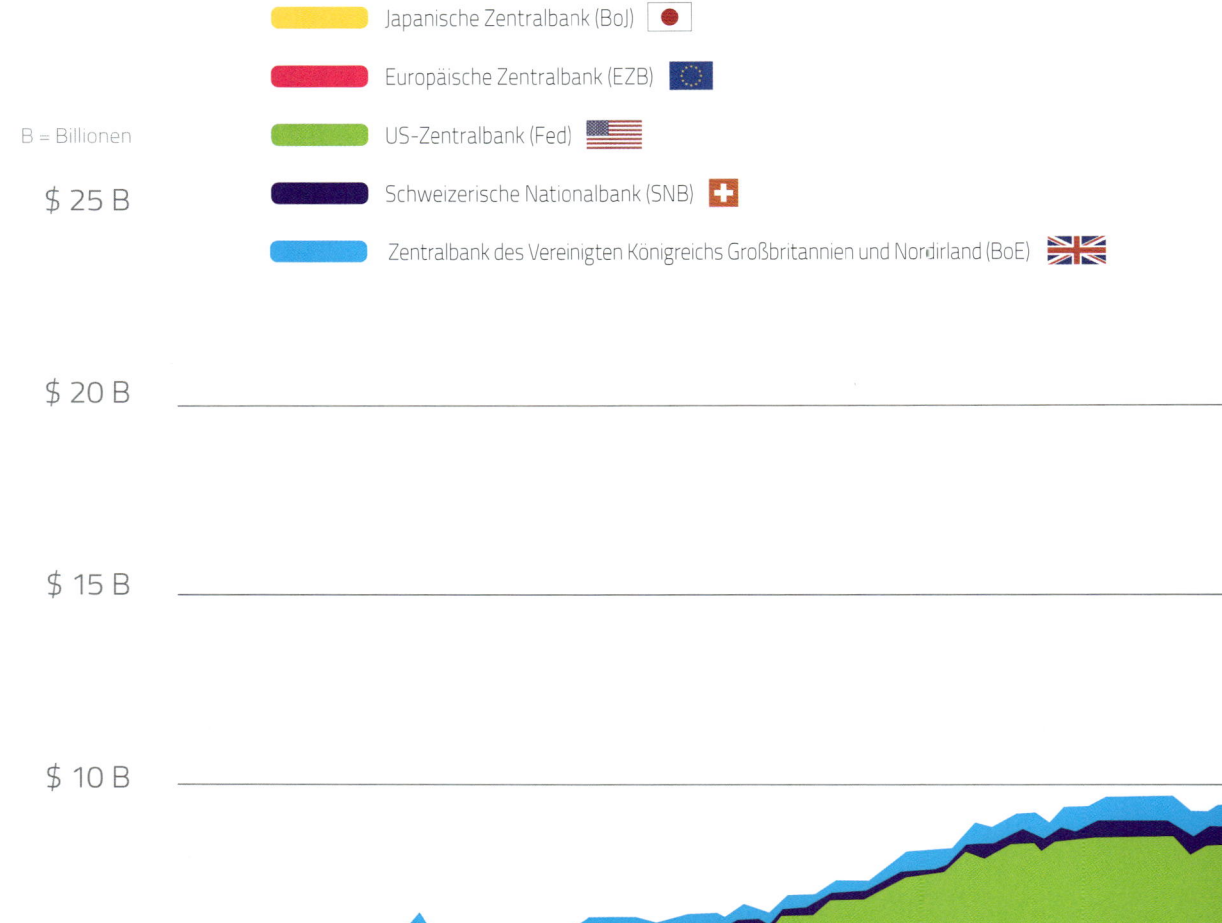

B = Billionen

Japanische Zentralbank (BoJ)

Europäische Zentralbank (EZB)

US-Zentralbank (Fed)

Schweizerische Nationalbank (SNB)

Zentralbank des Vereinigten Königreichs Großbritannien und Nordirland (BoE)

$ 25 B

$ 20 B

$ 15 B

$ 10 B

$ 5 B

$ 0 B

2008   2010   2012

Stand 2020

Bilanzen
der Zentralbanken

in US-Dollar

Die Zentralbanken kauften Finanztitel
in Billionenhöhe, um den wirtschaftlichen Schaden der Coronapandemie
abzumildern.

2014   2016   2018   2020

Börsengänge weltweit

im Zeitraum 2016 bis 2020

Wie diese Grafik zeigt, bleibt Deutschland in Sachen IPOs (Börsengänge) hinter wichtigen Industrieländern wie China, den USA, Großbritannien, Schweden und Frankreich deutlich zurück. Insgesamt wirken sich die Folgen des russischen Krieges gegen die Ukraine und der Coronapandemie negativ aufs Parkett aus: Sowohl die Zahl der Neuemissionen als auch das Volumen sind zuletzt deutlich zurückgegangen.

Ein IPO ist die erste Ausgabe von Aktien eines Unternehmens an die breite Öffentlichkeit. Ab diesem Zeitpunkt können Anleger und Investoren also erstmals Anteile einer Aktiengesellschaft an der Börse kaufen und so zum Miteigentümer der Firma werden. Der Hauptgrund für einen Börsengang ist, dass sich eine Firma mit einem Börsengang neues Eigenkapital beschaffen kann. Dafür verkauft sie mittels einer Aktie einen Teil des Unternehmens an Investoren.

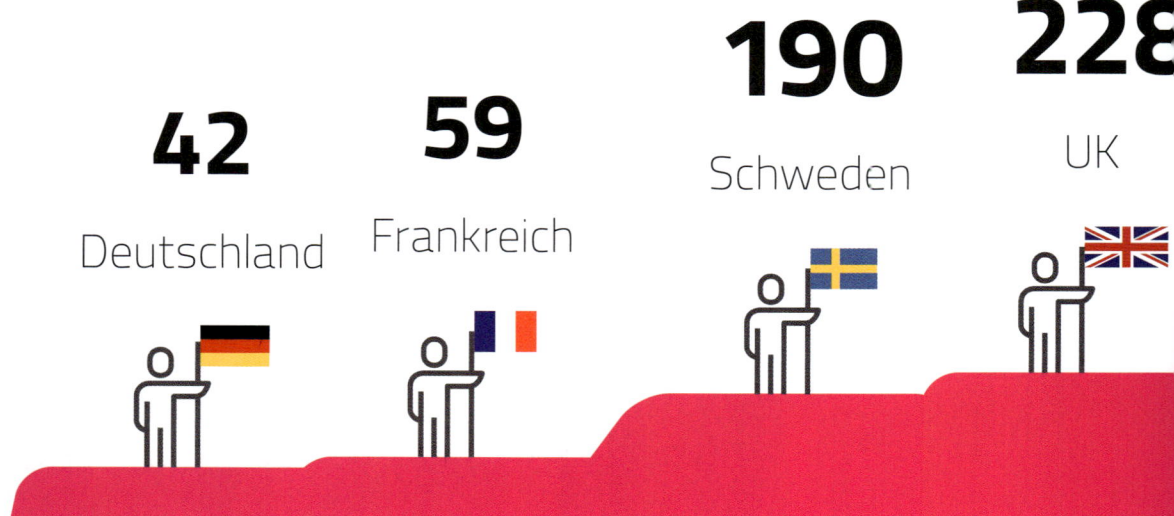

42
Deutschland

59
Frankreich

190
Schweden

228
UK

2.103

China

884

USA

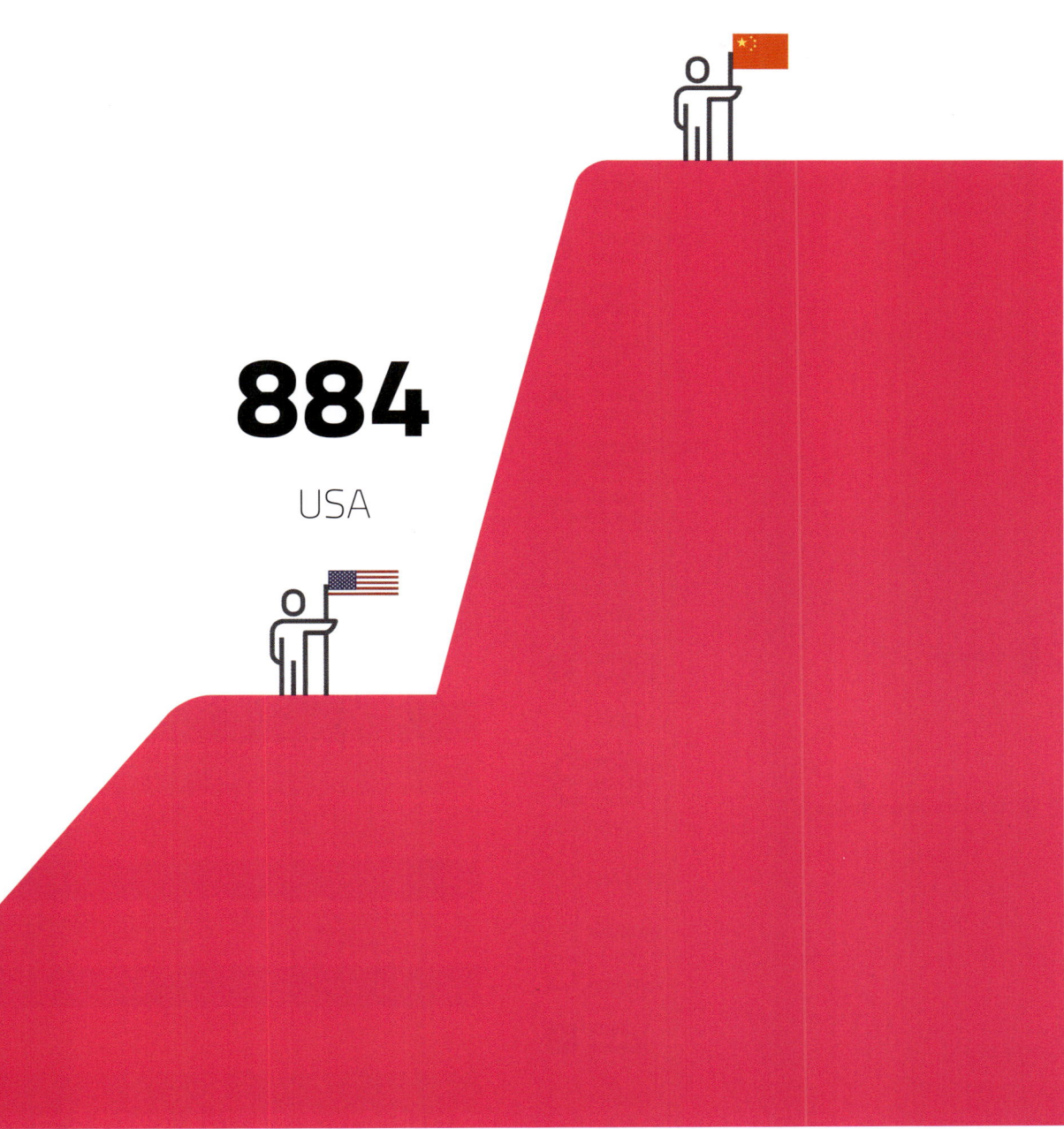

Stand: 2021

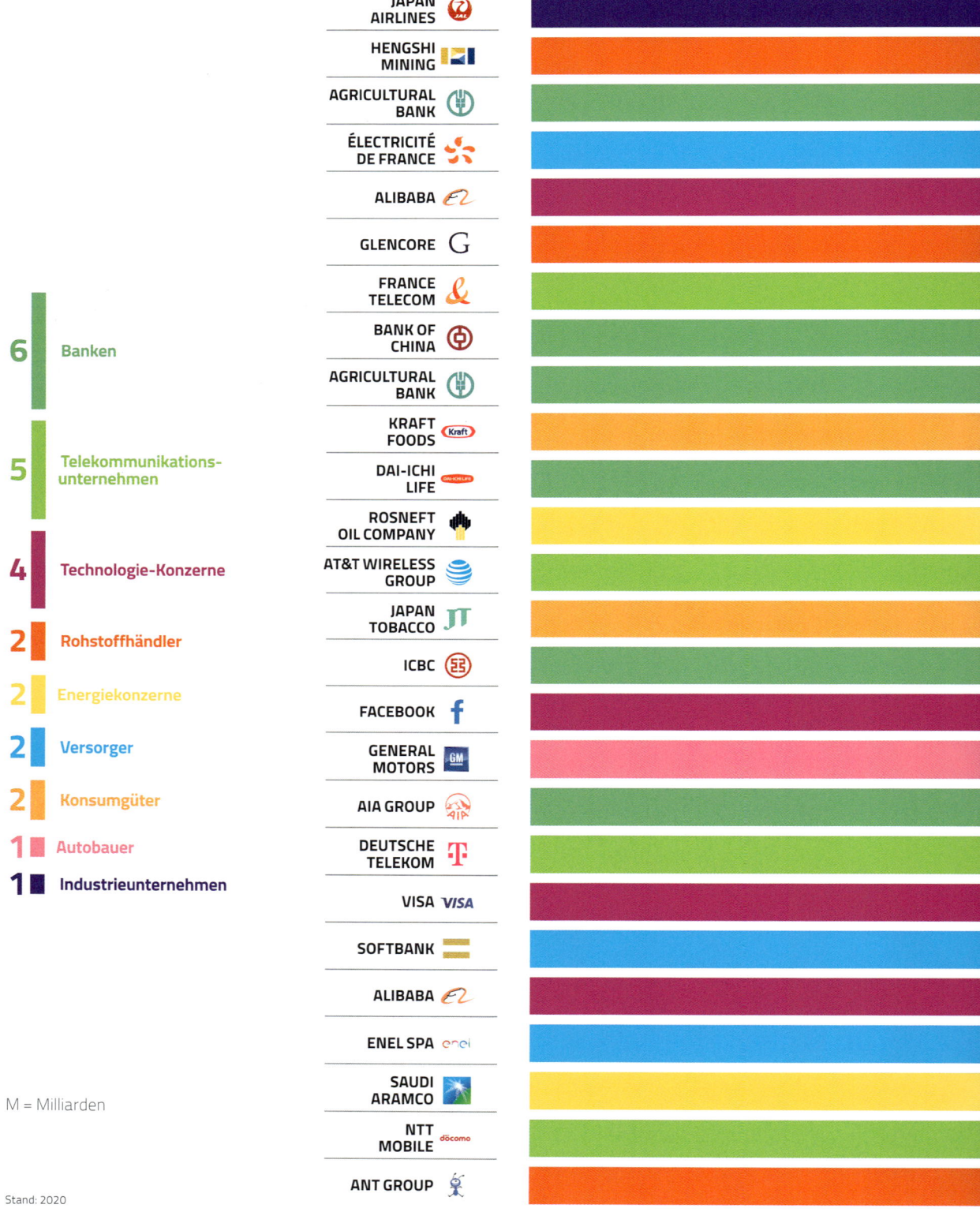

JAPAN AIRLINES	
HENGSHI MINING	
AGRICULTURAL BANK	
ÉLECTRICITÉ DE FRANCE	
ALIBABA	
GLENCORE	
FRANCE TELECOM	
BANK OF CHINA	
AGRICULTURAL BANK	
KRAFT FOODS	
DAI-ICHI LIFE	
ROSNEFT OIL COMPANY	
AT&T WIRELESS GROUP	
JAPAN TOBACCO	
ICBC	
FACEBOOK	
GENERAL MOTORS	
AIA GROUP	
DEUTSCHE TELEKOM	
VISA	
SOFTBANK	
ALIBABA	
ENEL SPA	
SAUDI ARAMCO	
NTT MOBILE	
ANT GROUP	

6 Banken

5 Telekommunikations-unternehmen

4 Technologie-Konzerne

2 Rohstoffhändler

2 Energiekonzerne

2 Versorger

2 Konsumgüter

1 Autobauer

1 Industrieunternehmen

M = Milliarden

Stand: 2020

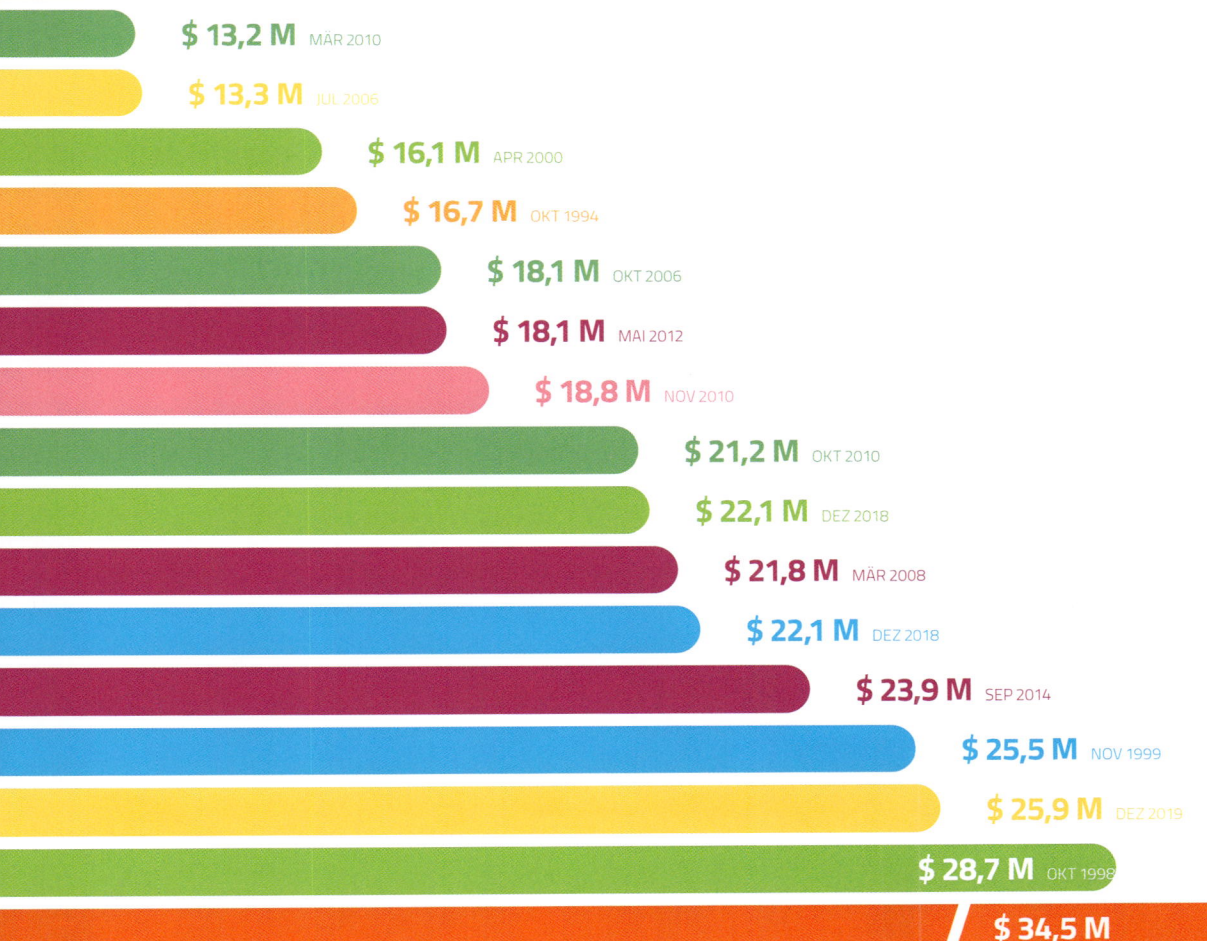

Die größten Börsengänge der Welt

Inflationsbereinigt

9,5 M SEP 2012

$ **10,4 M** NOV 2013

$ **10,6 M** JUL 2010

$ **11,0 M** NOV 2005

$ **11,3 M** NOV 2019

$ **11,5 M** MAI 2011

$ **11,7 M** OKT 1997

$ **11,88 M** MAI 2006

$ **12,4 M** JUL 2010

$ **12,7 M** JUN 2001

$ **13,2 M** MÄR 2010

$ **13,3 M** JUL 2006

$ **16,1 M** APR 2000

$ **16,7 M** OKT 1994

$ **18,1 M** OKT 2006

$ **18,1 M** MAI 2012

$ **18,8 M** NOV 2010

$ **21,2 M** OKT 2010

$ **22,1 M** DEZ 2018

$ **21,8 M** MÄR 2008

$ **22,1 M** DEZ 2018

$ **23,9 M** SEP 2014

$ **25,5 M** NOV 1999

$ **25,9 M** DEZ 2019

$ **28,7 M** OKT 1998

$ **34,5 M**

Bedeutung der Sektoren an der US-Börse

im Zeitverlauf

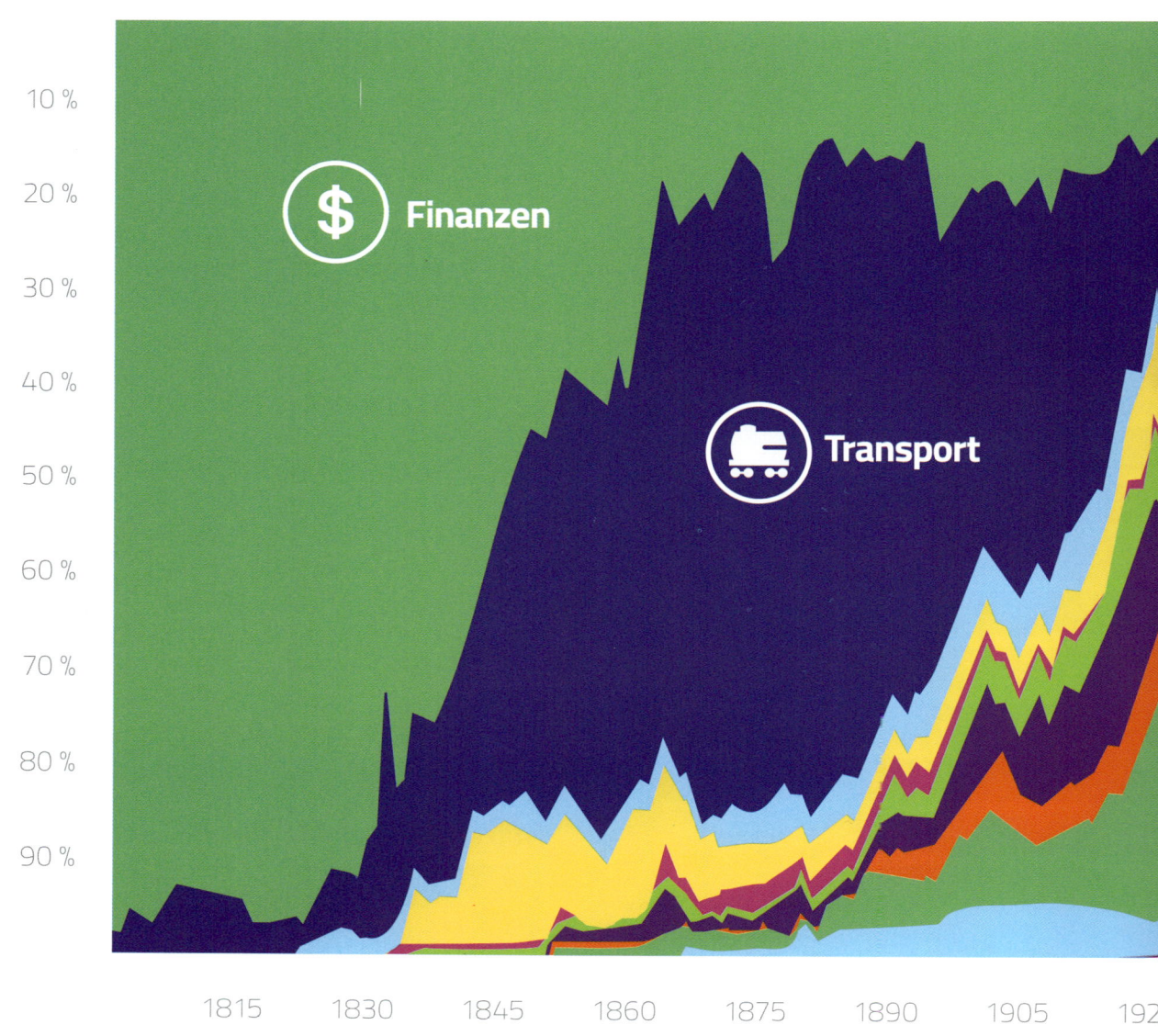

Stand: 2020

„Global Financial Data" teilt den Aktienmarkt in zwölf Sektoren ein. Die zwölf Sektoren umfassen jene elf Sektoren, die den Sektoren im Global Industry Classification Standard ähneln, fügen aber einen zwölften Sektor für Transportwerte hinzu, da dieser historisch wichtig für die USA, Großbritannien und andere Volkswirtschaften war. Der Sektor Kommunikation umfasst nicht nur Telekommunikationswerte, sondern auch allgemeine Kommunikation wie Medien und Verlagswesen.

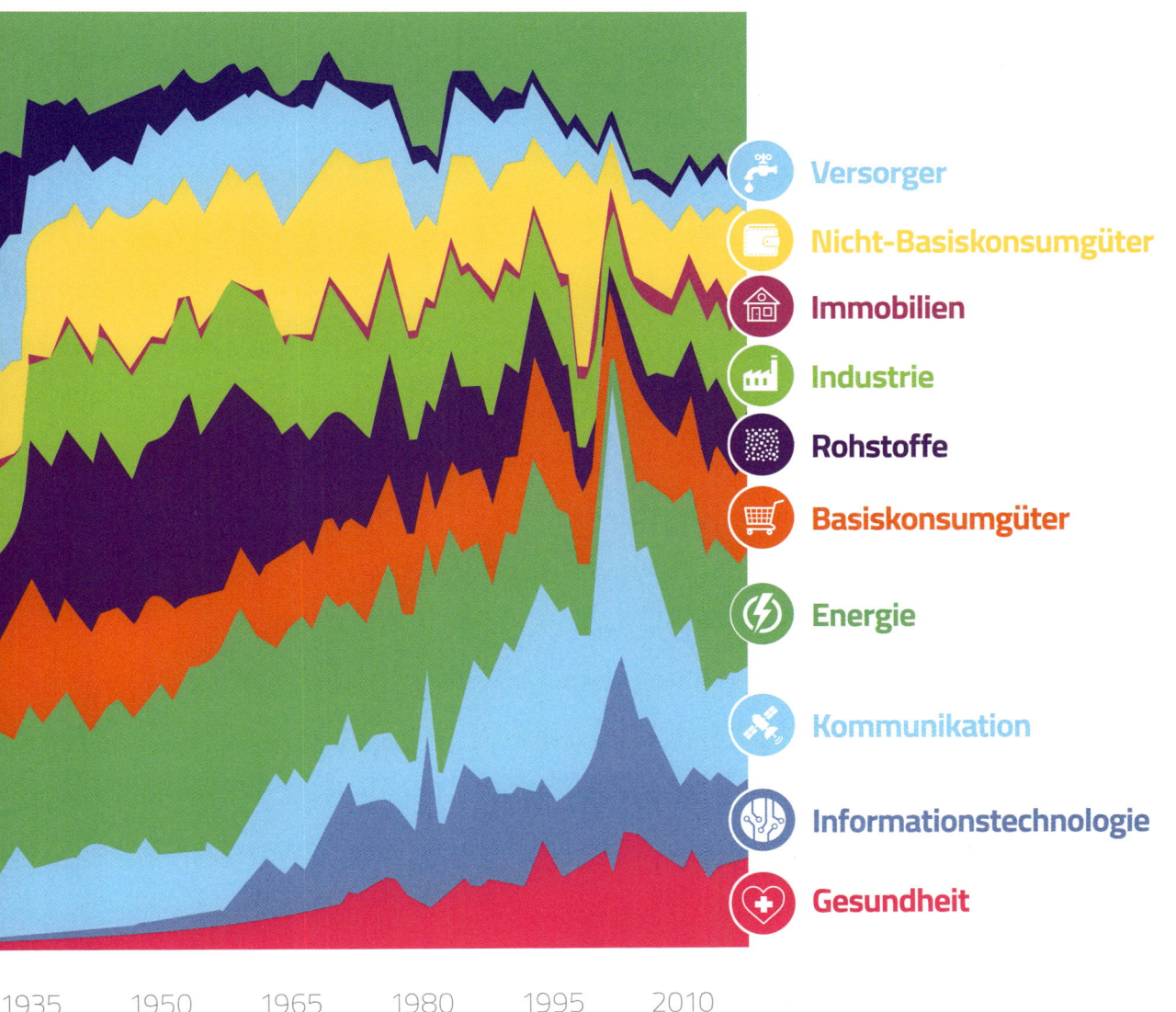

Versorger

Nicht-Basiskonsumgüter

Immobilien

Industrie

Rohstoffe

Basiskonsumgüter

Energie

Kommunikation

Informationstechnologie

Gesundheit

1935   1950   1965   1980   1995   2010

Branchenrotation im letzten Jahrhundert

an der US-Börse

Im Laufe des letzten Jahrhunderts haben wichtige Sektoren wie das Transportwesen ihren Glanz verloren.

Gleichzeitig hat die technologische Entwicklung dazu geführt, dass ganz neue Branchen wie die Informationstechnologie und das Gesundheitswesen an Bedeutung gewonnen haben.

Finanzen

Transport   **38 %**

Versorger

Nicht-Basiskonsumgüter

Immobilien

Industrie

Rohstoffe

Basiskonsumgüter

Energie

Kommunikation

Informationstechnologie

Gesundheit

40 %

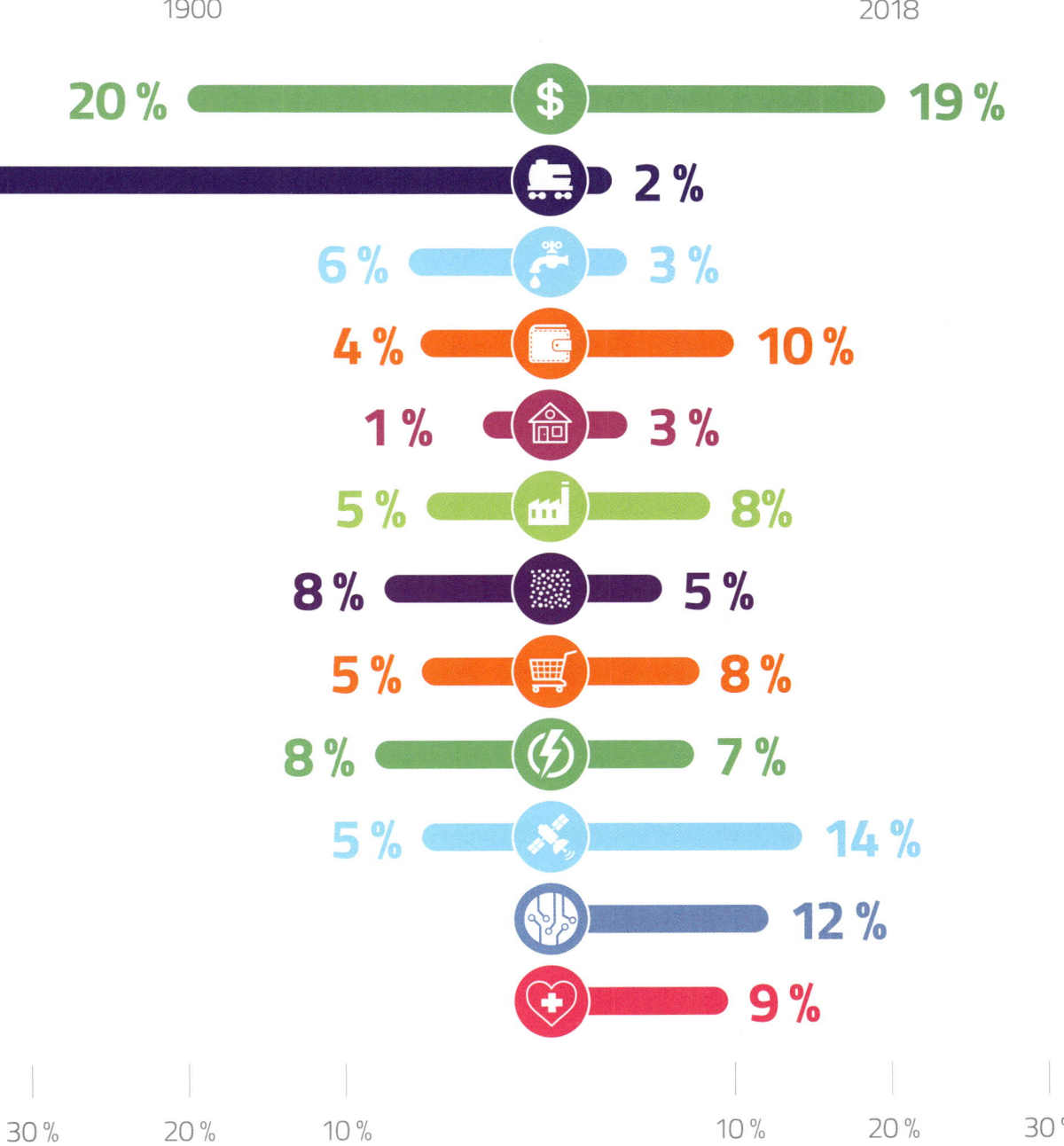

1900

2018

20 % 19 %

2 %

6 % 3 %

4 % 10 %

1 % 3 %

5 % 8 %

8 % 5 %

5 % 8 %

8 % 7 %

5 % 14 %

12 %

9 %

30 % 20 % 10 % 10 % 20 % 30 %

Die größten Unternehmen der Welt

Marktkapitalisierung in Milliarden US-Dollar

Tech

Öl/Energie

Finanzen

Einzelhandel

Konglomerate

Pharma

Automobil

2005

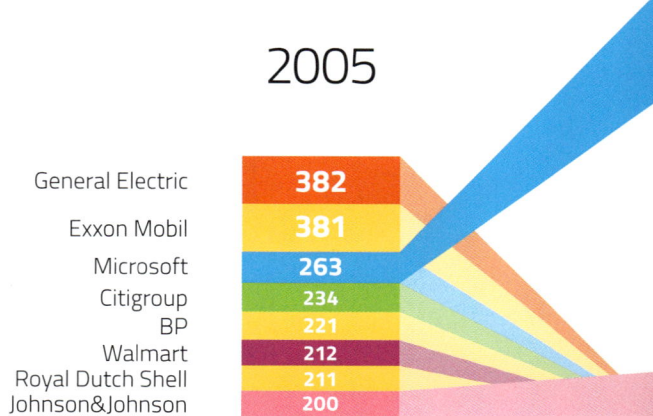

General Electric	382
Exxon Mobil	381
Microsoft	263
Citigroup	234
BP	221
Walmart	212
Royal Dutch Shell	211
Johnson&Johnson	200

Stand: 31. März 2005 und 29. Juni 2022

2022

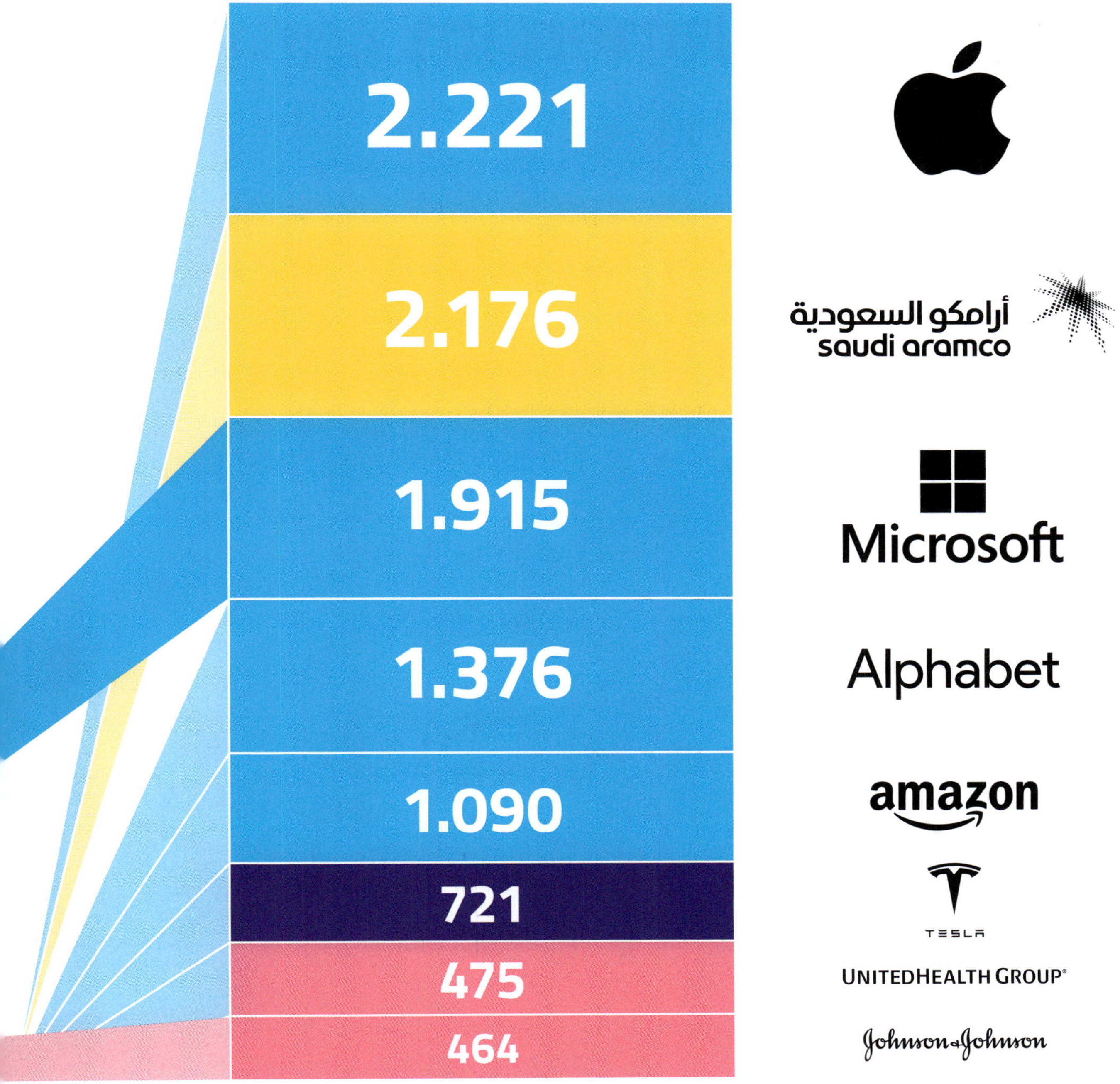

2.221	
2.176	
1.915	
1.376	Alphabet
1.090	
721	
475	UNITEDHEALTH GROUP®
464	Johnson & Johnson

Das wertvollste Unternehmen im Zeitverlauf

in Milliarden US-Dollar

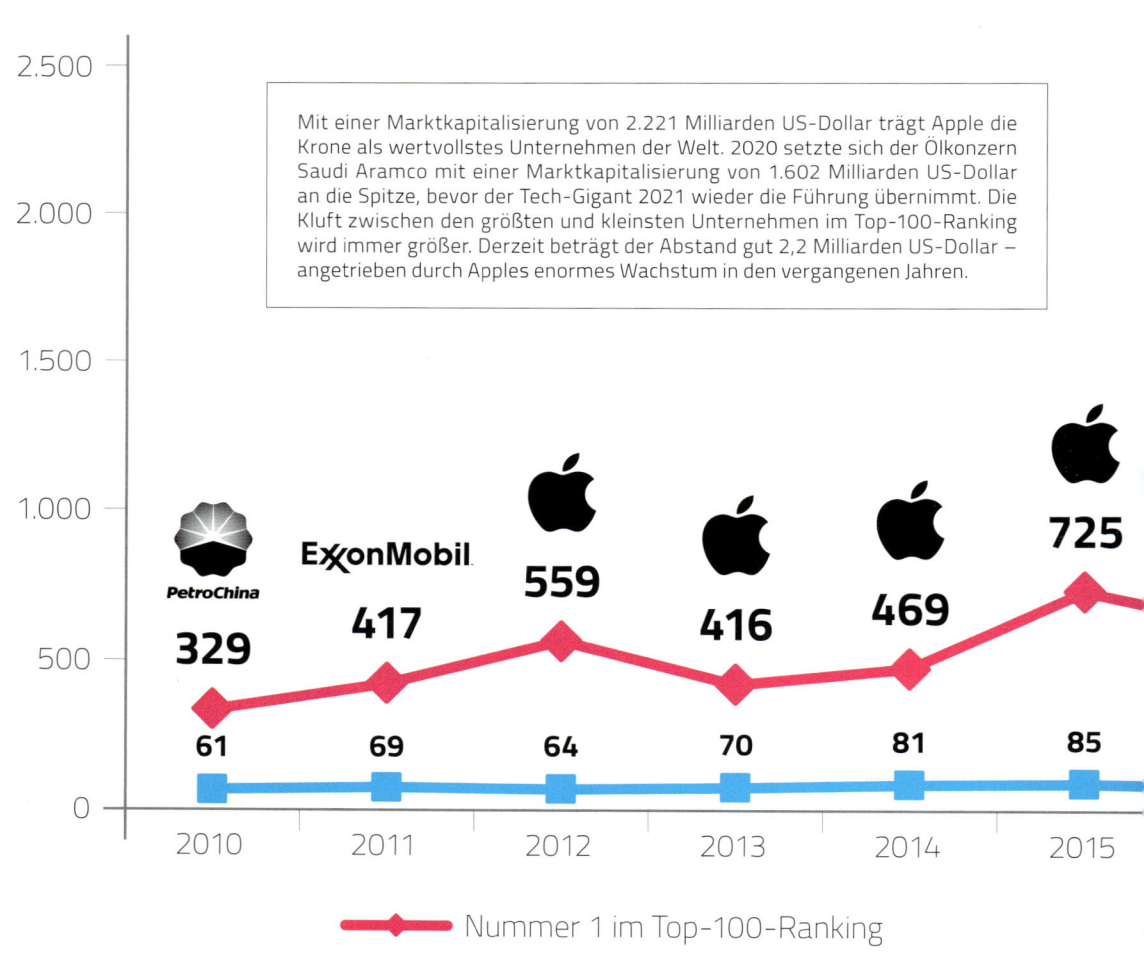

Mit einer Marktkapitalisierung von 2.221 Milliarden US-Dollar trägt Apple die Krone als wertvollstes Unternehmen der Welt. 2020 setzte sich der Ölkonzern Saudi Aramco mit einer Marktkapitalisierung von 1.602 Milliarden US-Dollar an die Spitze, bevor der Tech-Gigant 2021 wieder die Führung übernimmt. Die Kluft zwischen den größten und kleinsten Unternehmen im Top-100-Ranking wird immer größer. Derzeit beträgt der Abstand gut 2,2 Milliarden US-Dollar – angetrieben durch Apples enormes Wachstum in den vergangenen Jahren.

Nummer 1 im Top-100-Ranking

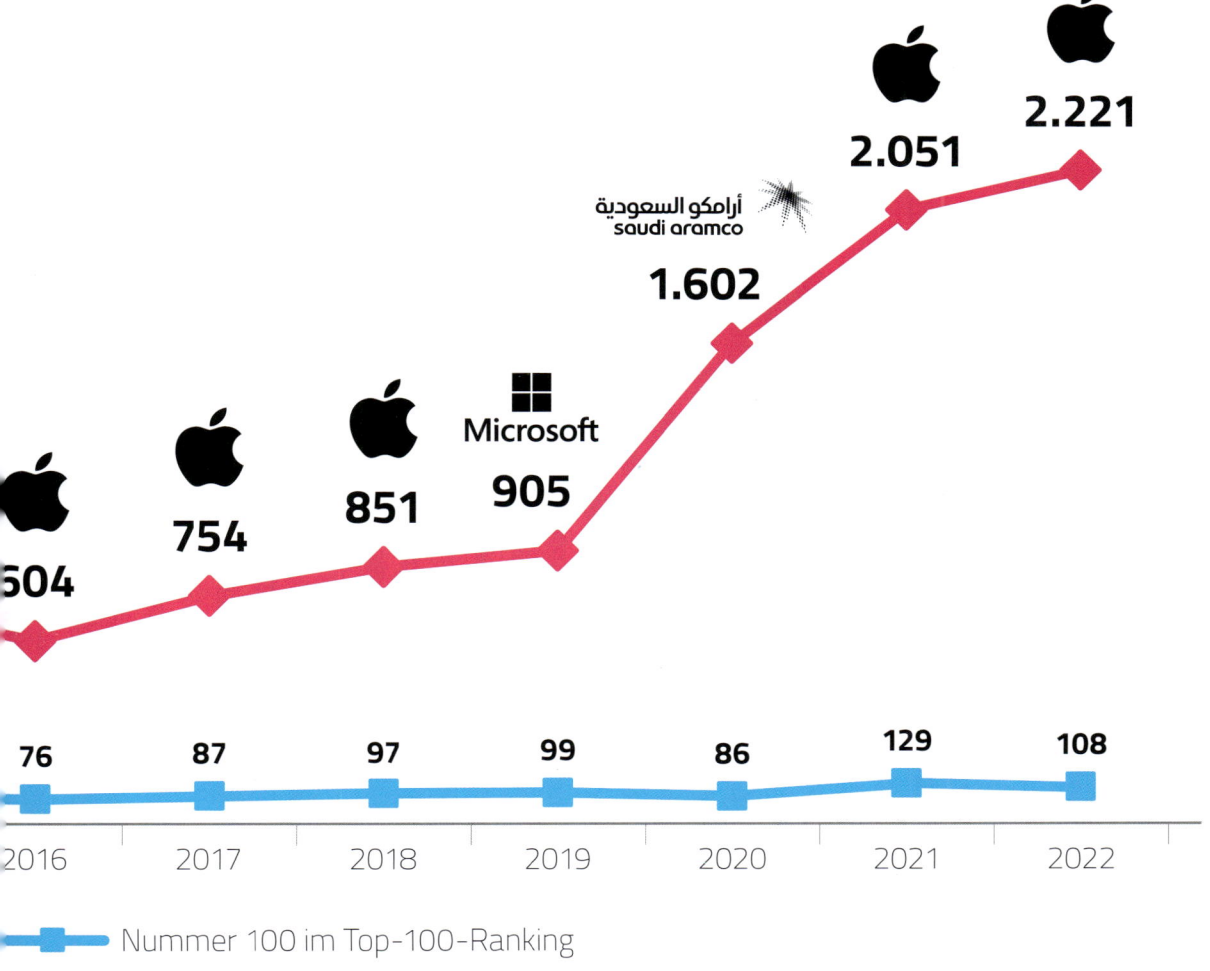

604

754

851

Microsoft
905

أرامكو السعودية
saudi aramco
1.602

2.051

2.221

76   87   97   99   86   129   108

2016   2017   2018   2019   2020   2021   2022

Nummer 100 im Top-100-Ranking

Stand: Juni 2022

Die Lebensdauer von Unternehmen wird immer kürzer. Hohes Innovationstempo verkürzt die Lebenserwartung. Und dieser Trend ist global einheitlich: Da sich Kapital- und Innovationszyklen immer schneller bewegen, die Märkte immer transparenter und wettbewerbsintensiver werden, schrumpft auch die Lebensdauer von Unternehmen. So zeigt beispielsweise ein Blick auf die durchschnittliche Verweildauer amerikanischer Unternehmen im marktbreiten Börsenindex S&P 500, dass sich die Lebenszyklen von Konzernen in den letzten Jahrzehnten drastisch verkürzt haben. Abzulesen ist das an der durchschnittlichen Verweildauer der Index-Mitglieder im S&P 500: Verweilten US-Konzerne im Jahr 1965 noch rund 33 Jahre im Index, waren es 1990 nur noch 20 Jahre, wie die Unternehmensberatung Innosight herausfand. Der Trend geht weiter. Für das Jahr 2026 prognostiziert die Agentur, dass Unternehmen im Schnitt nur noch rund 14 Jahre im S&P verweilen. Rund die Hälfte der 500 im S&P vertretenen Firmen wird in den nächsten zehn Jahren aus dem Index fliegen.

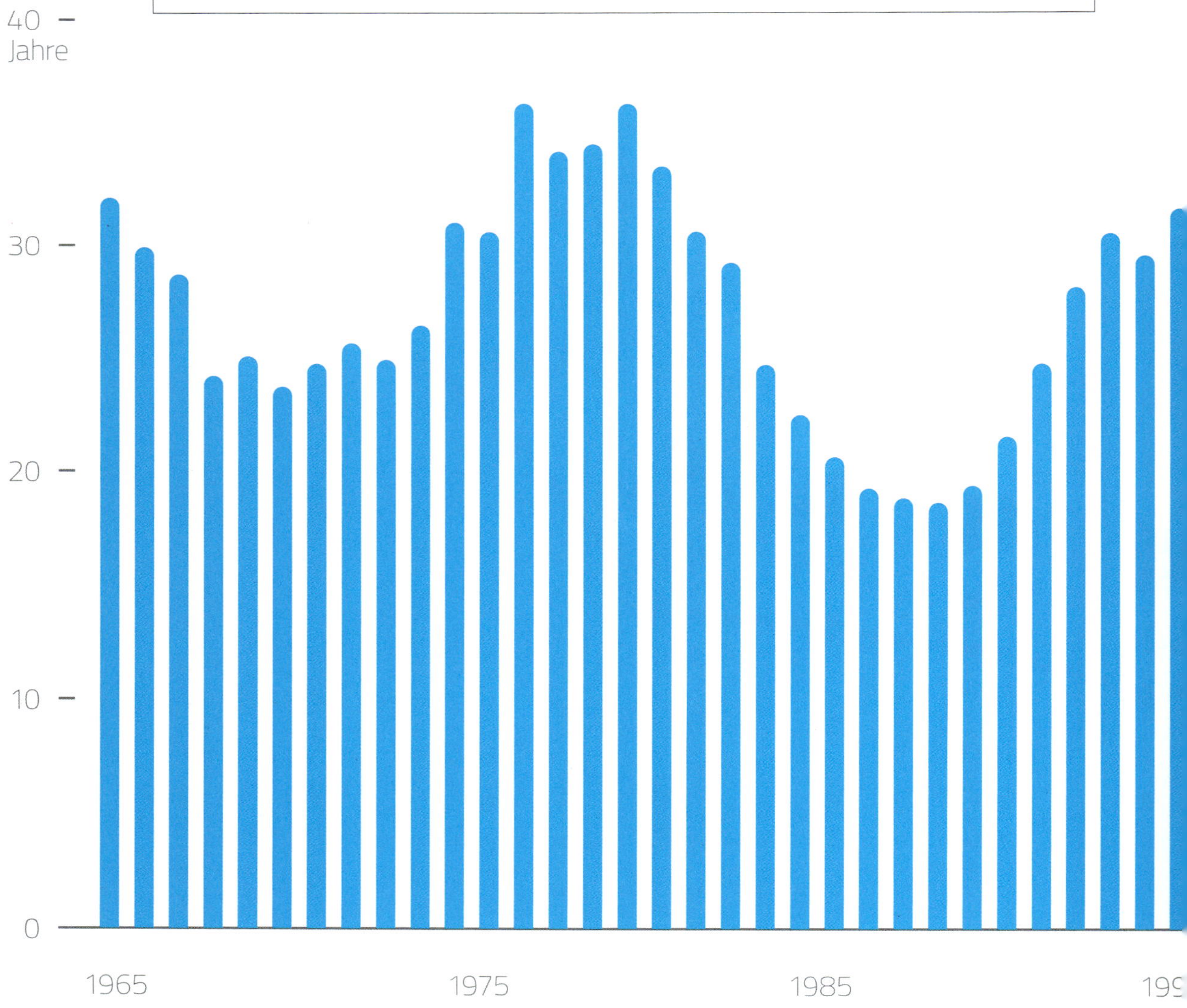

Durchschnittliche Unternehmenslebensdauer im S&P 500

Berechnet auf der Grundlage eines rollierenden 7-Jahres-Durchschnitts

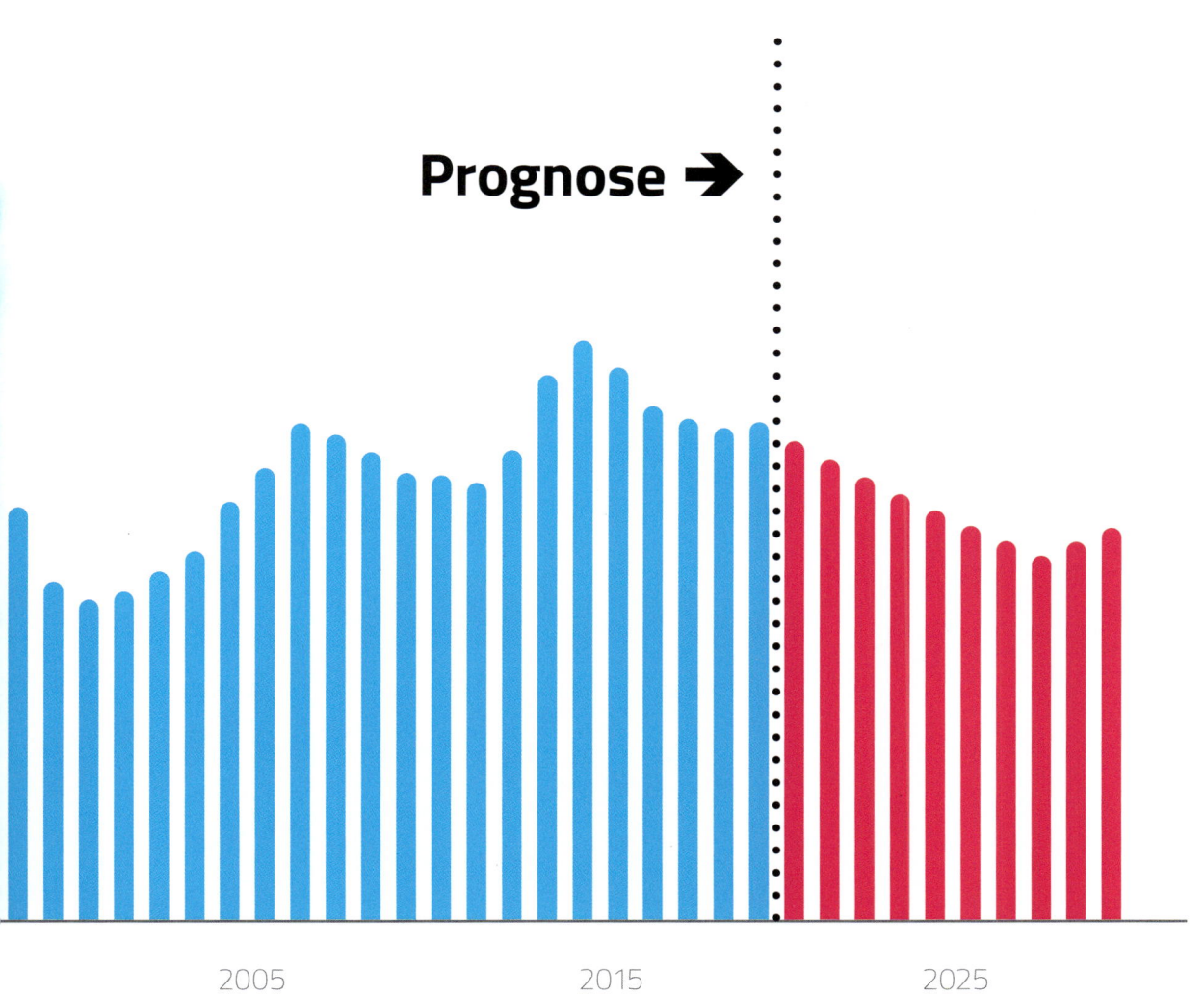

Prognose ➜

2005　　　　　　2015　　　　　　2025

200 Jahre Zinssätze in den USA

in Prozent

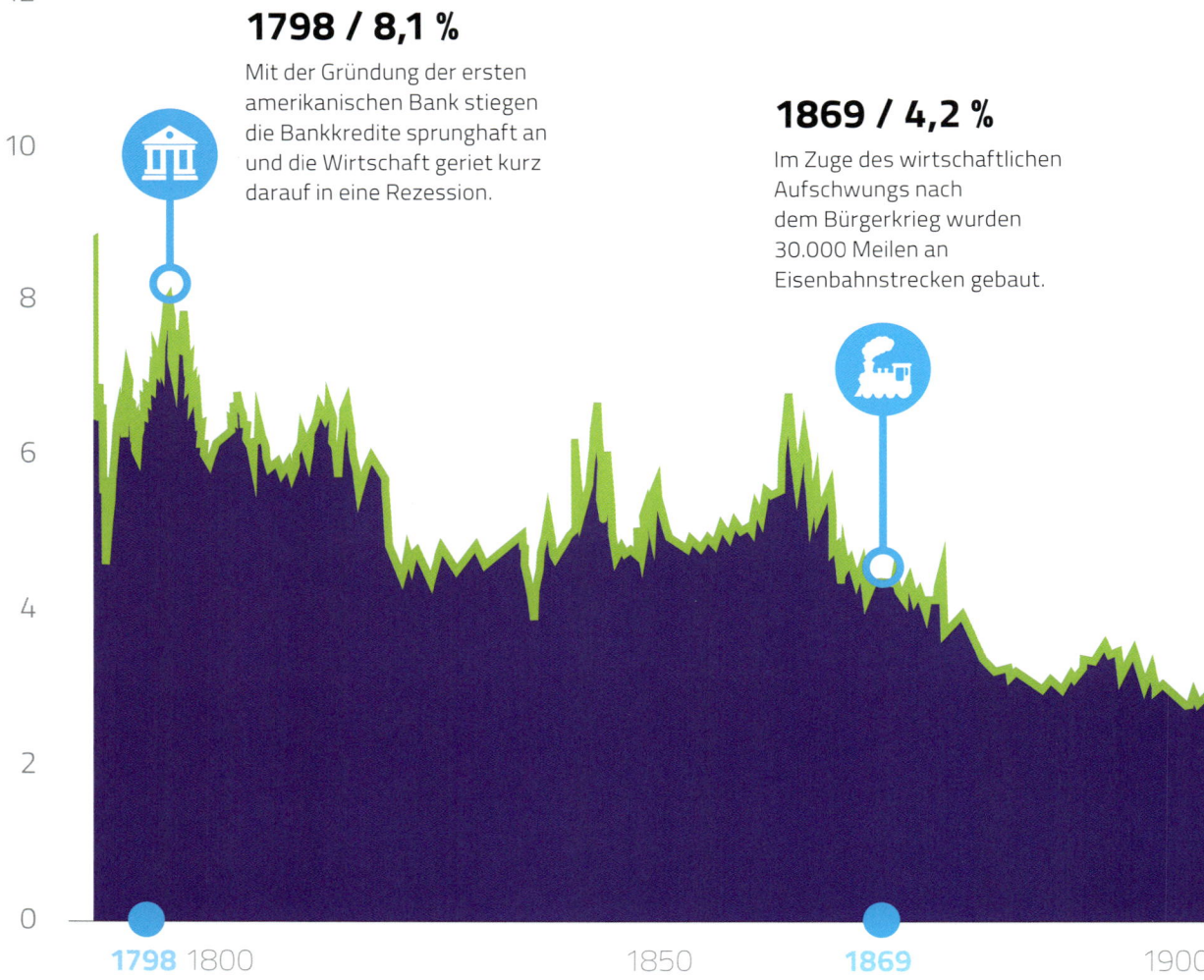

1798 / 8,1 %

Mit der Gründung der ersten amerikanischen Bank stiegen die Bankkredite sprunghaft an und die Wirtschaft geriet kurz darauf in eine Rezession.

1869 / 4,2 %

Im Zuge des wirtschaftlichen Aufschwungs nach dem Bürgerkrieg wurden 30.000 Meilen an Eisenbahnstrecken gebaut.

16

14

12

10

8

6

4

2

0

1798 1800

1850

1869

1900

Stand: 2020

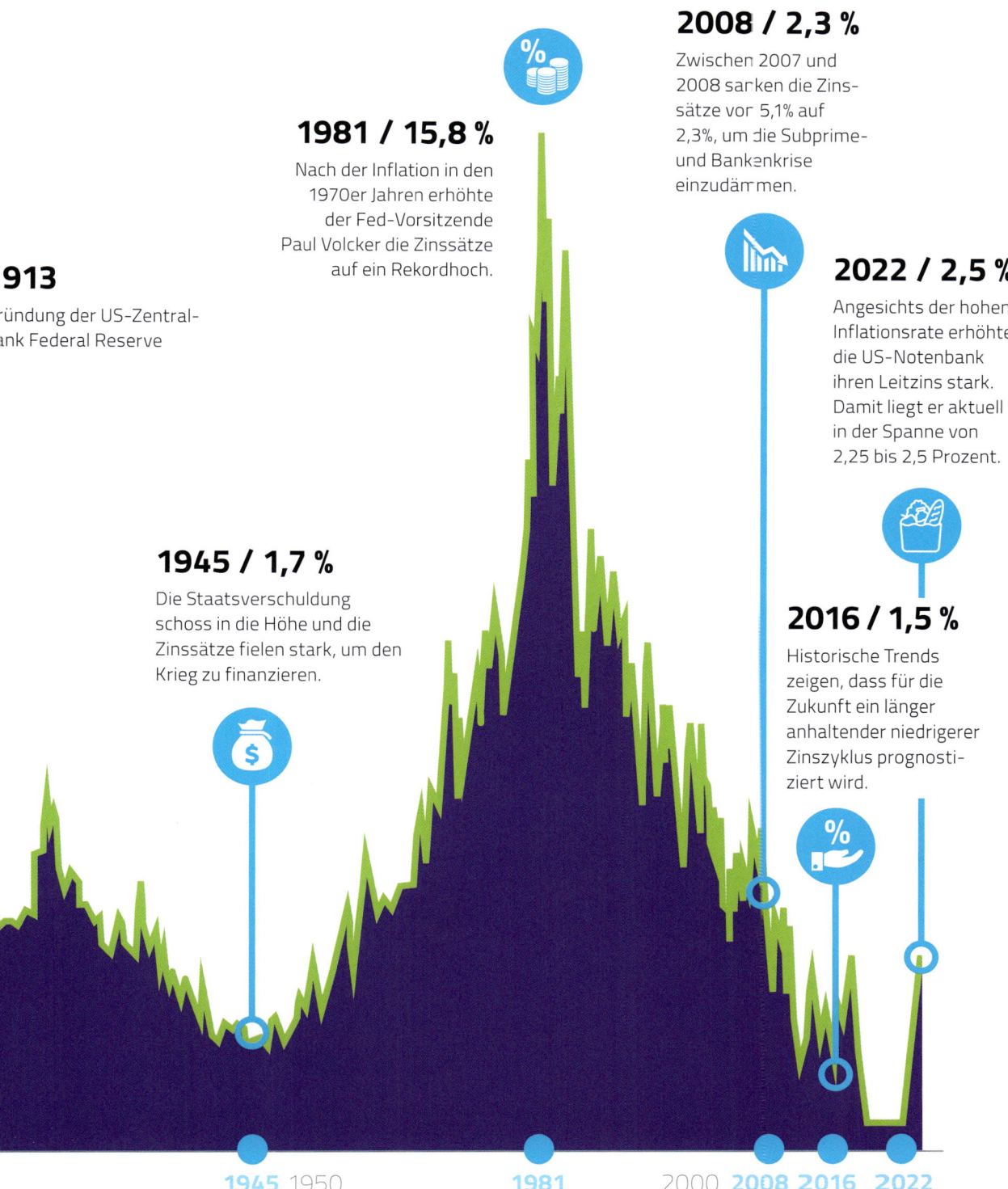

2008 / 2,3 %

Zwischen 2007 und 2008 sanken die Zinssätze vor 5,1% auf 2,3%, um die Subprime- und Bankenkrise einzudämmen.

1981 / 15,8 %

Nach der Inflation in den 1970er Jahren erhöhte der Fed-Vorsitzende Paul Volcker die Zinssätze auf ein Rekordhoch.

913

ründung der US-Zentral-ank Federal Reserve

2022 / 2,5 %

Angesichts der hohen Inflationsrate erhöhte die US-Notenbank ihren Leitzins stark. Damit liegt er aktuell in der Spanne von 2,25 bis 2,5 Prozent.

1945 / 1,7 %

Die Staatsverschuldung schoss in die Höhe und die Zinssätze fielen stark, um den Krieg zu finanzieren.

2016 / 1,5 %

Historische Trends zeigen, dass für die Zukunft ein länger anhaltender niedrigerer Zinszyklus prognostiziert wird.

1945 1950 **1981** 2000 **2008 2016 2022**

Zinserhöhungen vs. Inflationsrate

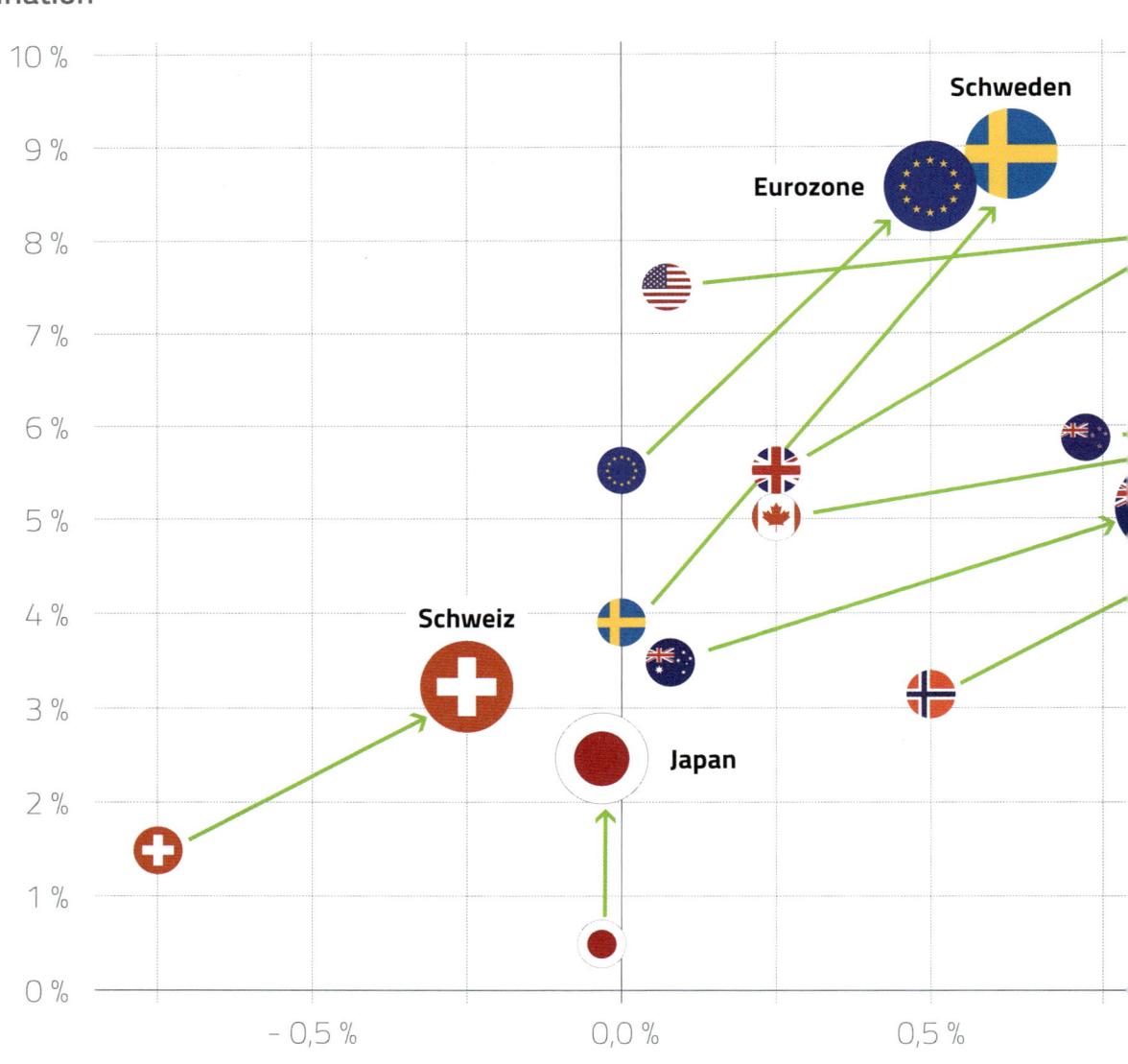

Inflation

Stellen Sie sich die hohe Inflation wie ein Auto vor, das einen Berg hinunterrast. Um sie zu verlangsamen, muss man auf die Bremse treten. Zinserhöhungen sollen die Ausgaben bremsen. Einige Zentralbanken treten jedoch stärker auf die Bremse als andere.

Unter Leitzinsen versteht man die von der zuständigen Zentralbank festgelegten Zinssätze, zu denen sich Geschäftsbanken bei einer Zentral- oder Notenbank Geld beschaffen oder anlegen können. In der Eurozone ist die Europäische Zentralbank (EZB) zuständig für die Festlegung der Leitzinsen. Geschäftsbanken geben einen Teil der Zinsen an ihre Kunden weiter, wodurch die Kaufkraft von Unternehmen und Verbrauchern sinkt. So wird es beispielsweise teurer, sich Geld für ein Haus oder ein Auto zu leihen. Letztlich bremsen Zinserhöhungen die Ausgaben und fördern das Sparen. Dies veranlasst die Unternehmen, die Preise langsamer zu erhöhen oder zu senken, um die Nachfrage wieder anzukurbeln.

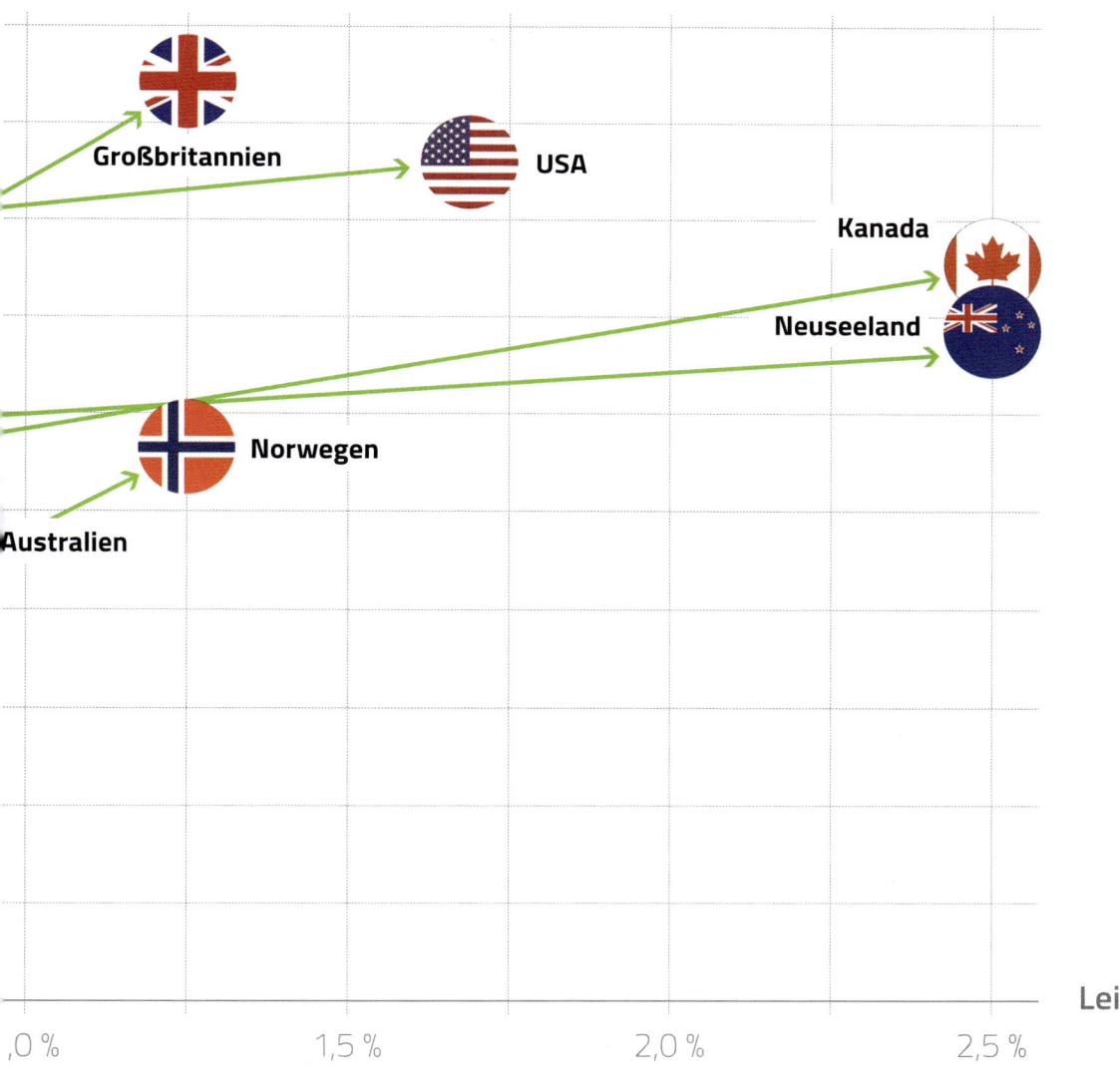

Leitzins

,0 %   1,5 %   2,0 %   2,5 %

Stand: Juli 2022

März ist bester Monat, September schlechtester

Durchschnittliche Performance des DAX von 1959 bis 2022

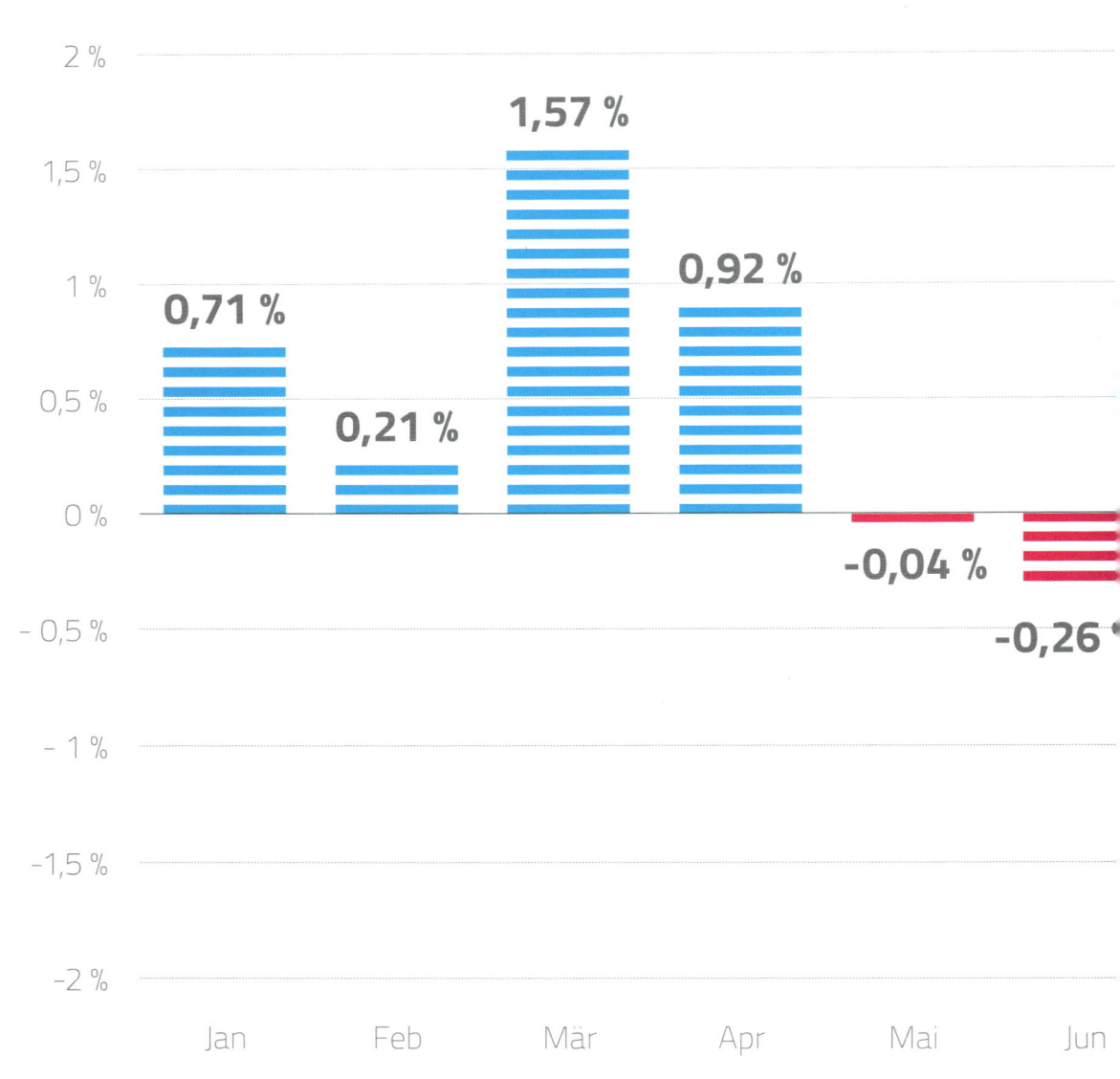

Der März ist der nach der Performance beste Börsenmonat des DAX. So konnte der deutsche Leitindex bei einer Betrachtung jeden einzelnen Monats über einen Zeitraum von 1959 bis 2022 im März eine durchschnittliche Wertsteigerung von etwa 1,57 Prozent verzeichnen. Der schlechteste Börsenmonat ist traditionell der September.

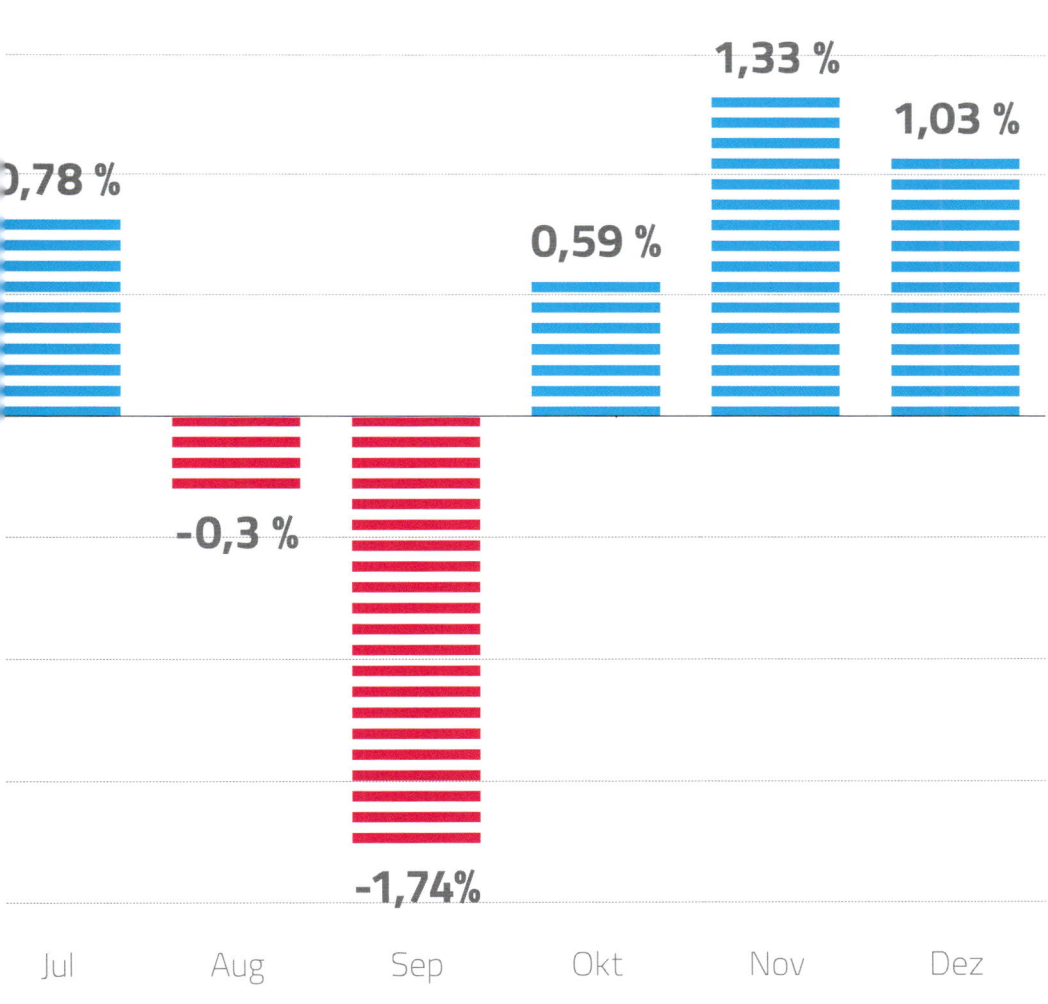

0,78 %

1,33 %

1,03 %

0,59 %

-0,3 %

-1,74%

Jul   Aug   Sep   Okt   Nov   Dez

Stand: Juni 2022

Unternehmerische Perspektiven

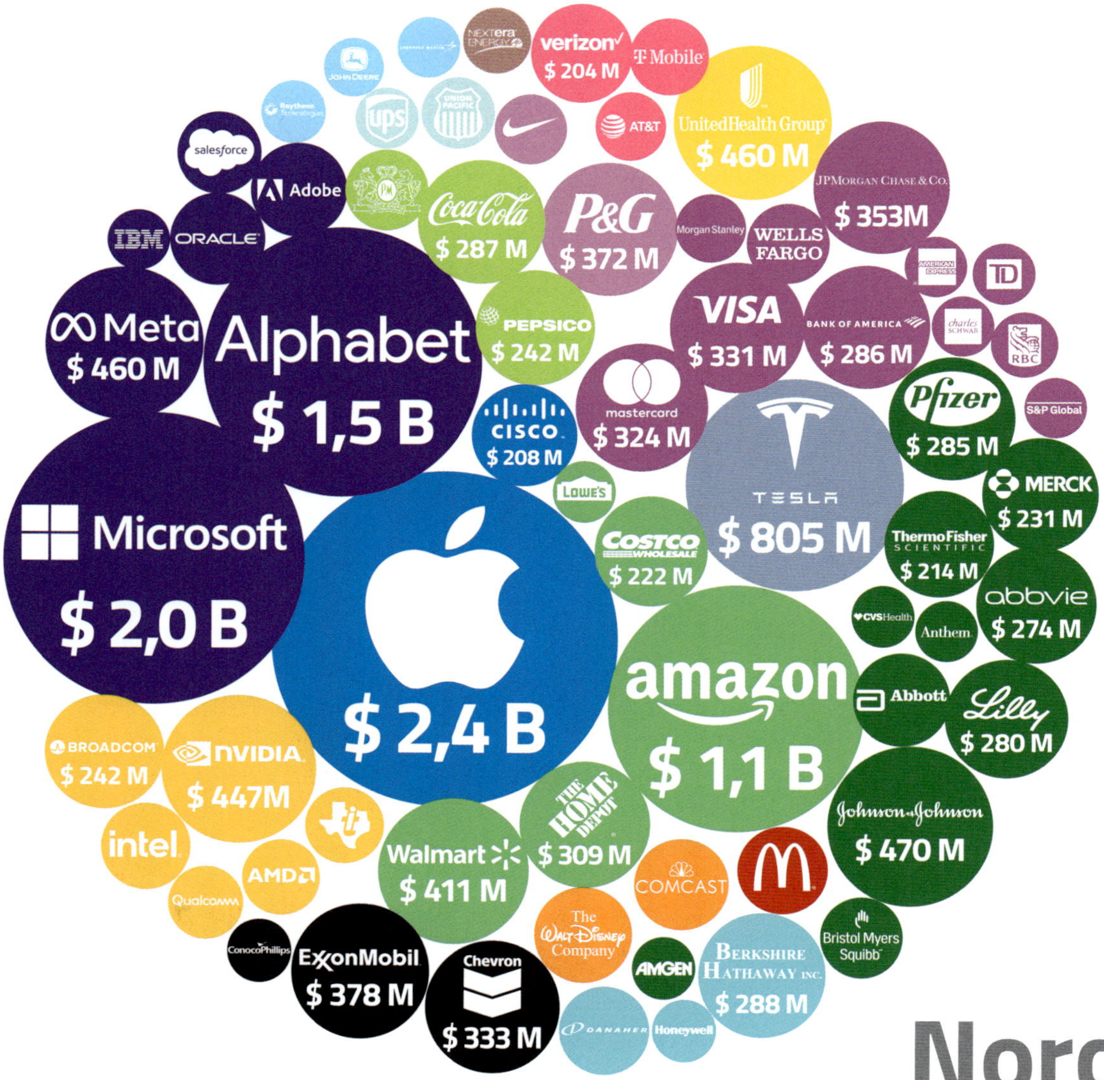

NEXTera ENERGY

John Deere

Raytheon Technologies

UPS

UNION PACIFIC

salesforce

Adobe

IBM

ORACLE

NIKE

verizon
$ 204 M

T Mobile

AT&T

UnitedHealth Group
$ 460 M

JPMorgan Chase & Co.
$ 353M

Coca-Cola
$ 287 M

P&G
$ 372 M

Morgan Stanley

WELLS FARGO

AMERICAN EXPRESS

TD

Meta
$ 460 M

Alphabet
$ 1,5 B

PEPSICO
$ 242 M

VISA
$ 331 M

BANK OF AMERICA
$ 286 M

charles SCHWAB

RBC

CISCO.
$ 208 M

mastercard
$ 324 M

Pfizer
$ 285 M

S&P Global

Microsoft
$ 2,0 B

Lowe's

COSTCO WHOLESALE
$ 222 M

TESLA
$ 805 M

MERCK
$ 231 M

Thermo Fisher SCIENTIFIC
$ 214 M

abbvie
$ 274 M

CVS Health

Anthem

$ 2,4 B

amazon
$ 1,1 B

Abbott

Lilly
$ 280 M

BROADCOM
$ 242 M

NVIDIA
$ 447M

intel

AMD

Qualcomm

Walmart
$ 411 M

THE HOME DEPOT
$ 309 M

Johnson & Johnson
$ 470 M

COMCAST

ConocoPhillips

ExxonMobil
$ 378 M

Chevron
$ 333 M

The WALT DISNEY Company

AMGEN

BERKSHIRE HATHAWAY INC.
$ 288 M

Bristol Myers Squibb

DANAHER

Honeywell

Nord-amerika

Legend

- **Energieversorger & Energietechnik**
- **Finanzen & Banking**
- **Transport & Logistik**
- **Einzelhandel**
- **Langlebige Konsumgüter**
- **Konglomerate**
- **Pharmazie, Gesundheit & Biotechnologie**
- **Essen, Trinken & Tabak**
- **Chiphersteller**
- **Hotels, Restaurants & Freizeit**

Stand: Mai 2ç022

Die größten Unternehmen der Welt

Top 100 nach Marktkapitalisierung

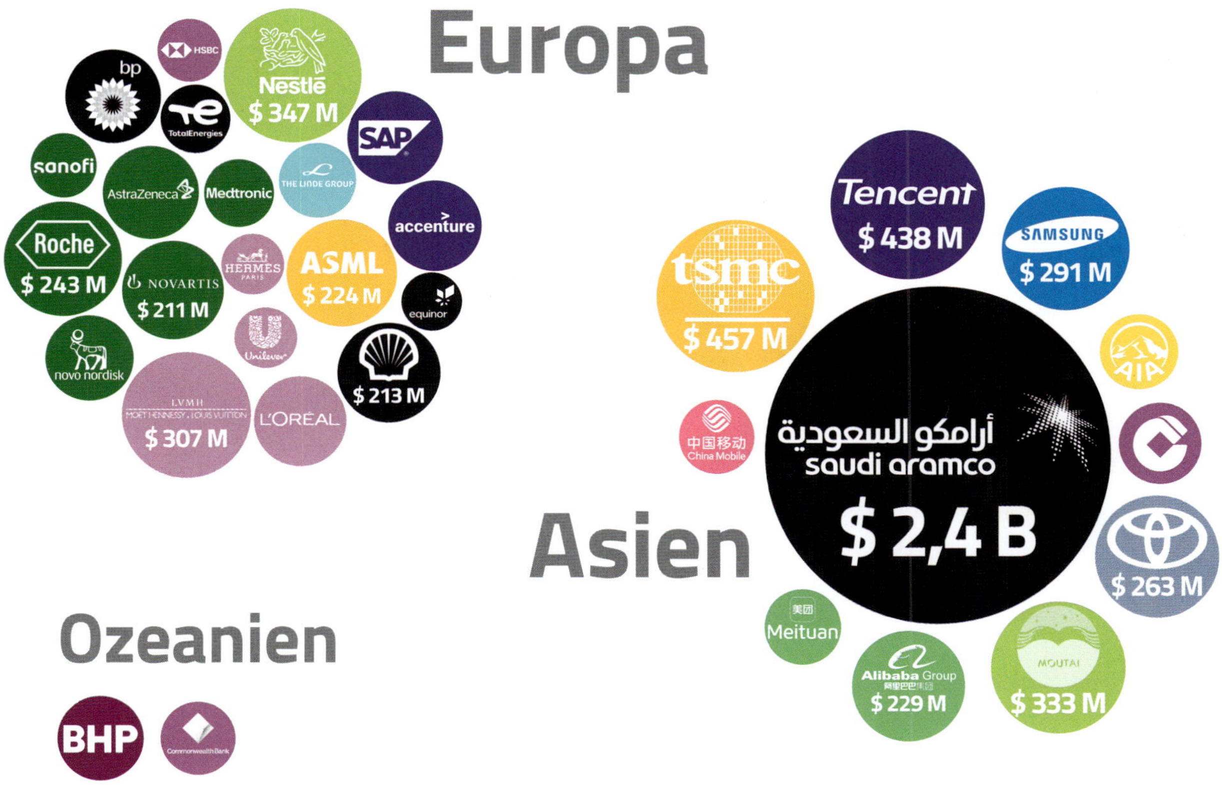

Europa

- HSBC
- bp
- TotalEnergies
- Nestlé $ 347 M
- SAP
- sanofi
- AstraZeneca
- Medtronic
- THE LINDE GROUP
- accenture
- Roche $ 243 M
- NOVARTIS $ 211 M
- HERMES PARIS
- ASML $ 224 M
- equinor
- novo nordisk
- Unilever
- $ 213 M
- LVMH MOËT HENNESSY LOUIS VUITTON $ 307 M
- L'ORÉAL

Asien

- Tencent $ 438 M
- SAMSUNG $ 291 M
- tsmc $ 457 M
- 中国移动 China Mobile
- أرامكو السعودية saudi aramco $ 2,4 B
- AIA
- Toyota $ 263 M
- 美团 Meituan
- Alibaba Group 阿里巴巴 $ 229 M
- MOUTAI $ 333 M

Ozeanien

- BHP
- Commonwealth Bank

M = Milliarden
B = Billionen

Haushalt und persönliche Produkte	Rohstoffe	Hardware-hersteller
Versicherung	Medien	Telekommunikation
IT & Software	Öl- und Gasunternehmen	Sonstiges

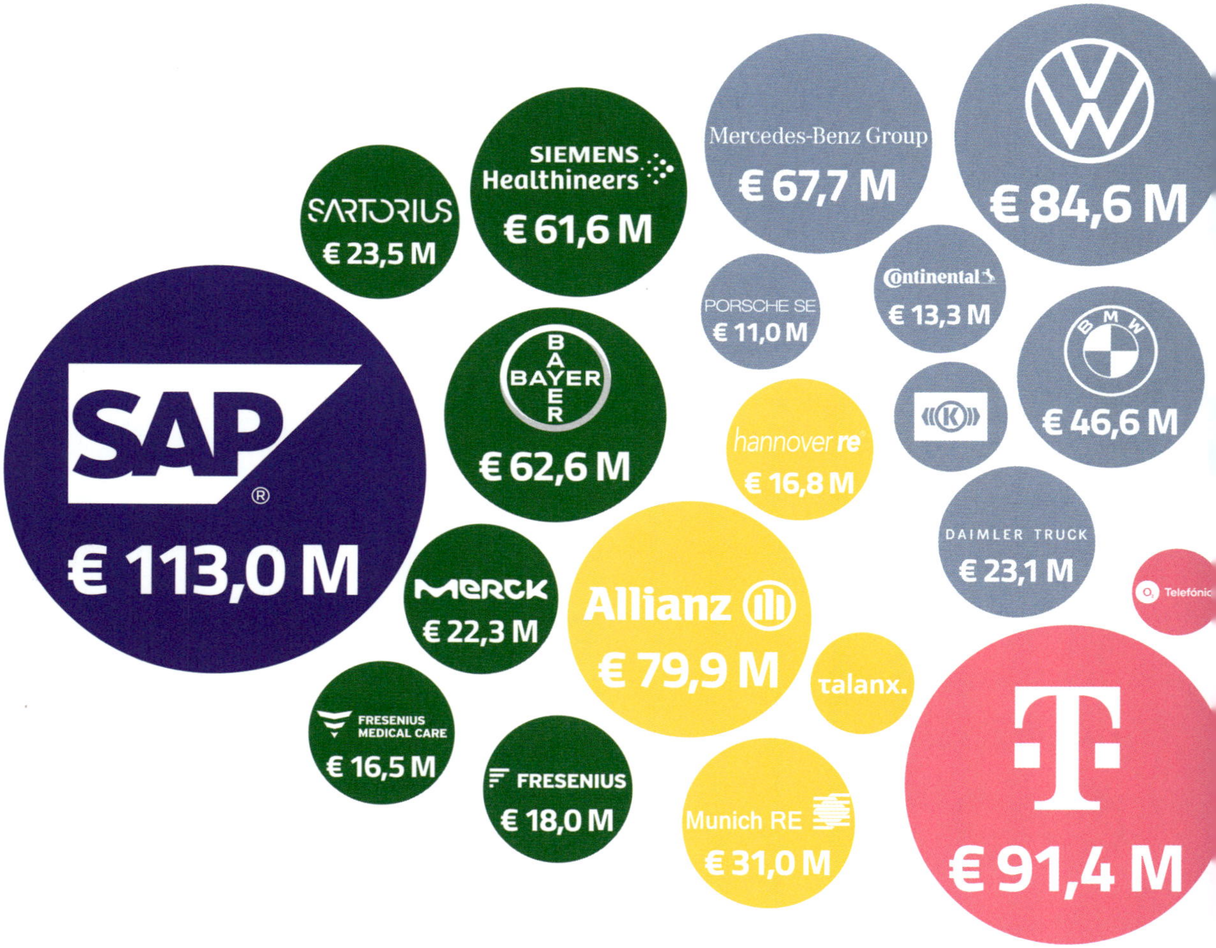

SARTORIUS
€ 23,5 M

SIEMENS Healthineers
€ 61,6 M

Mercedes-Benz Group
€ 67,7 M

VW
€ 84,6 M

PORSCHE SE
€ 11,0 M

Continental
€ 13,3 M

BAYER
€ 62,6 M

BMW
€ 46,6 M

SAP
€ 113,0 M

hannover re
€ 16,8 M

DAIMLER TRUCK
€ 23,1 M

O₂ Telefónica

MERCK
€ 22,3 M

Allianz
€ 79,9 M

talanx.

FRESENIUS MEDICAL CARE
€ 16,5 M

FRESENIUS
€ 18,0 M

Munich RE
€ 31,0 M

€ 91,4 M

 Energieversorger & Energietechnik

Finanzen & Banking

Transport & Logistik

 Einzelhandel

Langlebige Konsumgüter

Konglomerate

 Pharmazie, Gesundheit & Biotechnologie

Chiphersteller

Die größten deutschen Unternehmen

Top 50 nach Marktkapitalisierung

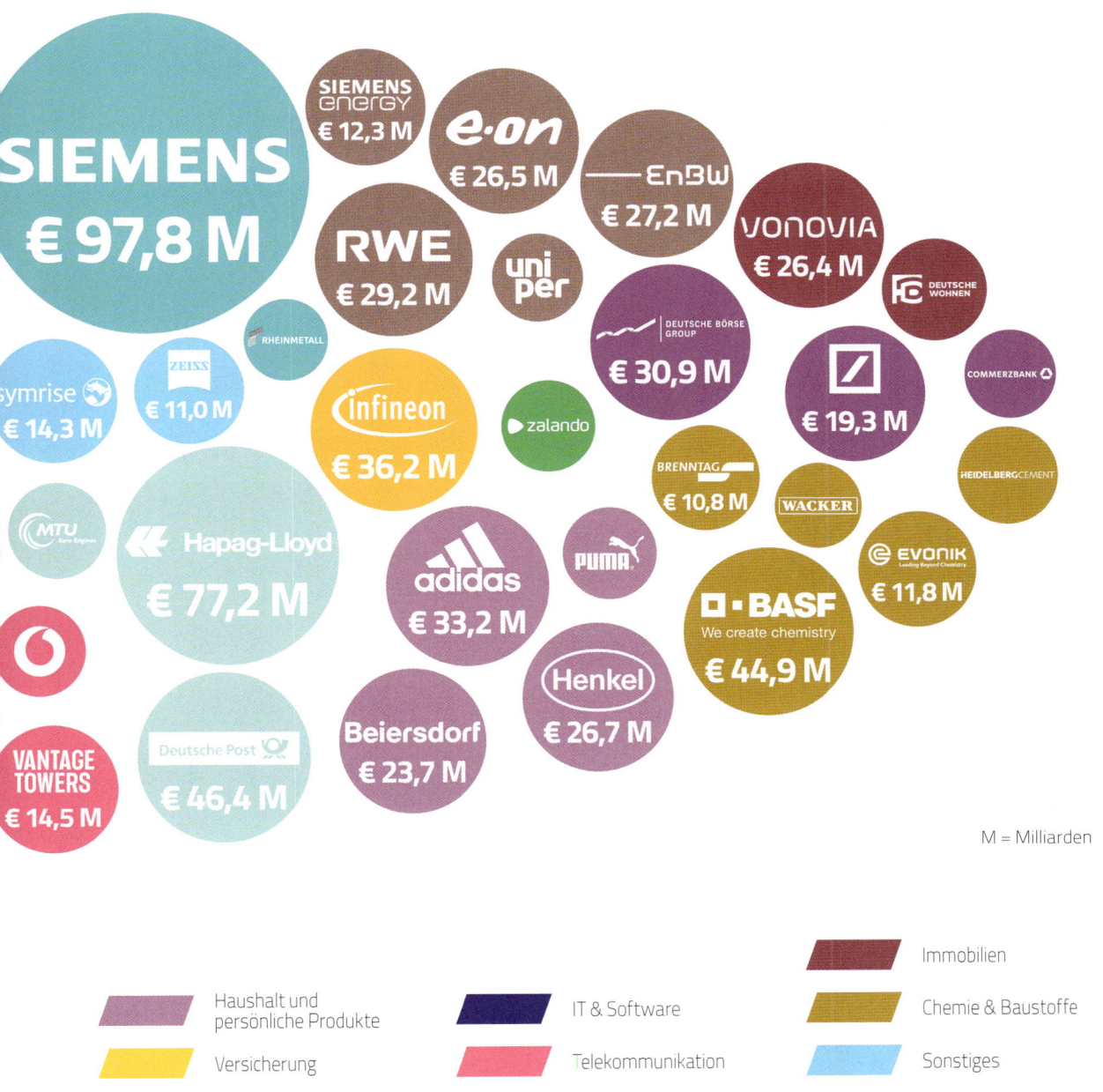

SIEMENS
€ 97,8 M

SIEMENS eNeRGY
€ 12,3 M

e·on
€ 26,5 M

EnBW
€ 27,2 M

VONOVIA
€ 26,4 M

DEUTSCHE WOHNEN

RWE
€ 29,2 M

uni per

DEUTSCHE BÖRSE GROUP
€ 30,9 M

€ 19,3 M

COMMERZBANK

RHEINMETALL

Symrise
€ 14,3 M

ZEISS
€ 11,0 M

infineon
€ 36,2 M

zalando

BRENNTAG
€ 10,8 M

WACKER

HEIDELBERGCEMENT

MTU
Aero Engines

Hapag-Lloyd
€ 77,2 M

adidas
€ 33,2 M

PUMA

BASF
We create chemistry
€ 44,9 M

EVONIK
Leading Beyond Chemistry
€ 11,8 M

Vodafone

Henkel
€ 26,7 M

VANTAGE TOWERS
€ 14,5 M

Deutsche Post
€ 46,4 M

Beiersdorf
€ 23,7 M

M = Milliarden

Haushalt und persönliche Produkte

IT & Software

Immobilien

Versicherung

Telekommunikation

Chemie & Baustoffe

Sonstiges

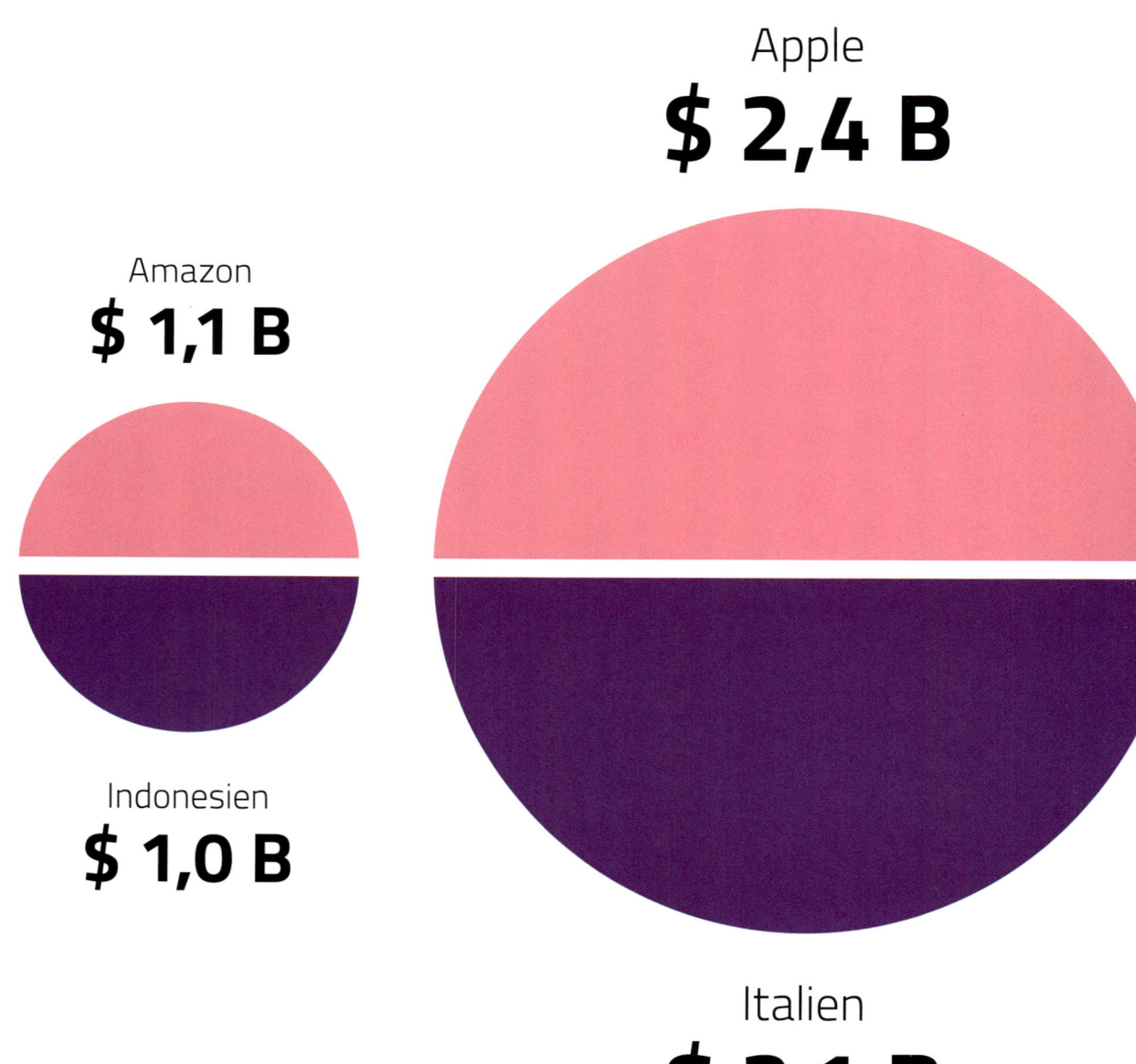

Amazon
$ 1,1 B

Indonesien
$ 1,0 B

Apple
$ 2,4 B

Italien
$ 2,1 B

Vergleich der Marktkapitalisierungen

in US-Dollar

Alphabet
$ 1,5 B

Russland
$ 1,5 B

Tencent
$ 438 M

Thailand
$ 427 M

Coca Cola
$ 287 M

Kolumbien
$ 265 M

M = Milliarden
B = Billionen

Stand: 2021 (BIPs) und 2022 (Unternehmen)

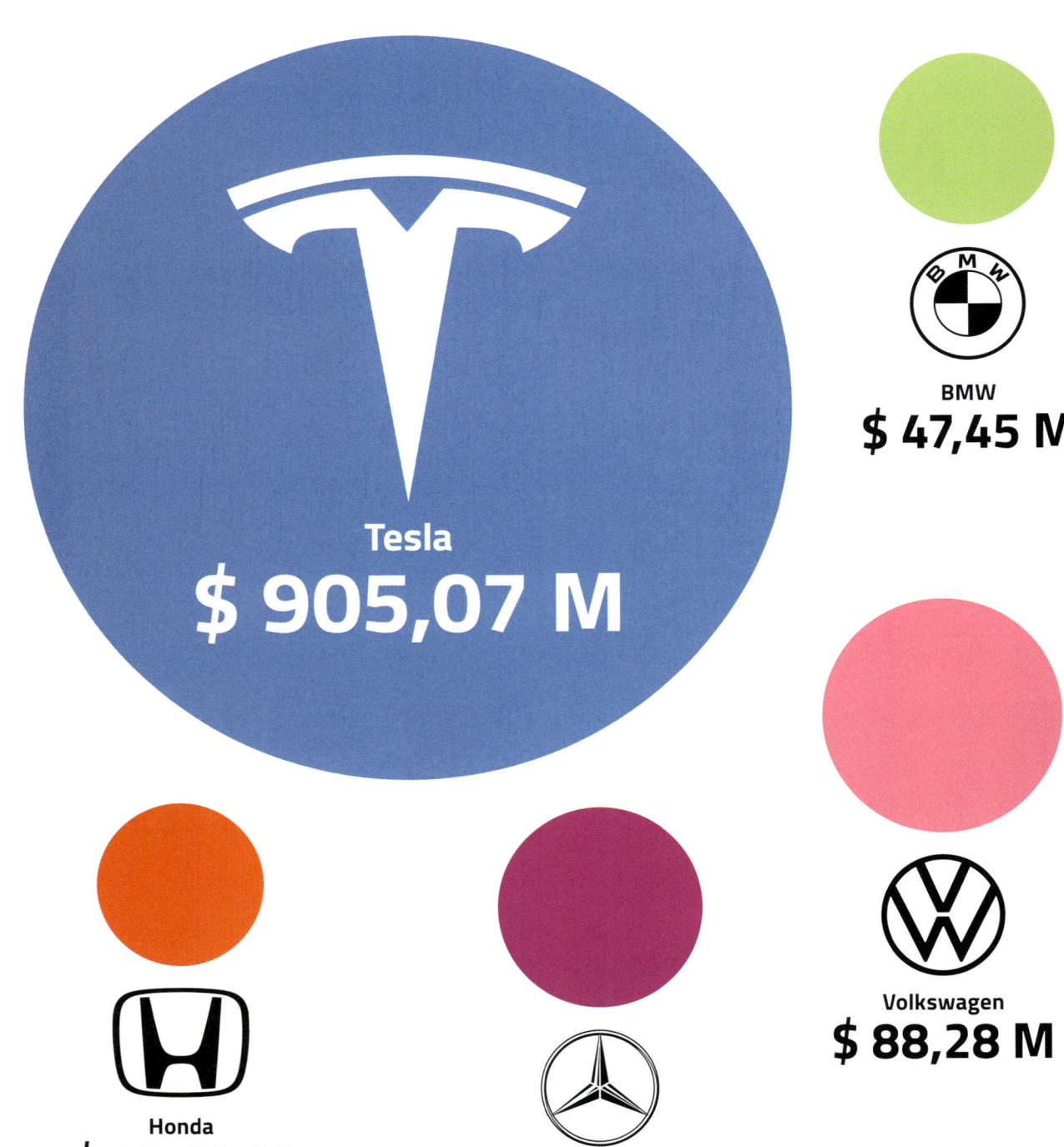

Tesla
$ 905,07 M

BMW
$ 47,45 M

Volkswagen
$ 88,28 M

Honda
$ 42,69 M

Mercedes Benz
$ 64,29 M

Die größten Automobilkonzerne

nach Marktkapitalisierung

Ford
$ 61,65 M

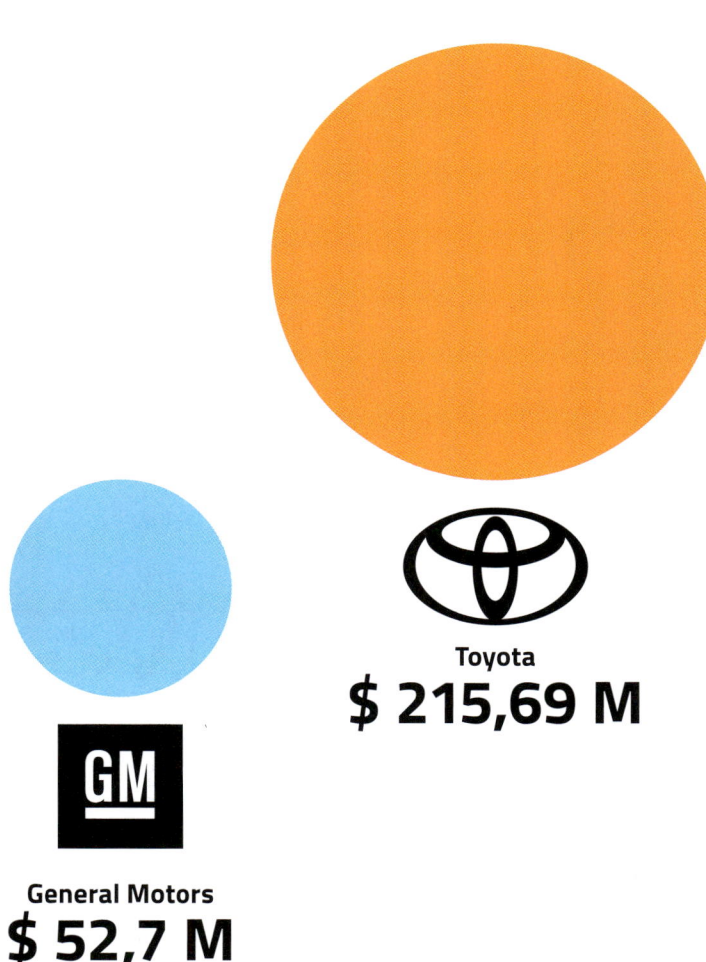

M = Milliarden

Toyota
$ 215,69 M

General Motors
$ 52,7 M

Nikola
$ 3,5 M

Stand: 8. August 2022

Gehaltsgräben der Tech-Riesen

Verhältnis zwischen Geschäftsführer- und Angestelltengehalt

$

Alphabet  7,4 Mio. ————————————

amazon ● 1,7 Mio. ————————————

∞ Meta · 25,3 Mio. ————————————

Microsoft  44,3 Mio. ————————————

  98,7 Mio. ————————————

● Geschäftsführergehalt

27:1 ⟶ ● 273,5 Tsd.

58:1 ⟶ · 29,0 Tsd.

96:1 ⟶ ● 262,3 Tsd.

257:1 ⟶ · 172,1 Tsd.

$

1.447:1 ⟶ · 68,3 Tsd.

● mittleres Angestelltengehalt

Apple ist mit einer Marktkapitalisierung von fast 2.221 Milliarden US-Dollar (Stand: Juni 2022) nicht nur der wertvollste Konzern an der Börse, auch sein Geschäftsführer Tim Cook hat vom Höhenflug des Tech-Riesen profitiert. Laut des jährlichen Berichts an die Börsenaufsichtsbehörde SEC hat der Apple-Manager im Jahr 2021 knapp 98,7 Millionen US-Dollar Gehalt ausbezahlt bekommen. Mit diesem saftigen Gehalt ist Cook nicht nur der bestbezahlteste CEO der Tech-Branche, sondern Apple auch das Unternehmen mit dem schlechtesten Verhältnis von Geschäftsführer- zu Angestelltengehalt.

Die SEC führt in ihrem Bericht neben den Gehältern der Chefetage auch den mittleren Angestelltenlohn der jeweiligen Firmen auf. Bei Apple liegt dieser bei etwa 68.000 US-Dollar. Cook hat im zweiten Pandemiejahr also fast 1.500 Mal so viel verdient. Diese Diskrepanz lässt sich teilweise mit einer Sondervergütung (Aktienzuteilungen) erklären, die etwa 82 Millionen US-Dollar ausgemacht hatte. Klammert man diesen Bonus aus, wandert das Technologie-Unternehmen aus dem kalifornischen Cupertino mit einem Verhältnis von 240:1 vom ersten auf den zweiten Platz. Die tatsächlichen Einkünfte der Tech-CEOs fallen aber meistens noch viel höher aus und werden in den SEC-Berichten nicht abgebildet. Trotz seines über die Jahre stabilen und vergleichsweise geringen Gehalts von 1,7 Millionen US-Dollar hat Amazon-Chef Jeff Bezos sein Vermögen im Jahr 2021 beispielsweise um fünf Milliarden US-Dollar vermehrt.

Stand: 2020, Stand Apple: 2021

M = Milliarden
B = Billionen

2007

Exxon Mobil (USA) **464 M**

General Electric (USA) **393 M**

Microsoft (USA) **282 M**

PetroChina (CHN) **261 M**

Shell (NL/GB) **259 M**

Citigroup (USA) **256 M**

AT&T (USA) **241 M**

Gazprom (RUS) **235 M**

BP (GB) **225 M**

Toyota (JPN) **223 M**

Branchen 2007

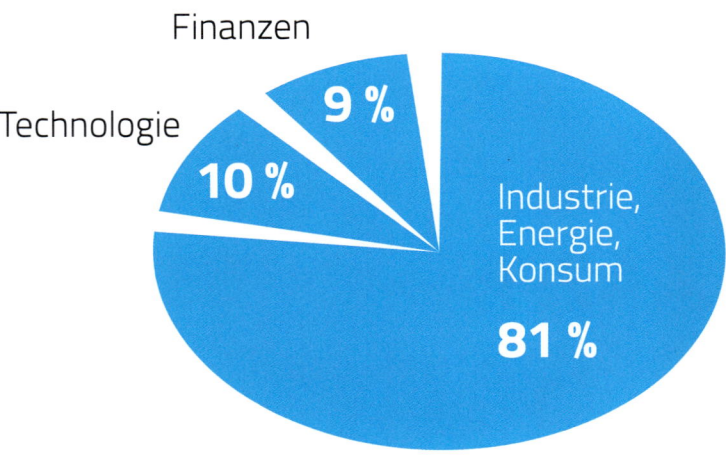

Finanzen

Technologie

9 %

10 %

Industrie,
Energie,
Konsum

81 %

Die 10 größten Unternehmen der Welt damals und heute

nach Marktkapitalisierung in US-Dollar

2022

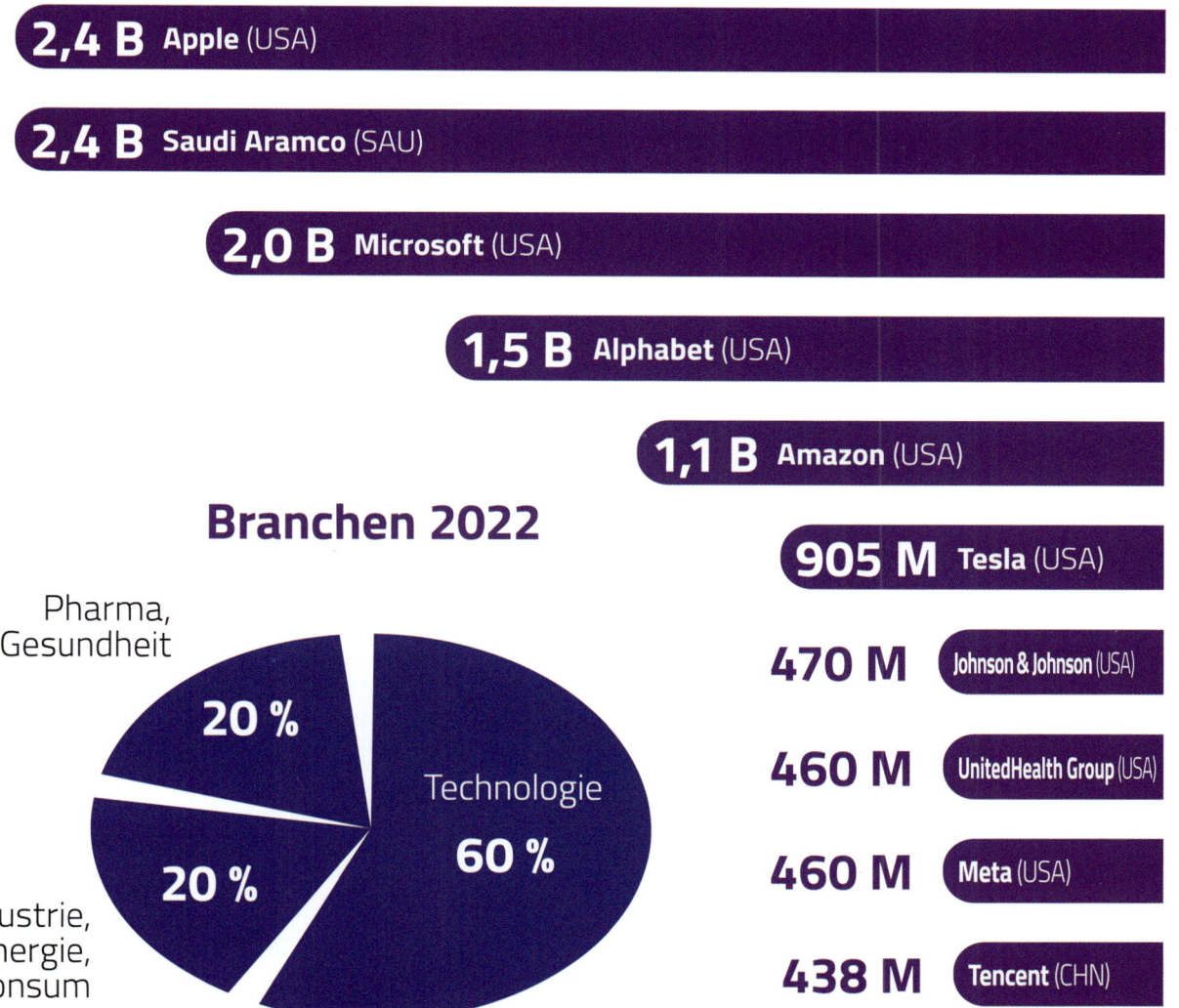

2,4 B Apple (USA)

2,4 B Saudi Aramco (SAU)

2,0 B Microsoft (USA)

1,5 B Alphabet (USA)

1,1 B Amazon (USA)

905 M Tesla (USA)

470 M Johnson & Johnson (USA)

460 M UnitedHealth Group (USA)

460 M Meta (USA)

438 M Tencent (CHN)

Branchen 2022

Pharma, Gesundheit

20 %

Technologie 60 %

20 %

Industrie, Energie, Konsum

Stand: 9. August 2022

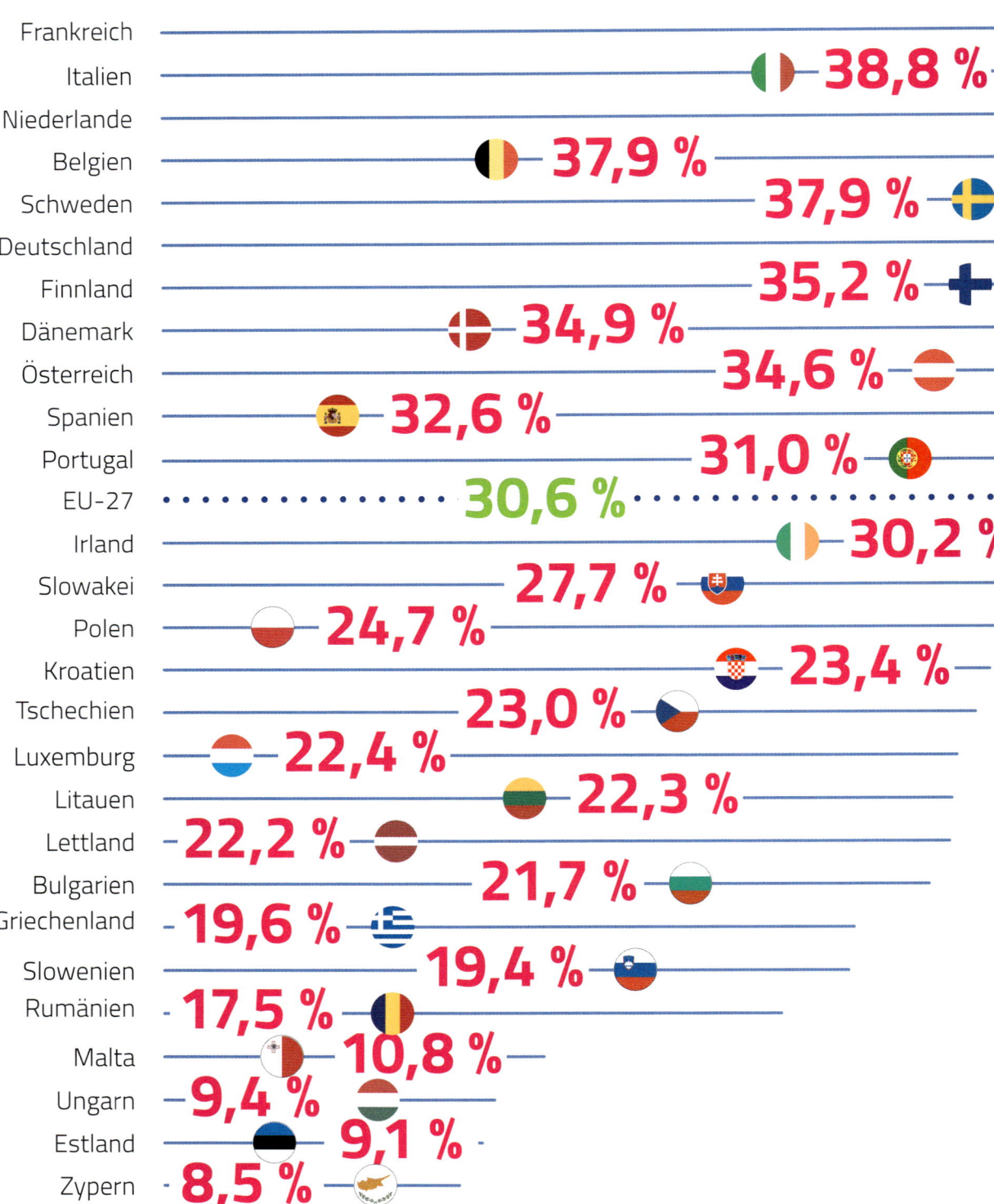

Frankreich	
Italien	**38,8 %**
Niederlande	
Belgien	**37,9 %**
Schweden	**37,9 %**
Deutschland	
Finnland	**35,2 %**
Dänemark	**34,9 %**
Österreich	**34,6 %**
Spanien	**32,6 %**
Portugal	**31,0 %**
EU-27	**30,6 %**
Irland	**30,2 %**
Slowakei	**27,7 %**
Polen	**24,7 %**
Kroatien	**23,4 %**
Tschechien	**23,0 %**
Luxemburg	**22,4 %**
Litauen	**22,3 %**
Lettland	**22,2 %**
Bulgarien	**21,7 %**
Griechenland	**19,6 %**
Slowenien	**19,4 %**
Rumänien	**17,5 %**
Malta	**10,8 %**
Ungarn	**9,4 %**
Estland	**9,1 %**
Zypern	**8,5 %**

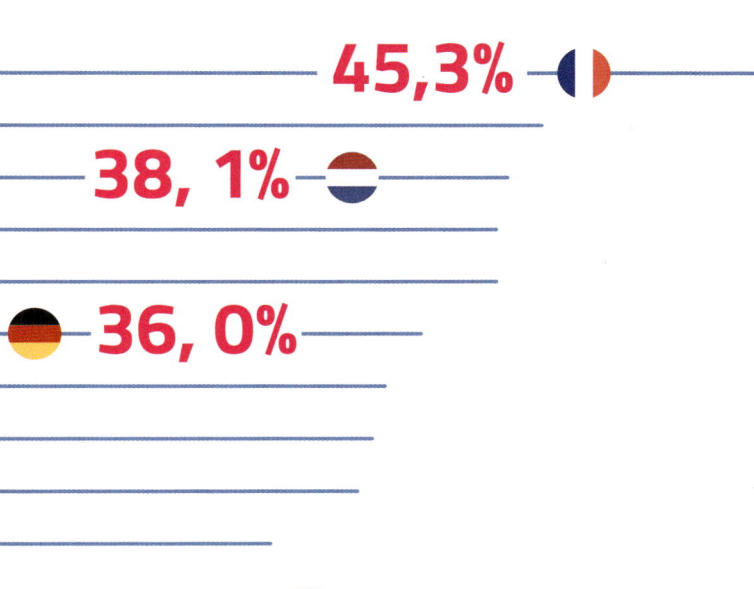

45,3% 🇫🇷

38, 1% 🇳🇱

🇩🇪 **36, 0%**

Frauenanteil in den Aufsichtsräten oder Verwaltungsräten

börsennotierter Unternehmen in Ländern der EU

Stand: 2022

5

Markt-Perspektiven

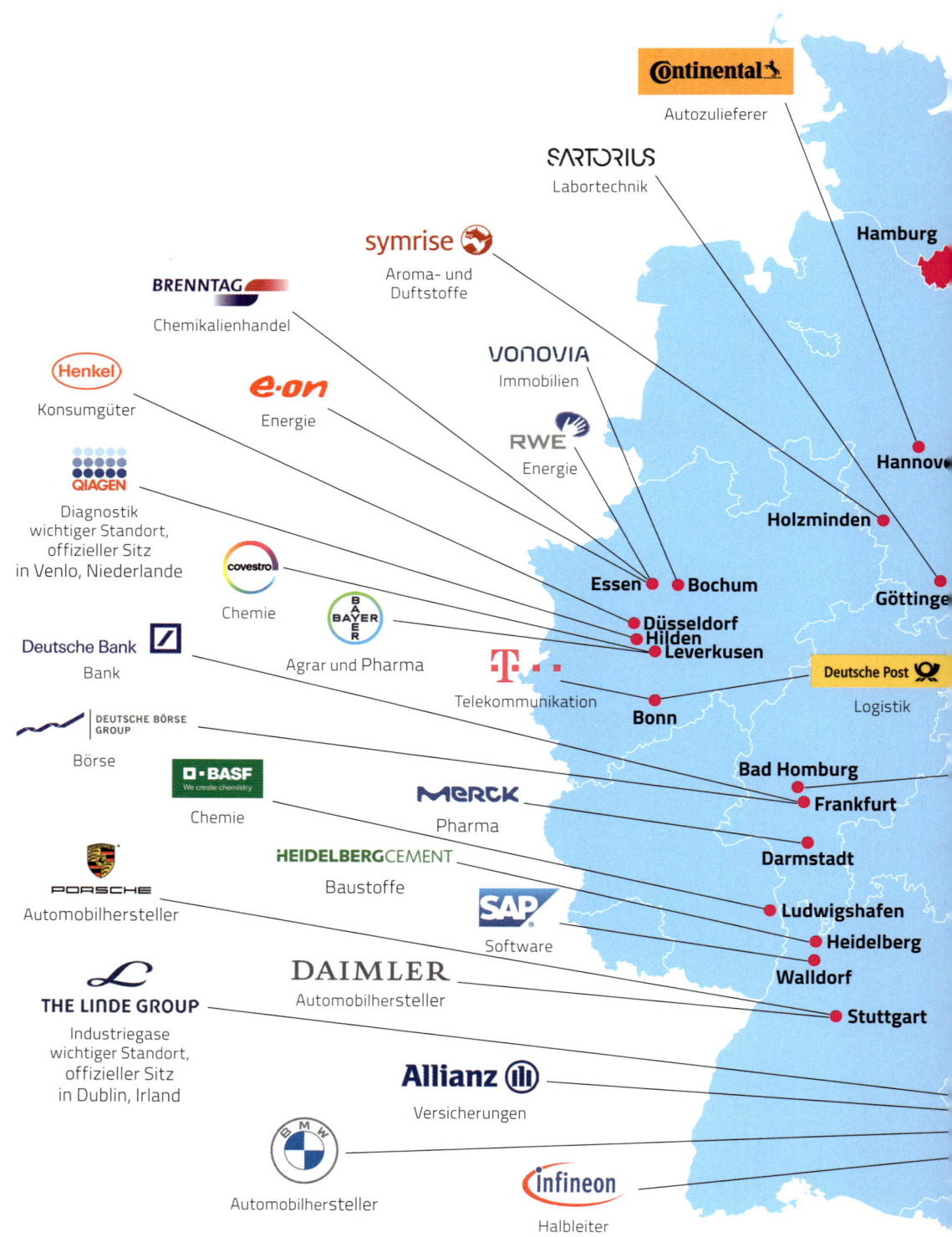

Continental
Autozulieferer

SARTORIUS
Labortechnik

symrise
Aroma- und
Duftstoffe

BRENNTAG
Chemikalienhandel

VONOVIA
Immobilien

Henkel
Konsumgüter

e·on
Energie

RWE
Energie

QIAGEN
Diagnostik
wichtiger Standort,
offizieller Sitz
in Venlo, Niederlande

covestro
Chemie

BAYER
Agrar und Pharma

Deutsche Bank
Bank

T··
Telekommunikation

Deutsche Post
Logistik

DEUTSCHE BÖRSE GROUP
Börse

D·BASF
We create chemistry
Chemie

MERCK
Pharma

HEIDELBERGCEMENT
Baustoffe

SAP
Software

PORSCHE
Automobilhersteller

DAIMLER
Automobilhersteller

THE LINDE GROUP
Industriegase
wichtiger Standort,
offizieller Sitz
in Dublin, Irland

Allianz
Versicherungen

BMW
Automobilhersteller

infineon
Halbleiter

Hamburg

Hannov

Holzminden

Göttinge

Essen   Bochum
Düsseldorf
Hilden
Leverkusen
Bonn

Bad Homburg
Frankfurt

Darmstadt

Ludwigshafen
Heidelberg
Walldorf

Stuttgart

DAX 40-Deutschlandkarte

AIRBUS
Luft- und Raumfahrt wichtiger Standort,
offizieller Sitz in Leiden, Niederlande

VW
Automobilhersteller

Delivery Hero
Onlinevermittlung
Gastronomie

SIEMENS
Anlagenbau
Bahn
Software

zalando
Onlinehandel

DEUTSCHE WOHNEN
Immobilien

HELLO FRESH
Onlinehandel
Lebensmittel

FRESENIUS
Pharma

FRESENIUS MEDICAL CARE
Pharma

adidas
Sportartikelhersteller

PUMA
Sportartikelhersteller

SIEMENS Healthineers
Gesundheit

MTU Aero Engines
Luftfahrt

Munich RE
Versicherungen

SIEMENS
Anlagenbau
Bahn
Software

SIEMENS energy
Energieanlagen

Berlin
olfsburg
Hof
rzogenaurach
angen
München
Neubiberg

Stand: 2022

MDax-Deutschlandkarte

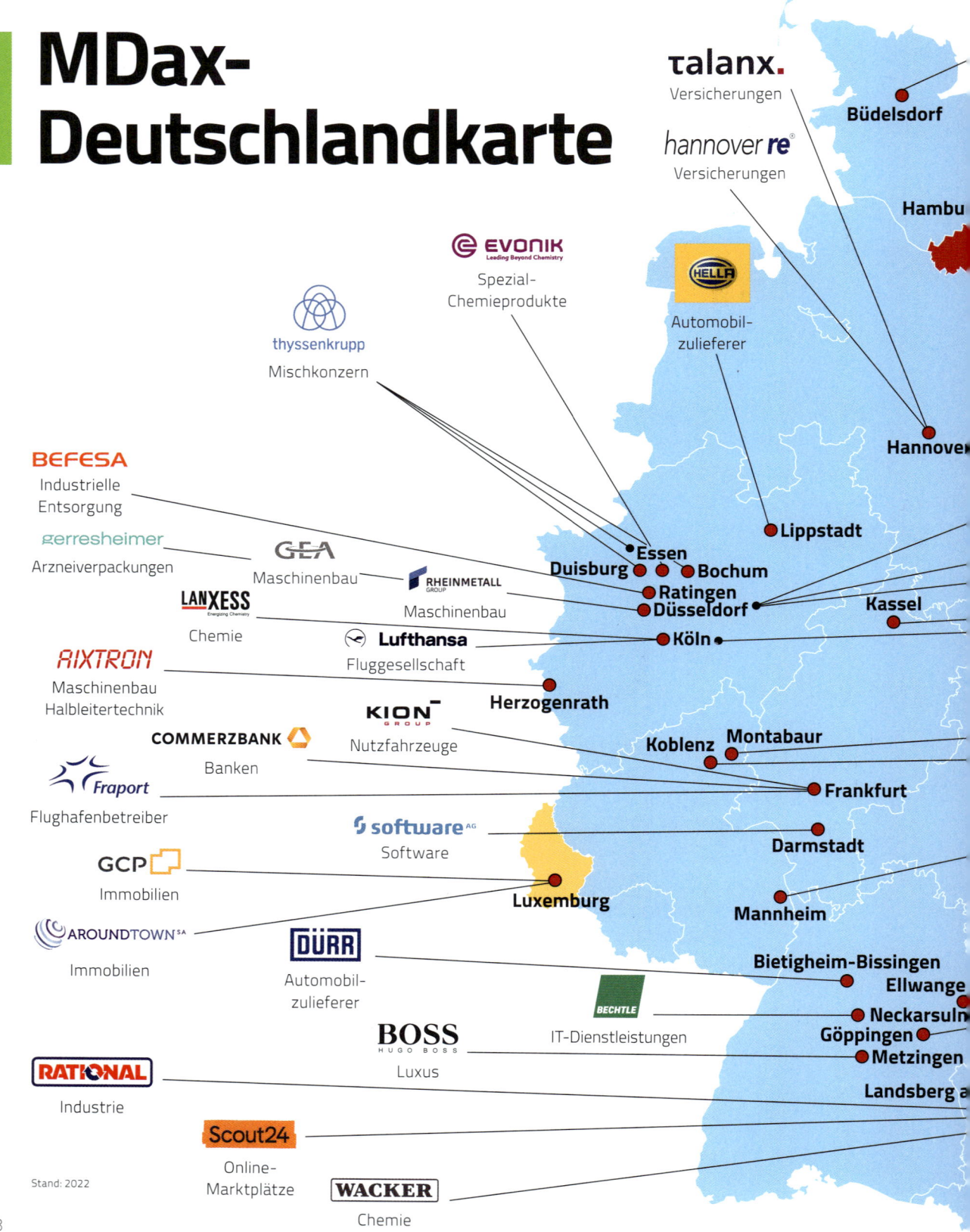

talanx.
Versicherungen

hannover re
Versicherungen

Büdelsdorf

Hambu

EVONIK
Leading Beyond Chemistry
Spezial-
Chemieprodukte

HELLA
Automobil-
zulieferer

thyssenkrupp
Mischkonzern

Hannover

Lippstadt

BEFESA
Industrielle
Entsorgung

gerresheimer
Arzneiverpackungen

GEA
Maschinenbau

RHEINMETALL
GROUP
Maschinenbau

LANXESS
Energizing Chemistry
Chemie

Essen
Duisburg
Bochum
Ratingen
Düsseldorf

Kassel

Lufthansa
Fluggesellschaft

Köln

AIXTRON
Maschinenbau
Halbleitertechnik

Herzogenrath

KION
GROUP
Nutzfahrzeuge

COMMERZBANK
Banken

Koblenz
Montabaur

Fraport
Flughafenbetreiber

Frankfurt

software AG
Software

Darmstadt

GCP
Immobilien

Luxemburg

Mannheim

AROUNDTOWN SA
Immobilien

DÜRR
Automobil-
zulieferer

Bietigheim-Bissingen
Ellwange

BOSS
HUGO BOSS
Luxus

BECHTLE
IT-Dienstleistungen

Neckarsulm
Göppingen
Metzingen

RATIONAL
Industrie

Landsberg a

Scout24
Online-
Marktplätze

Stand: 2022

WACKER
Chemie

freenet GROUP
Telekommunikation

HYPOPORT
Technologie

alstria
Immobilienwirtschaft

Aurubis
Rohstoffe

JUNGHEINRICH
Intralogistik
Maschinenbau

Lübeck

evotec
Biotechnologie

TAG
Immobilien AG
Immobilien

LEG
Immobilien

AUTO1.com
Elektronischer Handel

DEUTSCHE WOHNEN
Immobilienwirtschaft

Berlin

VANTAGE TOWERS
Sendemastbetreiber

uni per
Energie

K+S
Düngemittel
Salze

STRÖER
out of home media
Medien

ZEISS
Medizintechnik

united internet
internet-Provider
Dienstleistungen

Jena

CGM CompuGroup Medical
Gesundheitswesen

FUCHS
Chemie

VARTA
Elektrotechnik

TeamViewer
Software

ProSiebenSat.1
Media SE
Medien

CANCOM
IT-Dienstleistungen

Unterföhringen
ch

eventim
Ticketvertrieb

München

NEMETSCHEK
GROUP
Software
(Bauindustrie)

KNORR-BREMSE
Bremssysteme
Schienenfahrzeug-
komponenten

O₂ **Telefónica**
Telekommunikation

119

Euro Stoxx 50-Europakarte

adyen
Zahlungsdienst-leister

prosus
Beteiligungen

ASML
Halbleiterindustrie

Ahold Delhaize
Einzelhandel

Linde
Chemie, Gas, Anlagenbau

ING
Finanzdienstleistungen

VINCI
Baugewerbe und -stoffe

PHILIPS
Elektronik

CRH
Baugewerbe und -stoffe

ABInBev
Brauerei, Getränke-industrie

Flutter Entertainment plc
Glücksspiel

Air Liquide
Industriegase

sanofi
Pharmazie

AXA
Versicherungen

KERING
Luxus- und Konsumgüter

DANONE
ONE PLANET. ONE HEALTH.
Nahrungsmittel und Getränke

ESSILORLUXOTTICA
Augenoptik

AIRBUS
Luft- und Raumfahrttechnik, Rüstungsindustrie

LVMH
MOËT HENNESSY . LOUIS VUITTON
Luxusgüter

engie
Energieversorgung

BNP PARIBAS
Finanzdienst-leistungen

TotalEnergies
Öl und Gas

vivendi
Medien

L'ORÉAL
Konsumgüter

INTESA SANPAOL
Finanzdienstleistungen

Pernod Ricard
Nahrungsmittel und Getränke

IBERDROLA
Energieversorger

INDITEX
Mode, Einzelhandel

amadeus
Reisevertriebs-software

Santander
Finanzdienstleistungen

SAFRAN
AEROSPACE · DEFENCE · SECURITY
Luft- und Raumfahrt, Verteidigung

Schneider Electric
Elektrotechnik

KONE
Industriegüter-produktion, Aufzüge, Rolltreppen, Automatiktüren

VW
Automobilhersteller

Allianz
Versicherungen

adidas
Sportartikelhersteller

□·BASF We create chemistry
Chemie

BAYER
Agrar und Pharma

Mercedes-Benz Group
Automobilhersteller

BMW
Automobilhersteller

DEUTSCHE BÖRSE GROUP
Börse

T
Telekommunikation

infineon
Halbleiter

Munich RE
Versicherungen, Vermögensverwaltung

Deutsche Post
Logistik

VONOVIA
Immobilien

SIEMENS
Anlagenbau, Bahn, Software

eni
Erdöl, Erdgas, Petrochemie, tromerzeugung, Tankstellen

enel
Energieversorger

SAP
Software

Stand: 2022

121

Dow Jones-USA-Karte

Microsoft
Software-entwicklung

Nike
Sportartikel

Chevron
Öl & Gas

salesforce
Cloud-Computing

VISA
Finanzdienst-leistungen

Redmont, Washington

Beaverton, Oregon

San Francisco
San Ramon
Santa Clara
Cupertino
San José

Apple
Hard- und Software-entwicklung

intel.
Mikro-elektronik

CISCO
Telekommunikation

AMGEN
Biotechnologie

The Walt Disney Company
Medien, Freizeit

Thousand Oaks, Kalifornien
Burbank, Kalifornien

BOEING
Luft- und Raum-fahrttechnik, Rüstungsindustrie

McDonald's
System-gastronomie

Walmart
Einzelhandel

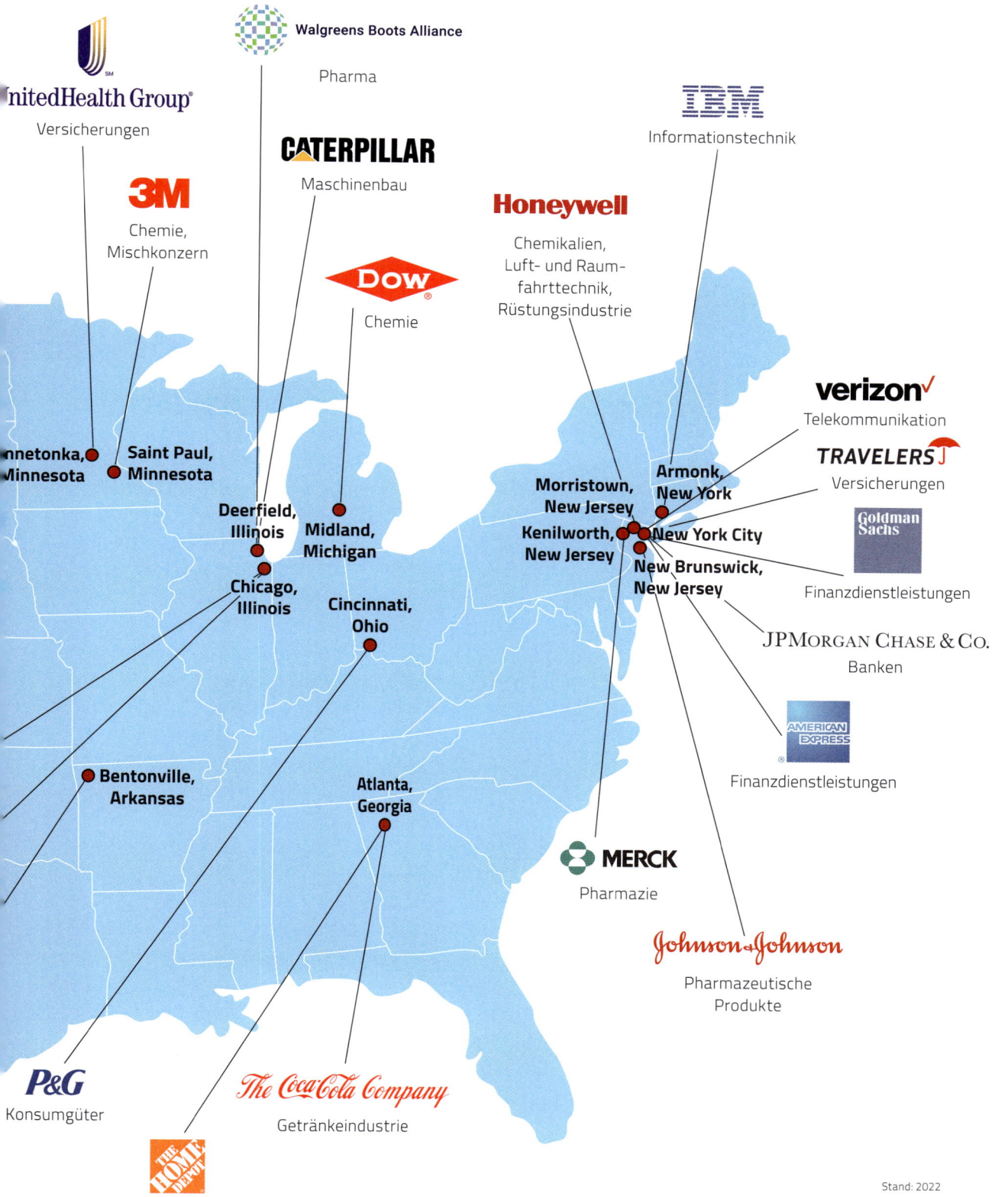

United Health Group®
Versicherungen

Walgreens Boots Alliance
Pharma

IBM
Informationstechnik

3M
Chemie,
Mischkonzern

CATERPILLAR
Maschinenbau

Honeywell
Chemikalien,
Luft- und Raum-
fahrttechnik,
Rüstungsindustrie

DOW®
Chemie

verizon✓
Telekommunikation

TRAVELERS J
Versicherungen

Goldman Sachs
Finanzdienstleistungen

JPMorgan Chase & Co.
Banken

AMERICAN EXPRESS®
Finanzdienstleistungen

Minnetonka, Minnesota

Saint Paul, Minnesota

Deerfield, Illinois

Midland, Michigan

Chicago, Illinois

Cincinnati, Ohio

Morristown, New Jersey

Armonk, New York

Kenilworth, New Jersey

New York City

New Brunswick, New Jersey

Bentonville, Arkansas

Atlanta, Georgia

MERCK
Pharmazie

Johnson&Johnson
Pharmazeutische Produkte

P&G
Konsumgüter

The Coca-Cola Company
Getränkeindustrie

THE HOME DEPOT
Baumarkt

Stand: 2022

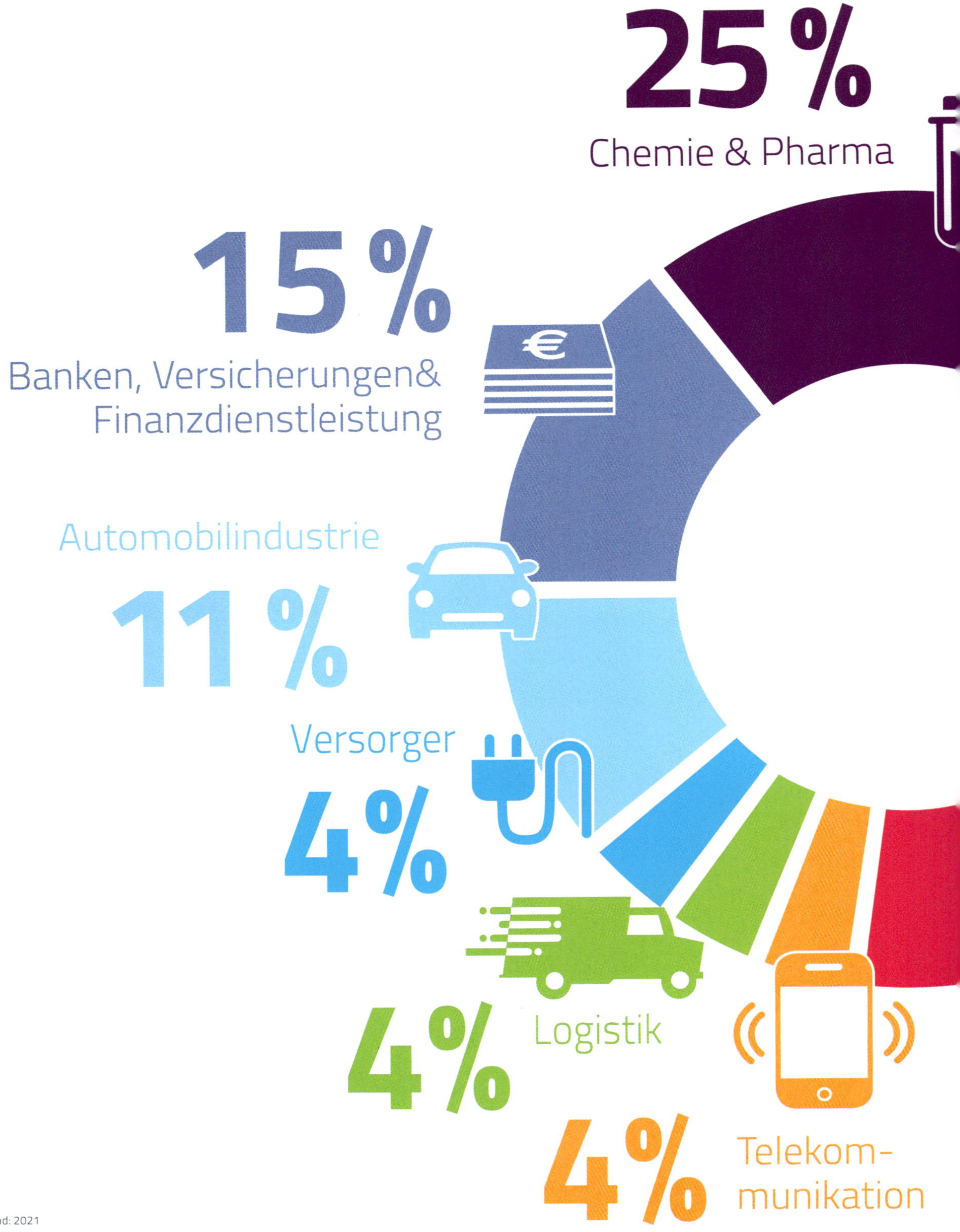

25 %
Chemie & Pharma

15 %
Banken, Versicherungen&
Finanzdienstleistung

Automobilindustrie
11 %

Versorger
4 %

4 %
Logistik

4 %
Telekom-
munikation

Stand: 2021

124

Zusammensetzung des DAX 40

nach Branchen

16 %
Industrie

8 %
Konsumgüter

13 %
Software & Technologie

Der deutsche Aktienindex Dax ist seit 1988 das Barometer der deutschen Wirtschaft. Seine Kursentwicklung zeigt an, wie gut oder wie schlecht es den heimischen Firmen geht – soweit sie börsennotiert sind. Doch ist der Leitindex repräsentativ zusammengesetzt? Viele Experten und Investoren verneinen das. Der Dax bilde die deutsche Wirtschaft nicht angemessen ab, kritisieren sie seit Jahren. Denn lange wurde der Index von der „old economy" dominiert, den schwächelnden zyklischen Branchen wie der Chemie- und Autoindustrie, der Energiewirtschaft und der Finanzdienstleistungsbranche. Mit der Einführung des DAX 40 im Jahr 2021 sollte sich das ändern. Die Deutsche Börse stockte den Leitindex von 30 auf 40 Mitglieder auf. Doch nach wie vor sind Branchen wie Chemie und Pharma (25 Prozent) überdurchschnittlich vertreten.

Finanzsegmente im globalen Größenvergleich

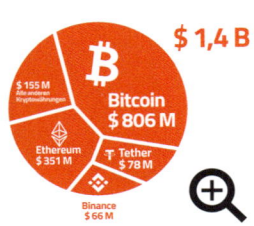

$ 1,4 B

$ 155 M alle anderen Kryptowährungen

Bitcoin $ 806 M

Ethereum $ 351 M

Tether $ 78 M

Binance $ 66 M

Quelle: https://coinmarketcap.com
Stand: Februar 2022

Goldmarkt $ 11,9 B

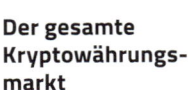

Der gesamte Kryptowährungsmarkt

Das Gold der Welt

Der weltweite Goldwert wird auf $ 11,9 B geschätzt. Damit ist der Markt etwa 9-mal so groß wie der gesamte Kryptowährungsmarkt.

Quelle: Infinite Market Cap
Stand: August 2022

Aktienmarkt $ 108 B

Globale Aktienmärkte

Die Weltbörsen haben sich seit der Großen Rezession gut erholt und weisen einen Gesamtwert von $ 108 B auf.

Quelle: Securities Industry and Financial Markets Association
Stand: 2022

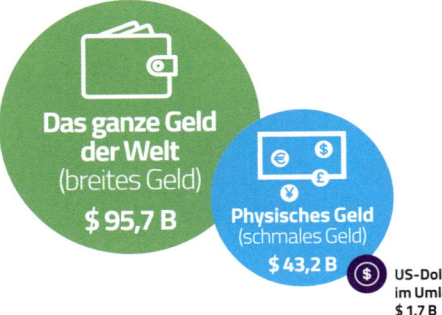

Das ganze Geld der Welt (breites Geld) **$ 95,7 B**

Physisches Geld (schmales Geld) **$ 43,2 B**

US-Dollar im Umlauf $ 1,7 B

Globale Geldmenge

Über die Hälfte der weltweiten Geldmenge existiert elektronisch in Depots bei diversen Banken und Institutionen. Der US-Dollar macht nur 1,7 Prozent des gesamten Geldumlaufs aus.

Quellen: https://www.cia.gv/index.html
https://www.federalreserve.gov
Stand: 2020

M = Milliarden
B = Billionen

Immobilien
$ 326,5 B

Globaler Immobilienmarkt

Gewerbeimmobilien und landwirtschaftliche Betriebe machen insgesamt nur 25 Prozent des globalen Immobilienmarktes aus. Der überwiegende Wert steckt in Wohnungen und Häusern.

Quelle: Savills
Stand: 2022

Derivatemarkt
$ 598 B

Globale Verschuldung
$ 305 B

US-Verschuldung $ 30,50 B

Globale Verschuldung

Die globale Verschuldung reicht von der Staatsverschuldung über Kommunalanleihen bis hin zu Hypotheken und Studentenkrediten. Insgesamt beläuft sie sich auf $ 305 B.

Quellen: Securities Industry and Financial Markets Association
Stand: 2022

Der Derivatemarkt

Derivate sind Finanzinstrumente, deren Preise von Kursschwankungen oder den Preiserwartungen anderer Investments abhängig sind. Sie sind so konstruiert, dass sie die Schwankungen der Preise dieser Anlageobjekte überproportional nachvollziehen. Daher lassen sie sich sowohl zur Absicherung gegen Wertverluste als auch zur Spekulation auf Kursgewinne des Basiswerts verwenden. Zu den wichtigsten Derivaten zählen Zertifikate, Optionen, Futures und Swaps.

Quelle: Bank für Internationalen Zahlungsausgleich
Stand: 2022

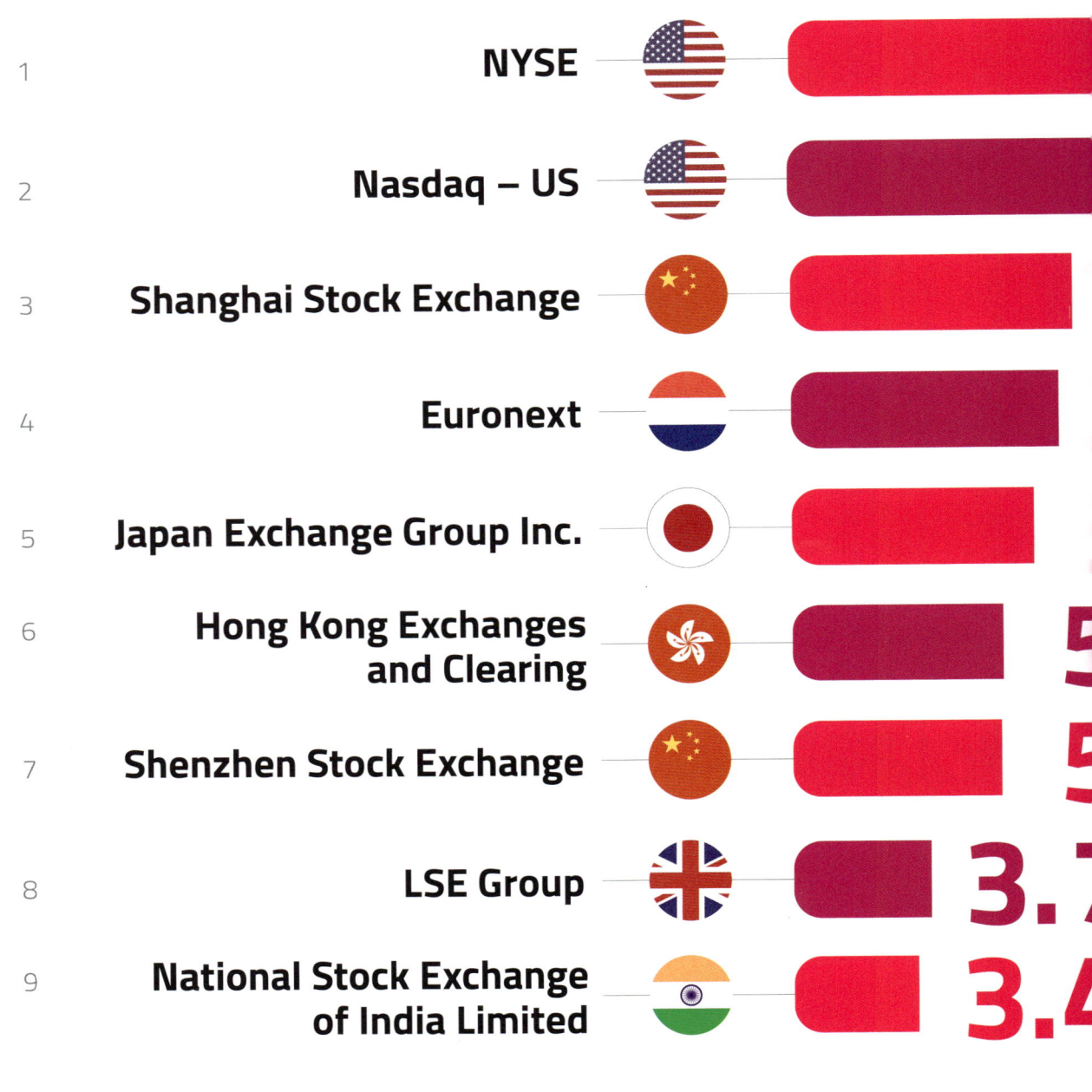

1	NYSE	🇺🇸
2	Nasdaq – US	🇺🇸
3	Shanghai Stock Exchange	🇨🇳
4	Euronext	🇳🇱
5	Japan Exchange Group Inc.	🇯🇵
6	Hong Kong Exchanges and Clearing	🇭🇰
7	Shenzhen Stock Exchange	🇨🇳
8	LSE Group	🇬🇧 3.7
9	National Stock Exchange of India Limited	🇮🇳 3.4
…	…	
12	Deutsche Börse AG	🇩🇪 2.5

Stand: Oktober 2021

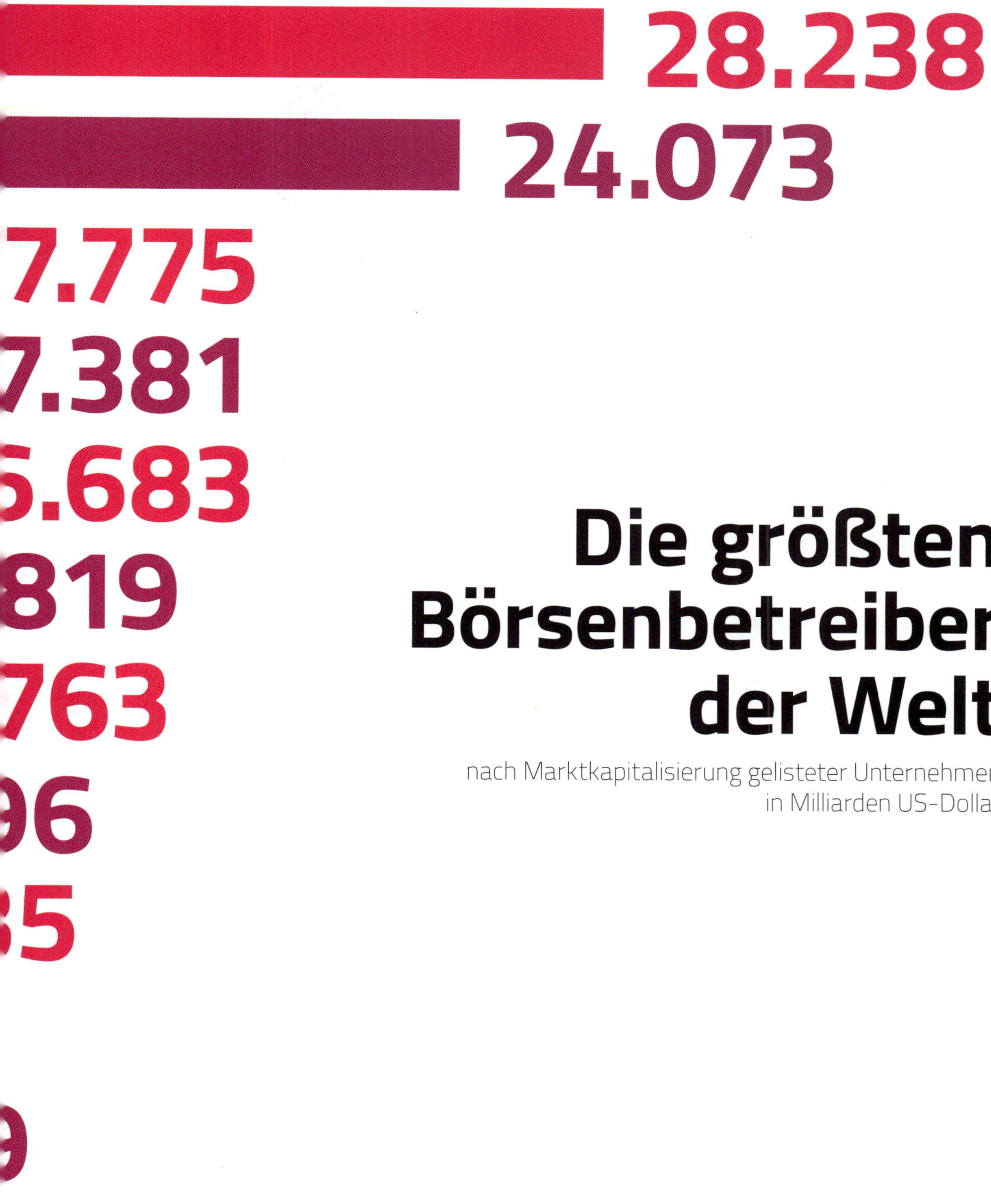

28.238

24.073

7.775

7.381

5.683

819

763

96

35

9

Die größten
Börsenbetreiber
der Welt

nach Marktkapitalisierung gelisteter Unternehmen
in Milliarden US-Dollar

Norway
Government Pension Fund – Global
1.400

China

China
Investment Corporation
1.222

Stand: Februar 2022

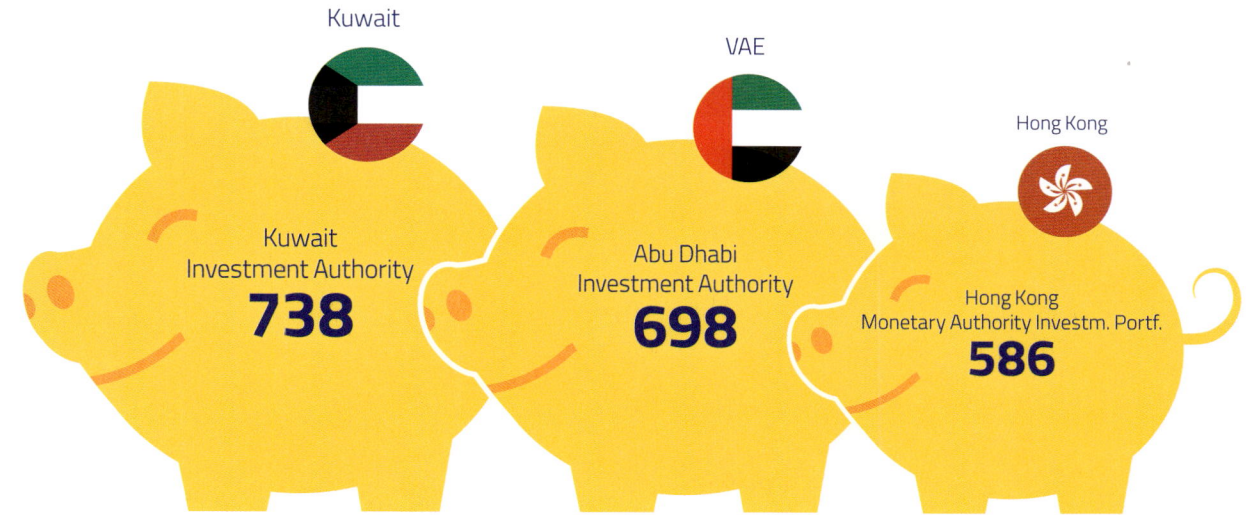

Kuwait

Kuwait
Investment Authority
738

VAE

Abu Dhabi
Investment Authority
698

Hong Kong

Hong Kong
Monetary Authority Investm. Portf.
586

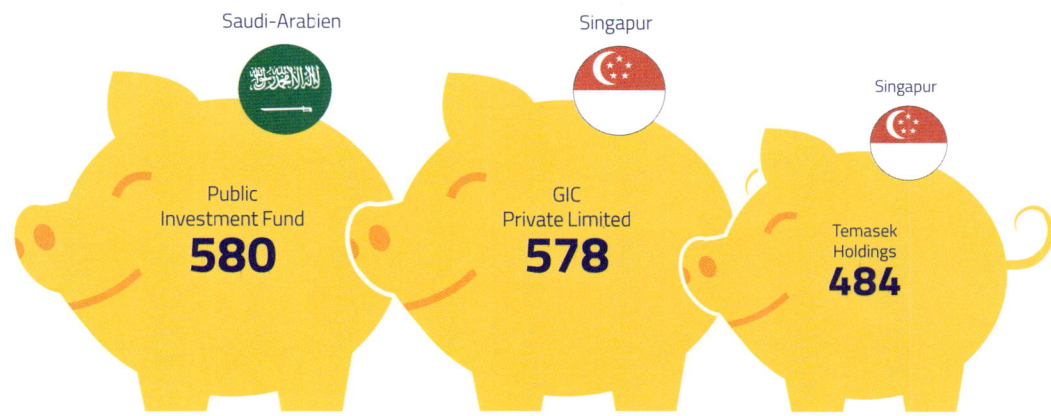

Saudi-Arabien

Public
Investment Fund
580

Singapur

GIC
Private Limited
578

Singapur

Temasek
Holdings
484

Qatar

Qatar
Investment Authority
450

China

National Council
for Social Security Fund
447

Die größten
Staatsfonds

in Milliarden US-Dollar

Investmentbanking weltweit

in Milliarden US-Dollar

Fusionen und Akquisitionen

70

1.472

Equity Capital Markets

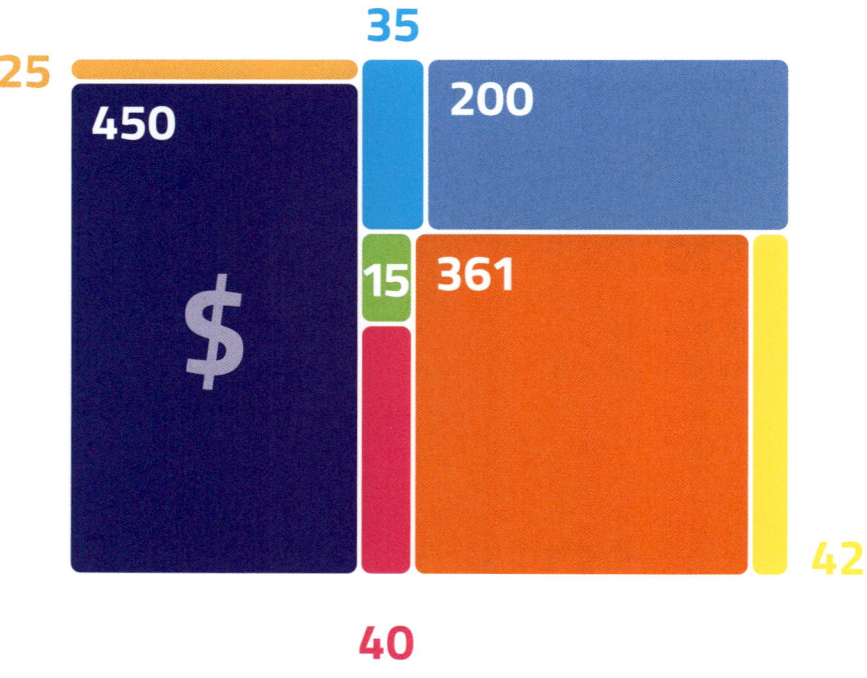

25

35

450

200

15

361

40

42

Initial Public Offerings (IPOs)

5 5 5

206

Kanada	Mittlerer Osten und Afrika
USA	Japan
Lateinamerika	Asien (ohne Japan)
Europa	Ozeanien

66

880

88   **769**

135

56

Die amerikanischen Finanzinstitute dominieren das internationale Bankgeschäft deutlich, nachdem sie vor gut zehn Jahren zusammen mit anderen schlecht geführten und schwach beaufsichtigten Banken, etwa aus Europa, das globale Finanzsystem fast zum Einsturz gebracht hätten. Mittlerweile sind die meisten Länder weltweit stark abhängig von amerikanischen Banken, insbesondere von Investmentbanken. Aufgrund ihrer Größe und ihrer Ertragskraft können die amerikanischen Finanzriesen die Zukunft in einem Umfeld beeinflussen, das durch einen rasanten technologischen Wandel geprägt sein wird.

Einnahmen aus
Investmentbanking (in Prozent)

83

11

27

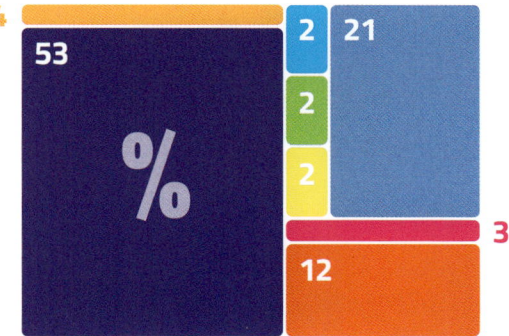

4

53

%

2   **21**

2

2

3

12

Stand: 2021

6

Ertrags-Perspektiven

Renditen 10-jähriger US-Staatsanleihen seit 1800

in Prozent

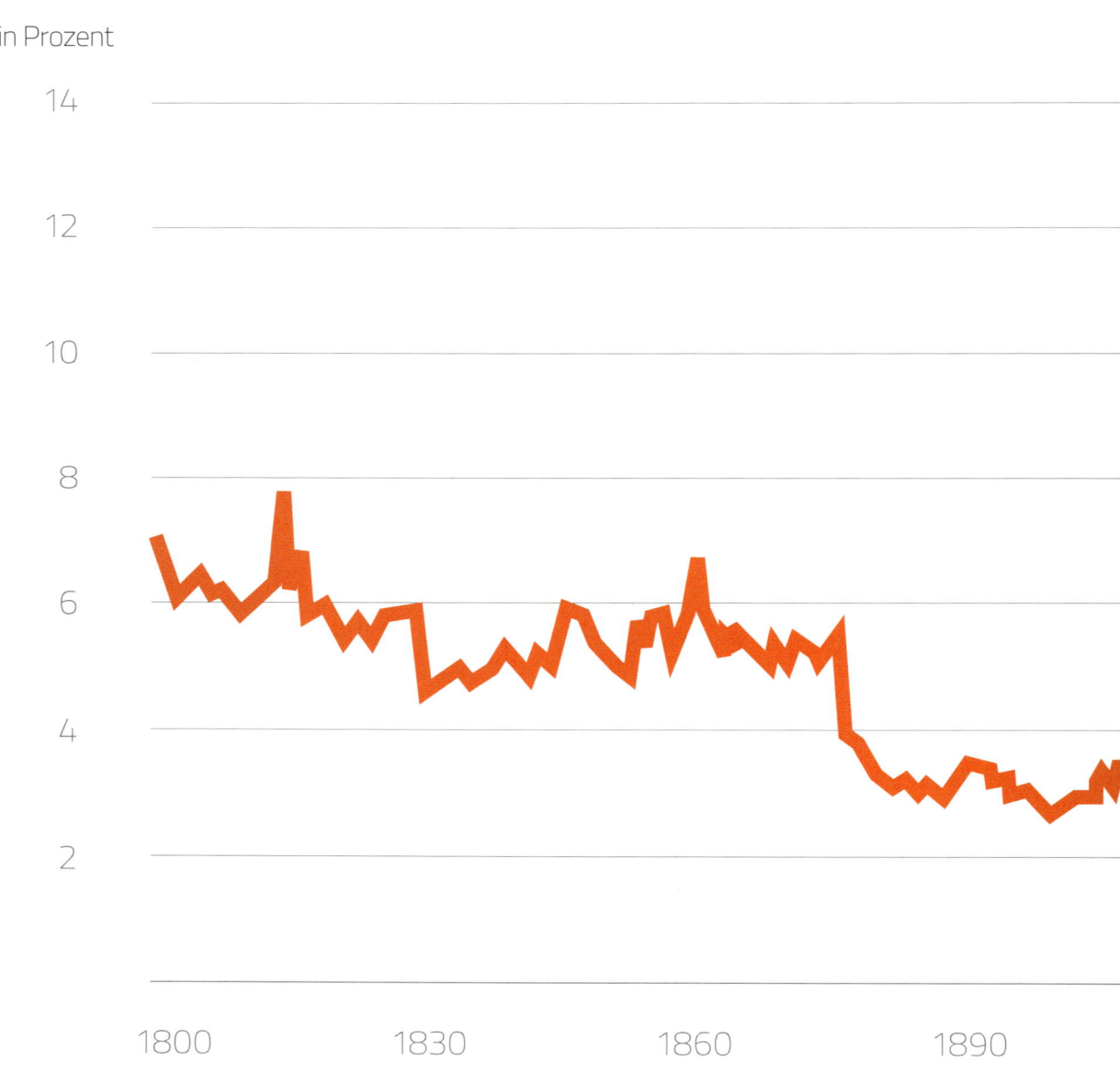

Stand: 2022

Staatsanleihen sind zumeist mittel- oder langfristige Schuldverschreibungen, die von Staaten emittiert werden. Benötigt eine Regierung finanzielle Mittel, platziert sie Anleihen am Kapitalmarkt. Ein Anleger, der eine Staatsanleihe kauft, leiht der Regierung somit über einen zuvor festgeschriebenen Zeitraum Geld und erhält dafür Zinsen. Wegen der niedrigen Verzinsung von US-Staatsanleihen machte ein Kauf in den letzten Jahren wenig Sinn. Stattdessen setzten immer mehr Menschen auf Einzelaktien und Fonds oder ETFs.

1920   1950   1980   2010   2040

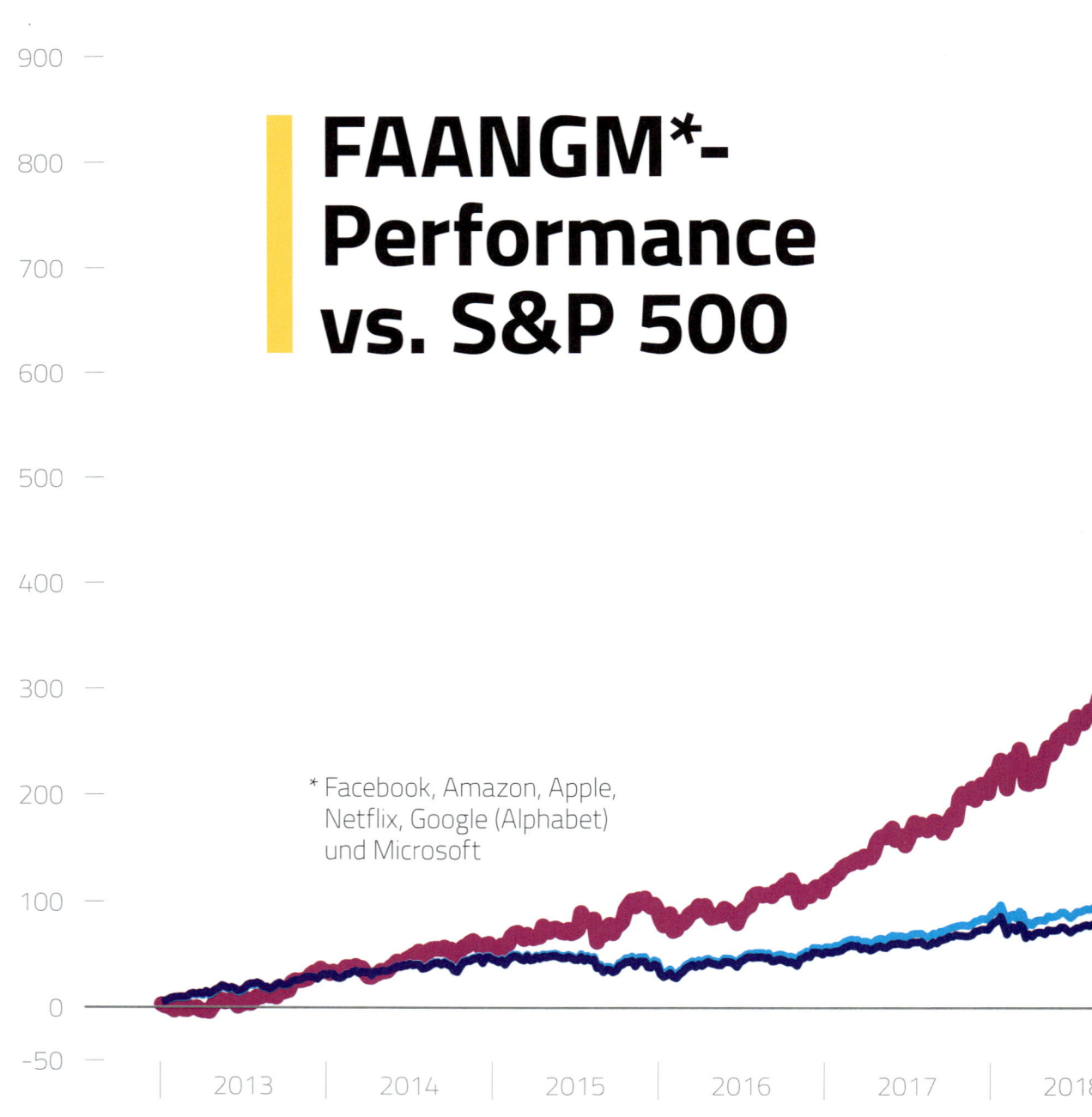

FAANGM*-Performance vs. S&P 500

* Facebook, Amazon, Apple,
Netflix, Google (Alphabet)
und Microsoft

In den letzten Jahren machten Tech-Aktien Anleger ausgesprochen glücklich. Unternehmen wie Facebook, Amazon, Apple, Netflix, Google und Microsoft boomten, sie waren der Hauptträger des Börsenaufschwungs. Das zeigt diese Grafik, die die Kursentwicklung des S&P 500 mit der akkumulierten Kursentwicklung der großen Tech-Riesen (FAANGM) vergleicht. Doch der Chart zeigt auch, dass es seit dem ersten Quartal 2022 deutlich nach unten geht. Zu den Risiken wegen des Coronavirus kam Russlands Krieg gegen die Ukraine, vor allem aber die Zinswende durch die US-Notenbank Fed. Gleichzeitig dämmt die Fed die Käufe von Anleihen ein. Die Geldschwemme durch die Notenbanken war die Hauptursache für den Aktienboom der vergangenen Jahre. Insbesondere auf schnelles Wachstum ausgelegte Tech-Werte profitierten vom „billigen Geld", das hohe Umsätze und Gewinne ermöglichte. 2022 drohen die Metas dieser Welt ihren Treibstoff zu verlieren, deshalb verkaufen Investoren Aktien.

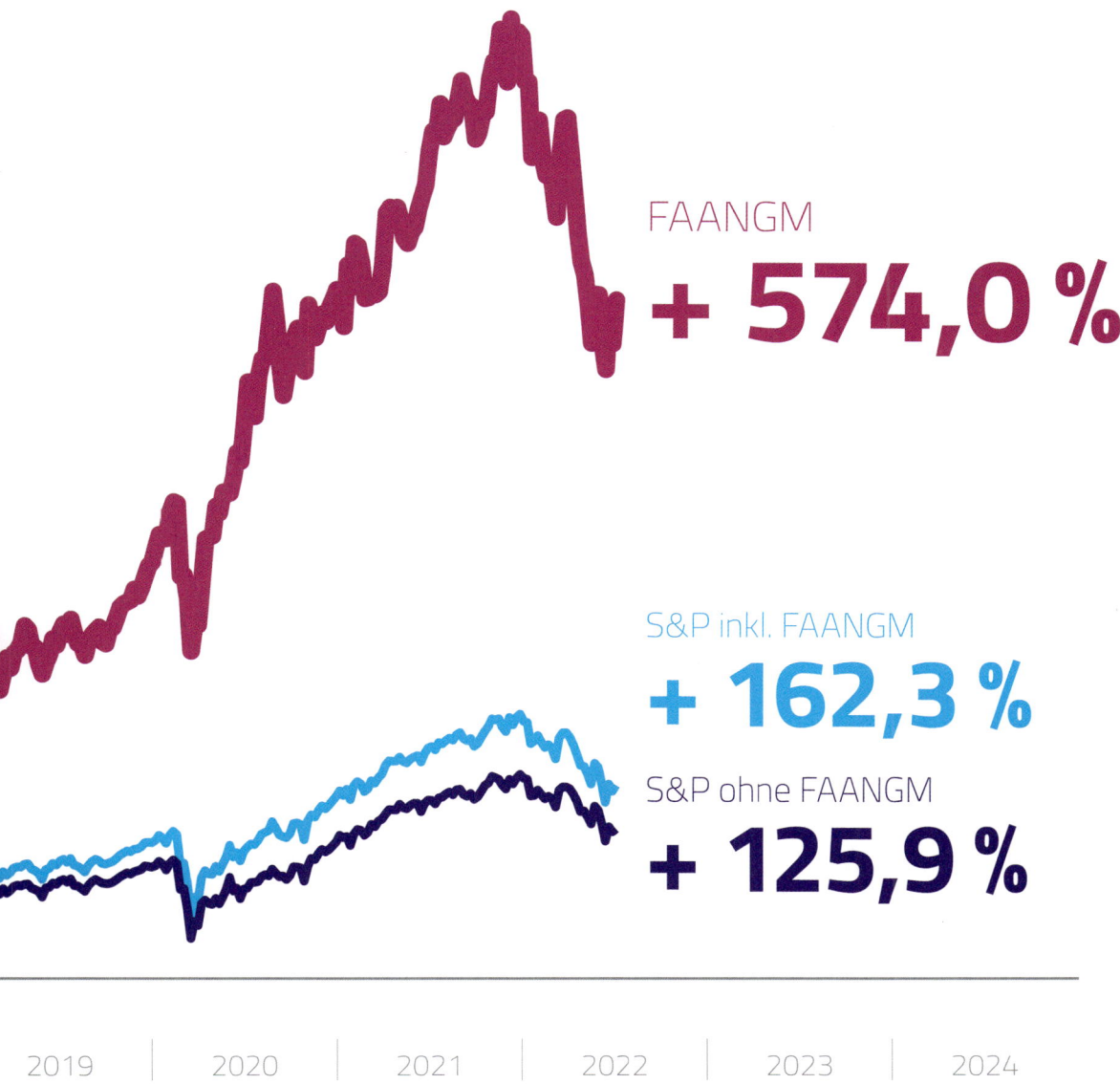

FAANGM
+ 574,0 %

S&P inkl. FAANGM
+ 162,3 %

S&P ohne FAANGM
+ 125,9 %

| 2019 | 2020 | 2021 | 2022 | 2023 | 2024 |

Stand: Juli 2022

Anteil ausländischer Investoren am Grundkapital

der DAX-Titel in Prozent

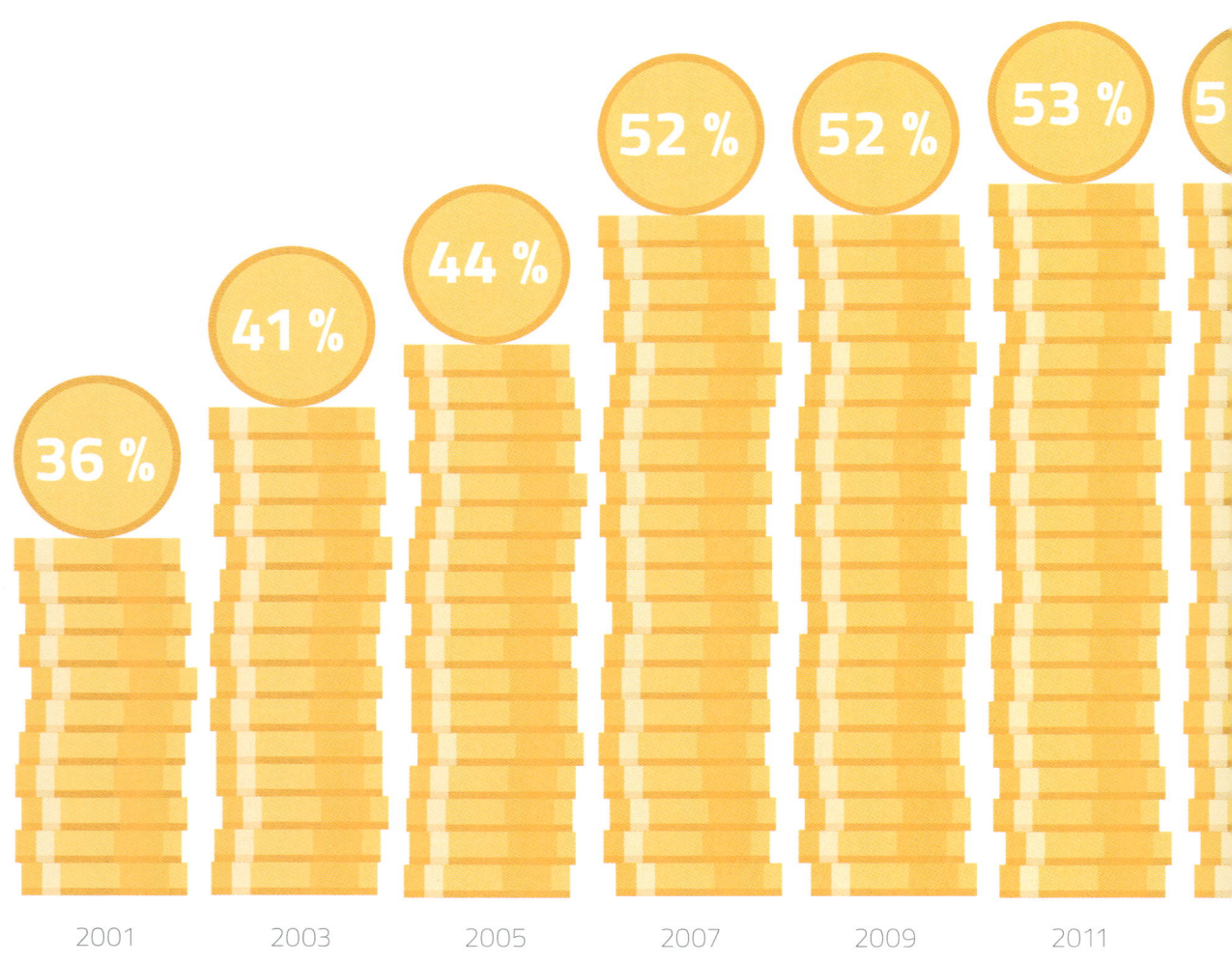

36 %   41 %   44 %   52 %   52 %   53 %   5

2001   2003   2005   2007   2009   2011

Stand: 2019

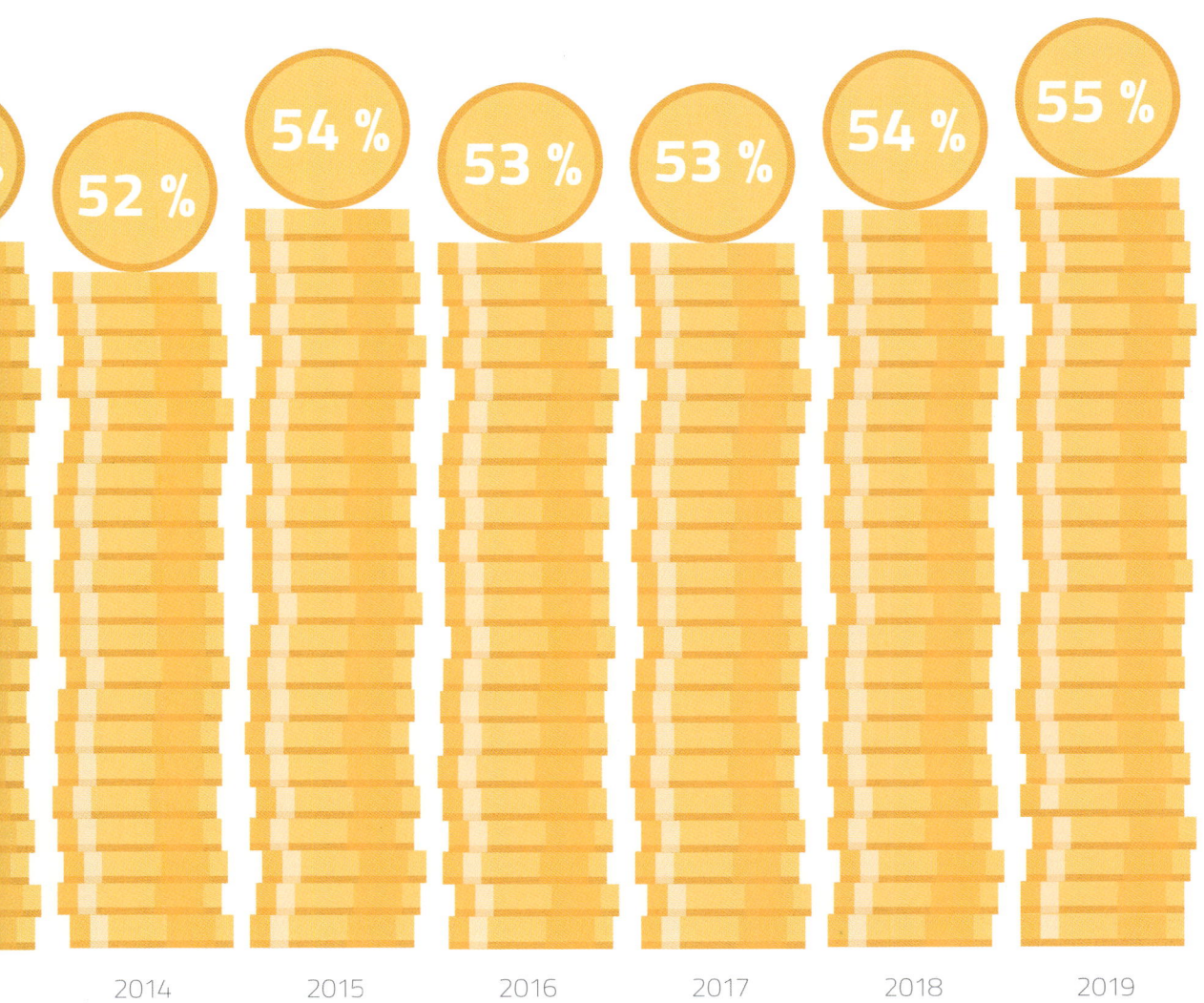

52 % 54 % 53 % 53 % 54 % 55 %

2014 2015 2016 2017 2018 2019

Das DAX-Rendite-Dreieck

Anleger können von der Aktie auch bei geringem Zeitaufwand einen lohnenden Ertrag erwarten, sofern sie langfristig anlegen. Dies zeigt das Dax-Rendite-Dreieck (Einmalanlage) des Deutschen Aktieninstituts. Die Grafik bildet die Rendite in der Vergangenheit ab, Berechnungsgrundlage sind die Jahresschlussstände der jeweiligen Jahre.

Diese Variante des Rendite-Dreiecks visualisiert die jährlichen Durchschnittsrenditen unter der Annahme, dass der Anleger einmalig einen festen Betrag in Aktien des Dax investiert hat. Daten aus der Vergangenheit sind natürlich kein verlässlicher Indikator für zukünftige Wertentwicklungen, dennoch belegen sie, dass schwache Börsenphasen nur temporär andauern, bevor es wieder bergauf geht.

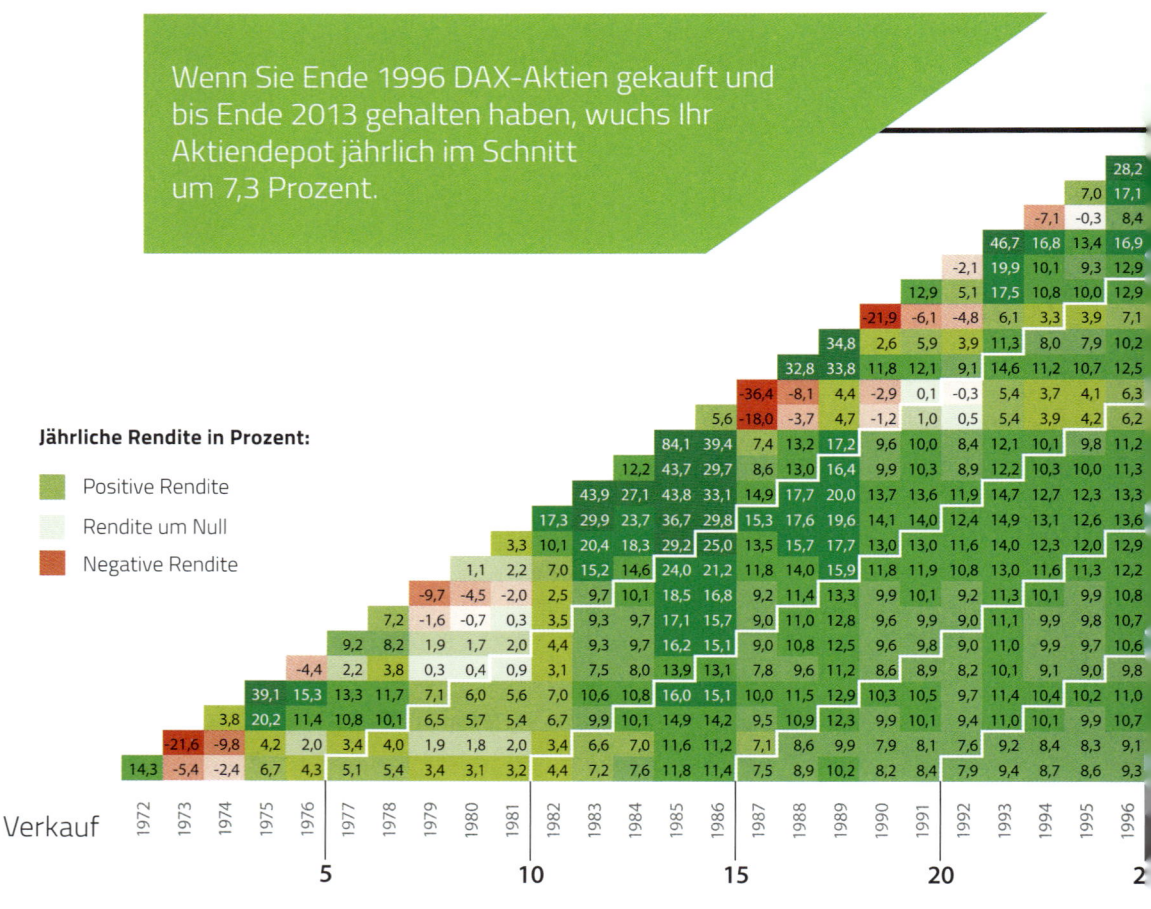

Wenn Sie Ende 1996 DAX-Aktien gekauft und bis Ende 2013 gehalten haben, wuchs Ihr Aktiendepot jährlich im Schnitt um 7,3 Prozent.

Jährliche Rendite in Prozent:

- Positive Rendite
- Rendite um Null
- Negative Rendite

Verkauf: 1972 1973 1974 1975 1976 1977 1978 1979 1980 1981 1982 1983 1984 1985 1986 1987 1988 1989 1990 1991 1992 1993 1994 1995 1996

Renditedreieck — Anlagezeitraum in Jahren

Jahr	1999	2000	2001	2002	2003	2004	2005	2006	2007	2008	2009	2010	2011	2012	2013	2014	2015	2016	2017	2018	2019	2020	2021
2020																							15,8
2019																						3,5	9,5
2018																					25,5	14,0	14,6
2017																				-18,3	1,3	2,0	5,3
2016																			12,5	-4,1	4,9	4,6	6,7
2015																		6,9	9,7	-0,6	5,4	5,0	6,7
2014																	9,6	8,2	9,6	1,9	6,2	5,8	7,1
2013																2,7	6,1	6,3	7,8	2,0	5,6	5,3	6,6
2012															25,5	13,5	12,2	10,8	11,2	5,6	8,2	7,6	8,5
2011														29,1	27,3	18,5	16,2	14,2	14,0	8,7	10,6	9,8	10,4
2010													-14,7	4,9	11,4	9,1	9,2	8,8	9,3	5,4	7,5	7,1	7,9
2009												16,1	-0,5	8,5	12,5	10,5	10,3	9,8	10,2	6,6	8,3	7,9	8,5
2008											23,8	19,9	7,0	12,2	14,7	12,6	12,2	11,5	11,6	8,2	9,6	9,1	9,6
2007										-40,4	-14,1	-5,0	-7,5	-1,2	2,9	2,8	3,6	4,0	4,8	2,5	4,2	4,2	5,0
2006									22,3	-14,6	-3,3	1,2	-2,2	2,4	5,4	5,1	5,6	5,7	6,3	4,0	5,5	5,4	6,0
2005								22,0	22,1	-3,8	2,4	5,0	1,5	5,0	7,4	6,8	7,1	7,1	7,5	5,3	6,6	6,4	7,0
2004							27,1	24,5	23,8	3,1	7,0	8,4	4,8	7,5	9,4	8,7	8,8	8,6	8,9	6,7	7,9	7,6	8,1
2003						7,3	16,8	18,5	19,4	3,9	7,0	8,3	5,1	7,5	9,2	8,6	8,7	8,5	8,8	6,7	7,8	7,6	8,0
2002					37,1	21,3	23,2	22,9	22,8	8,8	10,9	11,5	8,2	10,2	11,5	10,7	10,6	10,3	10,5	8,4	9,4	9,0	9,4
2001				-43,9	-12,3	-6,2	1,2	5,0	7,7	-1,0	1,8	3,3	1,3	3,6	5,3	5,1	5,4	5,5	5,9	4,3	5,4	5,3	5,8
2000			-19,8	-32,9	-14,9	-9,8	-3,4	0,4	3,3	-3,6	-0,9	0,7	-0,8	1,4	3,1	3,1	3,5	3,7	4,2	2,8	3,9	3,9	4,4
1999		-7,5	-13,9	-25,4	-13,1	-9,4	-4,1	-0,8	1,9	-4,0	-1,5	-0,1	-1,4	0,7	2,3	2,3	2,8	3,0	3,5	2,2	3,3	3,3	3,8
1998	39,1	13,4	1,0	-12,8	-4,5	-2,7	1,1	3,5	5,5	-0,4	1,6	2,7	1,3	3,0	4,4	4,3	4,6	4,7	5,1	3,8	4,7	4,7	5,2
1997	28,0	14,8	5,0	-7,4	-1,1	0,0	3,1	5,0	6,6	1,1	2,9	3,8	2,4	4,0	5,2	5,0	5,3	5,4	5,7	4,4	5,3	5,2	5,6
1996	34,0	22,2	12,3	0,0	4,6	5,0	7,2	8,6	9,8	4,3	5,7	6,4	4,9	6,2	7,3	7,0	7,2	7,1	7,4	6,1	6,8	6,7	7,1
1995	32,6	23,3	14,8	3,6	7,3	7,3	9,1	10,3	11,2	6,0	7,2	7,8	6,2	7,4	8,4	8,0	8,1	8,1	8,4	6,9	7,7	7,5	7,8
1994	27,0	20,5	13,7	4,0	7,3	7,3	8,9	10,0	10,9	6,1	7,2	7,7	6,2	7,4	8,3	8,0	8,1	8,0	8,2	6,9	7,6	7,5	7,8
1993	20,6	16,1	10,8	2,7	5,8	5,9	7,5	8,6	9,5	5,1	6,2	6,8	5,5	6,6	7,5	7,2	7,3	7,3	7,5	6,3	7,0	6,9	7,2
1992	24,0	19,5	14,3	6,5	8,9	8,8	10,1	10,9	11,6	7,4	8,3	8,7	7,3	8,3	9,1	8,8	8,8	8,7	8,9	7,7	8,3	8,1	8,4
1991	20,4	16,9	12,6	5,7	8,0	7,9	9,2	10,0	10,7	6,8	7,7	8,1	6,8	7,8	8,5	8,3	8,3	8,3	8,4	7,3	7,9	7,7	8,0
1990	19,5	16,5	12,6	6,2	8,3	8,3	9,4	10,2	10,9	7,1	7,9	8,3	7,1	8,0	8,7	8,5	8,5	8,4	8,6	7,5	8,1	7,9	8,2
1989	14,5	12,3	9,2	3,8	5,8	5,9	7,2	8,0	8,7	5,3	6,2	6,6	5,6	6,5	7,2	7,0	7,1	7,1	7,3	6,3	6,9	6,8	7,1
1988	16,3	14,1	11,0	5,7	7,6	7,6	8,6	9,3	10,0	6,6	7,4	7,8	6,7	7,5	8,2	8,0	8,1	8,0	8,2	7,2	7,7	7,6	7,8
1987	17,5	15,4	12,4	7,3	9,0	8,9	9,8	10,4	11,0	7,8	8,5	8,8	7,7	8,5	9,1	8,8	8,8	8,9	8,8	7,9	8,4	8,3	8,5
1986	12,1	10,6	8,2	3,9	5,6	5,7	6,7	7,4	8,1	5,2	6,0	6,4	5,4	6,3	6,9	6,8	6,9	6,9	7,0	6,1	6,7	6,6	6,8
1985	11,6	10,3	8,1	4,0	5,6	5,7	6,7	7,3	8,0	5,2	6,0	6,3	5,4	6,2	6,9	6,7	6,8	6,8	7,0	6,1	6,6	6,6	6,8
1984	15,4	13,8	11,5	7,3	8,7	8,7	9,5	10,0	10,5	7,7	8,3	8,6	7,6	8,3	8,9	8,7	8,7	8,6	8,8	7,9	8,3	8,2	8,4
1983	15,2	13,7	11,6	7,6	8,9	8,9	9,6	10,1	10,6	7,9	8,5	8,7	7,8	8,5	9,0	8,8	8,8	8,8	8,9	8,0	8,4	8,3	8,5
1982	16,7	15,2	13,1	9,2	10,4	10,2	10,9	11,3	11,8	9,1	9,6	9,8	8,9	9,5	10,0	9,7	9,7	9,7	9,7	8,8	9,3	9,1	9,3
1981	16,8	15,4	13,3	9,5	10,7	10,5	11,2	11,6	12,0	9,4	9,9	10,1	9,2	9,7	10,2	10,0	10,0	9,9	9,9	9,1	9,5	9,3	9,3
1980	16,0	14,7	12,8	9,3	10,3	10,2	10,8	11,2	11,6	9,2	9,6	9,8	9,0	9,5	10,0	9,8	9,8	9,7	9,8	8,9	9,3	9,2	9,3
1979	15,2	14,0	12,2	8,9	9,9	9,8	10,4	10,9	11,2	8,9	9,3	9,6	8,7	9,3	9,7	9,5	9,5	9,4	9,5	8,7	9,1	8,9	9,1
1978	13,9	12,8	11,2	8,0	9,1	9,0	9,6	10,0	10,4	8,2	8,7	8,9	8,1	8,7	9,1	8,9	8,9	8,9	9,0	8,2	8,6	8,5	8,6
1977	13,6	12,6	11,0	8,0	9,0	8,9	9,5	9,9	10,3	8,2	8,6	8,9	8,1	8,6	9,1	8,9	8,9	8,8	8,9	8,2	8,6	8,5	8,6
1976	13,4	12,4	10,9	8,0	9,0	8,9	9,5	9,9	10,3	8,2	8,6	8,9	8,1	8,6	9,1	8,9	8,9	8,8	8,9	8,2	8,6	8,5	8,6
1975	12,6	11,7	10,3	7,6	8,5	8,5	9,0	9,4	9,8	7,8	8,2	8,4	7,7	8,3	8,7	8,5	8,5	8,5	8,6	7,9	8,3	8,1	8,3
1974	13,5	12,7	11,2	8,6	9,4	9,4	9,9	10,2	10,6	8,6	9,0	9,2	8,5	9,0	9,4	9,2	9,2	9,1	9,2	8,5	8,9	8,7	8,9
1973	13,2	12,3	11,0	8,4	9,2	9,2	9,7	10,0	10,4	8,5	8,9	9,1	8,4	9,0	9,2	9,1	9,1	9,0	9,1	8,4	8,7	8,6	8,8
1972	11,6	10,9	9,6	7,2	8,1	8,1	8,6	9,0	9,3	7,5	7,9	8,1	7,5	7,9	8,3	8,2	8,2	8,2	8,3	7,6	8,0	7,9	8,1
1971	11,7	11,0	9,8	7,4	8,3	8,2	8,7	9,1	9,5	7,7	8,1	8,3	7,6	8,1	8,5	8,3	8,4	8,3	8,4	7,8	8,1	8,0	8,2

Anlagezeitraum-Markierungen (rechte Achse): 5, 10, 15, 20, 25, 30, 35, 40, 45, 50

Kauf-Markierungen (untere Achse): 30, 35, 40, 45, 50

Stand: 2022

DAX-Rendite-Dreieck für die monatliche Geldanlage

Mit einem monatlichen Aktiensparplan investieren Anlegerinnen nicht eine große Summe auf einmal, sondern legen kontinuierlich einen Betrag an. Mit dieser Art der Geldanlage sinkt das Risiko, zu einem schlechten Zeitpunkt einzusteigen. Diese Grafik zeigt: Wer monatlich einen festen Betrag in Aktien des Dax gespart hat, konnte bei einer Spardauer von 20 Jahren eine durchschnittliche Rendite von rund neun Prozent im Jahr auf das angelegte Geld erwirtschaften.

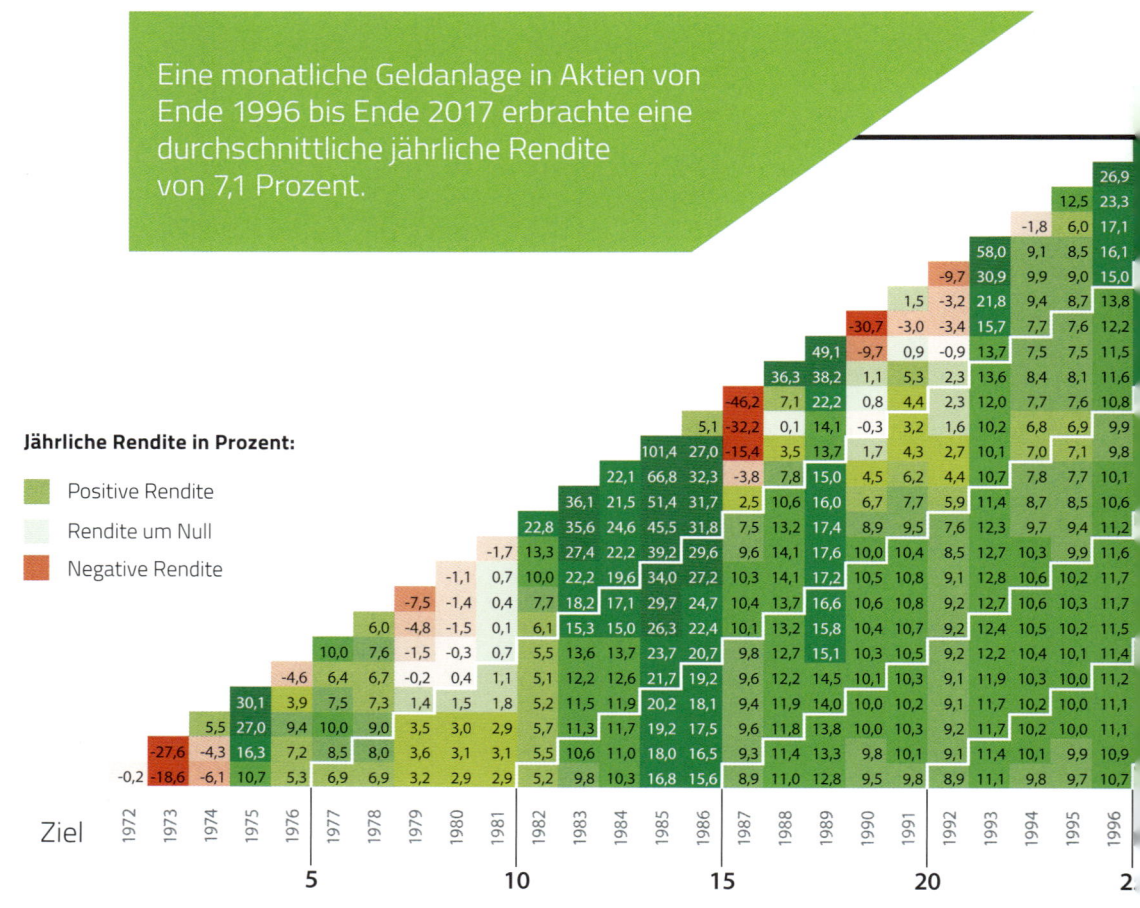

Start

Spardauer in Jahren

Start	1999	2000	2001	2002	2003	2004	2005	2006	2007	2008	2009	2010	2011	2012	2013	2014	2015	2016	2017	2018	2019	2020	2021
2020																							12,2
2019																						26,3	17,8
2018																					20,6	13,4	14,3
2017																				-25,3	8,6	8,2	11,1
2016																			9,5	-14,0	5,5	6,0	9,1
2015																		23,6	14,7	-5,6	6,5	6,3	8,8
2014																	-2,4	8,4	10,3	-3,5	5,7	5,6	8,0
2013																4,1	5,1	7,8	9,6	-1,4	5,8	5,6	7,7
2012															32,1	10,4	8,7	8,8	10,0	0,6	6,4	6,0	7,8
2011														24,5	26,7	13,6	11,3	10,3	10,9	2,6	7,2	6,7	8,2
2010													-21,1	12,5	19,7	12,5	11,1	10,3	10,8	3,6	7,5	7,0	8,3
2009												26,6	-7,1	10,6	16,8	12,0	11,0	10,3	10,7	4,4	7,7	7,2	8,3
2008											44,3	25,8	1,5	12,0	16,5	12,5	11,6	10,8	11,1	5,4	8,3	7,7	8,7
2007										-40,1	8,2	13,4	0,1	9,2	13,6	10,9	10,5	10,0	10,4	5,3	8,0	7,5	8,4
2006									16,9	-29,6	-0,4	6,9	-1,6	6,6	11,0	9,2	9,2	8,9	9,4	4,9	7,4	7,0	7,9
2005								24,2	21,6	-18,1	0,0	5,7	-1,1	5,9	9,9	8,5	8,6	8,4	9,0	4,9	7,2	6,9	7,7
2004							34,5	25,9	23,5	-9,5	2,3	6,4	0,4	6,2	9,6	8,6	8,4	8,4	8,9	5,2	7,3	6,9	7,7
2003						14,1	25,0	23,6	22,9	-4,1	4,1	7,2	1,7	6,6	9,7	8,6	8,7	8,5	8,9	5,5	7,4	7,1	7,8
2002					58,5	21,5	25,0	23,9	23,2	0,4	6,3	8,4	3,4	7,5	10,1	9,0	9,1	8,8	9,2	6,0	7,7	7,4	8,1
2001				-49,2	12,3	10,3	17,2	18,8	19,7	1,0	6,0	7,9	3,5	7,2	9,6	8,7	8,8	8,6	9,0	6,0	7,6	7,3	7,9
2000			-14,5	-40,2	-0,7	3,1	11,0	14,0	15,8	0,3	4,9	6,8	3,0	6,4	8,7	8,0	8,2	8,1	8,5	5,7	7,3	7,0	7,6
1999		-16,2	-17,3	-35,7	-6,0	-1,1	6,7	10,3	12,6	-0,5	3,7	5,7	2,3	5,6	7,9	7,3	7,5	7,5	7,9	5,3	6,8	6,6	7,2
1998	66,6	6,8	-8,1	-28,2	-6,0	-1,8	5,1	8,6	11,0	-0,6	3,3	5,2	2,1	5,2	7,3	6,8	7,1	7,1	7,5	5,1	6,6	6,4	7,0
1997	33,6	9,2	-4,0	-22,8	-5,4	-1,9	4,2	7,5	9,8	-0,5	3,0	4,8	2,0	4,9	6,9	6,5	6,8	6,8	7,2	5,0	6,4	6,2	6,8
1996	31,2	13,6	1,0	-17,0	-3,4	-0,8	4,4	7,3	9,4	0,0	3,2	4,8	2,2	4,9	6,8	6,4	6,7	6,7	7,1	5,0	6,3	6,2	6,7
1995	32,1	17,7	5,8	-11,2	-0,7	1,0	5,3	7,8	9,7	1,0	3,8	5,2	2,8	5,2	7,0	6,6	6,8	6,8	7,2	5,2	6,5	6,3	6,8
1994	31,1	19,5	8,9	-6,8	1,5	2,6	6,3	8,4	10,0	2,0	4,5	5,7	3,4	5,6	7,2	6,8	7,0	7,0	7,4	5,5	6,6	6,5	7,0
1993	28,2	19,1	10,0	-4,2	2,8	3,5	6,7	8,6	10,1	2,7	4,9	6,0	3,8	5,8	7,3	7,0	7,1	7,1	7,5	5,6	6,7	6,6	7,0
1992	26,5	19,0	11,0	-1,9	4,0	4,5	7,3	8,9	10,3	3,4	5,4	6,3	4,3	6,2	7,5	7,2	7,3	7,3	7,6	5,9	6,9	6,7	7,2
1991	24,8	18,5	11,4	-0,2	4,9	5,2	7,7	9,2	10,4	4,0	5,8	6,4	4,7	6,4	7,7	7,3	7,5	7,4	7,7	6,0	7,0	6,8	7,3
1990	23,1	17,8	11,6	1,0	5,4	5,7	7,9	9,2	10,4	4,4	6,0	6,8	4,9	6,6	7,8	7,4	7,6	7,5	7,8	6,2	7,1	6,9	7,3
1989	21,3	16,8	11,3	1,6	5,6	5,8	7,9	9,1	10,2	4,6	6,1	6,9	5,1	6,6	7,8	7,4	7,6	7,5	7,8	6,2	7,1	7,0	7,3
1988	20,0	16,2	11,2	2,3	5,9	6,1	8,0	9,1	10,1	4,9	6,3	7,0	5,3	6,7	7,8	7,5	7,6	7,6	7,8	6,3	7,2	7,0	7,4
1987	19,3	15,9	11,3	3,1	6,4	6,5	8,2	9,3	10,2	5,2	6,5	7,2	5,6	6,9	7,9	7,6	7,7	7,7	7,9	6,5	7,3	7,1	7,5
1986	18,2	15,1	11,0	3,4	6,4	6,5	8,1	9,1	10,0	5,3	6,6	7,2	5,6	6,9	7,9	7,6	7,7	7,7	7,9	6,5	7,3	7,1	7,5
1985	17,0	14,3	10,5	3,4	6,3	6,6	7,9	8,9	9,8	5,5	6,6	7,1	5,6	6,8	7,7	7,5	7,6	7,6	7,8	6,5	7,2	7,1	7,4
1984	16,4	14,0	10,5	3,8	6,5	6,6	8,0	8,9	9,7	5,5	6,6	7,1	5,7	6,9	7,8	7,5	7,6	7,6	7,8	6,5	7,3	7,1	7,4
1983	16,2	14,0	10,7	4,5	6,9	6,9	8,3	9,1	9,9	5,9	6,9	7,4	6,0	7,1	8,0	7,7	7,8	7,8	8,0	6,7	7,4	7,3	7,6
1982	16,1	14,0	11,0	5,1	7,3	7,3	8,6	9,4	10,1	6,2	7,2	7,6	6,3	7,4	8,2	7,9	8,0	8,0	8,1	6,9	7,6	7,4	7,7
1981	16,3	14,3	11,4	5,9	7,9	7,9	9,0	9,7	10,4	6,7	7,6	8,0	6,8	7,7	8,5	8,2	8,3	8,2	8,4	7,2	7,8	7,7	8,0
1980	16,3	14,4	11,7	6,5	8,3	8,3	9,3	10,0	10,6	7,1	7,9	8,3	7,1	8,0	8,7	8,4	8,5	8,4	8,6	7,4	8,0	7,9	8,1
1979	16,1	14,4	11,8	6,9	8,6	8,5	9,5	10,1	10,7	7,3	8,1	8,5	7,3	8,2	8,8	8,6	8,6	8,6	8,7	7,6	8,2	8,0	8,3
1978	15,8	14,2	11,8	7,1	8,7	8,6	9,6	10,2	10,7	7,5	8,2	8,6	7,4	8,3	8,9	8,7	8,7	8,6	8,8	7,7	8,3	8,1	8,3
1977	15,5	14,0	11,7	7,2	8,8	8,7	9,6	10,1	10,7	7,6	8,3	8,6	7,5	8,3	8,9	8,7	8,7	8,7	8,8	7,8	8,3	8,1	8,4
1976	15,2	13,7	11,6	7,3	8,8	8,7	9,6	10,1	10,6	7,7	8,3	8,6	7,6	8,3	8,9	8,7	8,7	8,7	8,8	7,8	8,3	8,2	8,4
1975	14,8	13,5	11,4	7,4	8,8	8,7	9,5	10,1	10,6	7,7	8,3	8,6	7,6	8,4	8,9	8,7	8,7	8,7	8,8	7,8	8,3	8,2	8,4
1974	14,6	13,3	11,3	7,5	8,8	8,7	9,5	10,0	10,5	7,7	8,4	8,7	7,7	8,4	8,9	8,7	8,8	8,7	8,8	7,9	8,4	8,2	8,4
1973	14,4	13,2	11,3	7,6	8,9	8,8	9,6	10,1	10,5	7,9	8,5	8,7	7,8	8,5	9,0	8,8	8,8	8,7	8,9	7,9	8,4	8,3	8,5
1972	14,1	13,0	11,2	7,6	8,9	8,8	9,5	10,0	10,4	7,9	8,4	8,7	7,8	8,4	9,0	8,8	8,8	8,7	8,8	7,9	8,4	8,3	8,5
1971	13,8	12,7	11,0	7,6	8,8	8,7	9,4	9,9	10,3	7,8	8,4	8,6	7,7	8,4	8,9	8,7	8,7	8,7	8,8	7,9	8,4	8,2	8,4

5 · 10 · 15 · 20 · 25 · 30 · 35 · 40 · 45 · 50

1999 · 2000 · 2001 · 2002 · 2003 · 2004 · 2005 · 2006 · 2007 · 2008 · 2009 · 2010 · 2011 · 2012 · 2013 · 2014 · 2015 · 2016 · 2017 · 2018 · 2019 · 2020 · 2021

30 · 35 · 40 · 45 · 50

Stand: 2022

Das EURO-STOXX-Rendite-Dreieck

Ein Investor, der 2002 Aktien gekauft hat und sie im Jahr 2009 verkaufte, erreichte im Durchschnitt eine jährliche Rendite von 6,0 Prozent.

Jährliche Rendite in Prozent:

- Positive Rendite
- Rendite um Null
- Negative Rendite

Verkauf

1987 1988 1989 1990 1991 1992 1993 1994 1995 1996 1997 1998 1999 2000 2001 2002 2003

5   10   15

Kauf

Anlagezeitraum in Jahren

Rendite-Dreieck. Die Spalte „2005*" enthält nur die am linken Bildrand sichtbaren (abgeschnittenen) Teilziffern dieser Spalte.

Kauf	2005*	2006	2007	2008	2009	2010	2011	2012	2013	2014	2015	2016	2017	2018	2019	2020	2021
2020																	23,3
2019																-3,2	9,3
2018															28,2	11,4	15,2
2017														-12,0	6,2	3,0	7,7
2016													9,2	-2,0	7,2	4,5	8,0
2015												3,7	6,4	-0,1	6,3	4,3	7,3
2014											6,4	5,1	6,4	1,5	6,3	4,7	7,2
2013										4,0	5,2	4,7	5,8	2,0	5,9	4,6	6,8
2012									21,5	12,4	10,4	8,7	8,8	5,0	8,0	6,6	8,3
2011								18.1	19,8	14,3	12,3	10,5	10,3	6,8	9,2	7,8	9,2
2010							-14.1	0.7	7,2	6,4	6,4	5,9	6,4	3,9	6,4	5,4	6,9
2009						-2.9	-8.7	-0.5	4,6	4,5	4,8	4,6	5,2	3,1	5,4	4,6	6,0
2008					25.5	10.4	1.6	5.4	8,5	7,7	7,5	7,0	7,3	5,2	7,1	6,2	7,4
2007				-42.3	-14.9	-11.1	-11.8	-6.5	-2,4	-1,5	-0,5	-0,1	0,8	-0,4	1,7	1,3	2,8
2006			9.6	-20.5	-7.4	-6.3	-7.9	-4.0	-0,7	-0,2	0,6	0,9	1,6	0,4	2,3	1,9	3,2
2005		18.0	13.7	-9.3	-1.6	-1.9	-4.0	-1.1	1,4	1,7	2,2	2,3	2,9	1,6	3,3	2,9	4,1
2004	3	21.1	17.2	-1.9	3.1	2.1	-0.4	1.7	3,8	3,8	4,0	4,0	4,4	3,1	4,6	4,1	5,2
2003	6	17.1	15.2	0.3	4.1	3.1	0.8	2.6	4,3	4,3	4,5	4,4	4,7	3,5	4,9	4,4	5,4
2002	2	17.4	15.8	3.1	6.0	4.9	2.6	4.0	5,5	5,4	5,5	5,3	5,6	4,4	5,7	5,2	6,0
2001	7	4.0	4.9	-3.7	-0.5	-0.7	-2.2	-0.5	1,2	1,4	1,8	1,9	2,3	1,4	2,8	2,4	3,4
2000	6	-0.3	1.1	-5.8	-2.7	-2.7	-3.8	-2.2	-0,5	-0,2	0,2	0,4	0,9	0,2	1,5	1,2	2,2
1999	3	-0.5	0.7	-5.3	-2.6	-2.7	-3.7	-2.1	-0,6	-0,3	0,1	0,3	0,8	0,1	1,3	1,1	2,0
1998	8	4.6	5.2	-1.0	1.2	0.8	-0.4	0.8	2,1	2,2	2,4	2,5	2,9	2,1	3,2	2,9	3,7
1997	4	7.6	7.8	1.9	3.6	3.1	1.8	2.8	3,9	3,9	4,0	4,0	4,3	3,4	4,4	4,1	4,8
1996	7	10.5	10.4	4.6	6.1	5.4	4.0	4.8	5,7	5,6	5,7	5,6	5,7	4,9	5,8	5,4	6,1
1995	3	11.9	11.7	6.1	7.4	6.7	5.3	6.0	6,8	6,6	6,6	6,5	6,6	5,7	6,6	6,2	6,8
1994	8	12.3	12.1	6.9	8.1	7.4	6.0	6.6	7,3	7,2	7,1	7,0	7,1	6,2	7,0	6,6	7,2
1993	3	10.9	10.8	6.1	7.2	6.6	5.3	6.0	6,7	6,6	6,6	6,4	6,5	5,7	6,5	6,1	6,7
1992	6	13.0	12.7	8.1	9.1	8.4	7.1	7.6	8,2	8,0	7,9	7,8	7,8	7,0	7,7	7,3	7,8
1991	2	12.6	12.4	8.1	9.0	8.3	7.1	7.6	8,2	8,0	7,9	7,7	7,8	7,0	7,7	7,3	7,8
1990	7	13.0	12.8	8.7	9.5	8.9	7.6	8.1	8,7	8,5	8,4	8,2	8,2	7,4	8,1	7,7	8,2
1989	3	10.8	10.7	7.0	7.8	7.3	6.2	6.7	7,3	7,2	7,1	7,0	7,1	6,4	7,0	6,7	7,2
1988	4	11.8	11.7	8.1	8.8	8.3	7.2	7.6	8,1	8,0	7,9	7,8	7,8	7,1	7,7	7,4	7,8
1987	7	13.0	12.8	9.3	10.0	9.4	8.3	8.6	9,1	8,9	8,8	8,7	8,7	7,9	8,5	8,1	8,6
1986	.1	10.5	10.5	7.2	8.0	7.5	6.5	7.0	7,5	7,3	7,3	7,2	7,3	6,6	7,2	6,9	7,3

Anlagezeitraum-Markierungen (rechts): 5 (2016) · 10 (2011) · 15 (2006) · 20 (2001) · 25 (1996) · 30 (1991)

Untere Achse (Verkauf): 2006 … 2021 · Markierungen: 20 (2006) · 25 (2012) · 30 (2017)

Stand: 2022

Die teuersten NFTs

in US-Dollar

Kryptowährungen und NFTs (Non-Fungible Token) erleben einen Hype. Angetrieben durch Spekulanten, und zusätzlich befeuert durch politische Entscheidungen, die das Weltfinanzsystem durcheinanderbringen, scheint ihrer Entwicklung keine Grenze gesetzt. NFTs sind digitale Besitznachweise von immateriellen Gütern. In der Regel sind sie einzigartige, nicht ersetzbare, digitale Vermögenswerte. Durch die Blockchain-Technologie kann ihr Besitz nachgewiesen und übertragen werden. Mittlerweile gibt es weltweit berühmte NFTs, die für gigantische Preise verkauft worden sind. Die Kehrseite: Diese hohen Beträge kommen oft zustande, da die Nutzer ihre eigenen NFTs an sich selbst verkaufen und, weil NFTs auch in einigen Fällen als Mittel zur Geldwäsche verwendet werden. Wir haben die teuersten NFTs zusammengetragen.

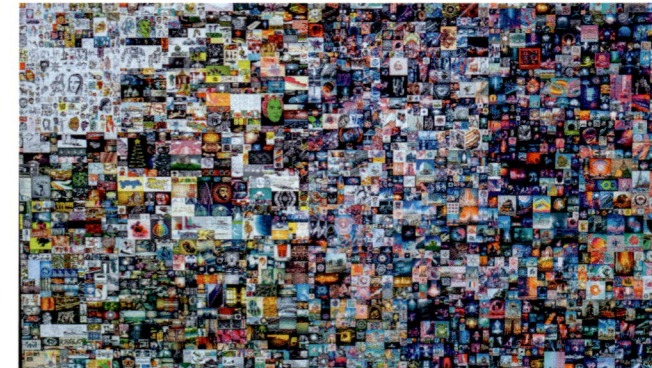

2 The first 5000 Days **69,3**

4 CryptoPunk #7523 **11,7** M

❶ The Merge **91,8** Mio.

Mio.

❸ Human One **28,9** Mio.

❺ CryptoPunk #3100 **7,67** Mio.

Stand: Februar 2022

Rohstoff-Perspektiven

Das Periodensystem der Rohstoffrenditen

in Prozent pro Jahr

2012	2013	2014	2015	2016	2017
19,19 %	26,23 %	11,35 % Pd	-2,50 % Pb	103,67 %	56,25 % P
15,19 % Pb	7,19 %	6,91 % Ni	-9,63 %	60,59 % Zn	32,39 % A
12,16 % Zn	1,70 % Pd	3,91 % Zn	-10,42 % Au	59,35 %	31,19 %
12,11 %	0,17 % Zn	3,80 % Al	-10,72 %	45,03 %	30,49 % C
9,87 % Pt	-1,00 %	-1,72 % Au	-11,75 % Ag	20,96 % Pd	30,49 % Z
8,98 % Ag	-5,44 % Pb	-2,24 %	-17,79 % Al	17,37 % Cu	27,51 % N
8,00 %	-6,72 % Cu	-5,52 %	-19,11 %	14,86 % Ag	24,27 % P
7,52 % Pd	-11,03 % Pt	-11,79 % Pt	-20,31 %	13,58 % Al	13,09 % A
7,14 % Au	-14,02 % Al	-14,00 % Cu	-26,07 % Pt	13,49 % Ni	12,47 %
4,18 % Cu	-18,63 % Ni	-15,51 %	-26,10 % Cu	11,27 % Pb	6,42 % A
2,33 % Al	-22,20 %	-16,00 % Pb	-26,50 % Zn	8,56 % Au	4,66 %
-7,09 %	-28,04 % Au	-19,34 % Ag	-29,43 % Pd	1,16 % Pt	2,99 % P
-9,22 % Ni	-35,84 % Ag	-31,24 %	-30,47 %	-1,88 %	-0,36 % P
-16,78 %	-39,56 %	-45,58 %	-41,75 % Ni	-13,19 %	-20,70 %

2021 war aus Anlegersicht ein erfolgreiches Jahr. Fast alle Anlageklassen konnten im grünen Bereich abschließen, bei Rohstoffen lief es besonders gut. So erzielte der Rohstoffindex GSCI, der 24 verschiedene Futures umfasst, die an Warenterminbörsen gehandelt werden, die drittbeste Performance. Mit einer Rendite von 37,1 Prozent schlug er die Wertentwicklung von Immobilien und sogar allen wichtigen Aktienindizes. Diese Grafik zeigt die Renditen der einzelnen Rohstoffe in den letzten zehn Jahren und ordnet sie nach ihrer individuellen Performance pro Jahr ein. Mit 160,6 Prozent erzielte Kohle die beste Jahresrendite aller Rohstoffe in dem gesamten Beobachtungszeitraum.

2018

8,59 %	Pd
7,86 %	(Weizen)
,91 %	(Mais)
0,44 %	(Gas)
,58 %	Au
3,53 %	Ag
4,49 %	Pt
6,54 %	Ni
7,43 %	Al
7,46 %	Cu
9,23 %	Pb
22,16 %	(Kohle)
24,54 %	Zn
4,84 %	(Rohöl)

2019

54,20 %	Pd
34,46 %	(Rohöl)
31,55 %	Ni
21,48 %	Pt
18,31 %	Au
15,21 %	Ag
11,03 %	(Weizen)
3,40 %	(Mais)
3,36 %	Cu
-4,38 %	Al
-4,66 %	Pb
-9,49 %	Zn
-18,02 %	(Kohle)
-25,54 %	(Gas)

2020

47,89 %	Ag
26,02 %	Cu
25,86 %	Pd
25,12 %	Au
24,82 %	(Mais)
19,73 %	Zn
18,66 %	Ni
15,99 %	(Gas)
14,63 %	(Weizen)
10,92 %	Pt
10,80 %	Al
3,25 %	Pb
-1,29 %	(Kohle)
-20,54 %	(Rohöl)

2021

160,61 %	(Kohle)
55,01 %	(Rohöl)
46,91 %	(Gas)
42,18 %	Al
31,53 %	Zn
26,14 %	Ni
25,70 %	Cu
22,57 %	(Mais)
20,34 %	(Weizen)
18,32 %	Pb
-3,64 %	Au
-9,64 %	Pt
-11,72 %	Ag
-21,21 %	Pd

Legende:

Al	Aluminium
	Kohle
Cu	Kupfer
(Mais)	Mais
(Rohöl)	Rohöl
Au	Gold
Pb	Blei
(Gas)	Gas
Ni	Nickel
Pd	Palladium
Pt	Platin
Ag	Silber
(Weizen)	Weizen
Zn	Zink

Stand: 2022

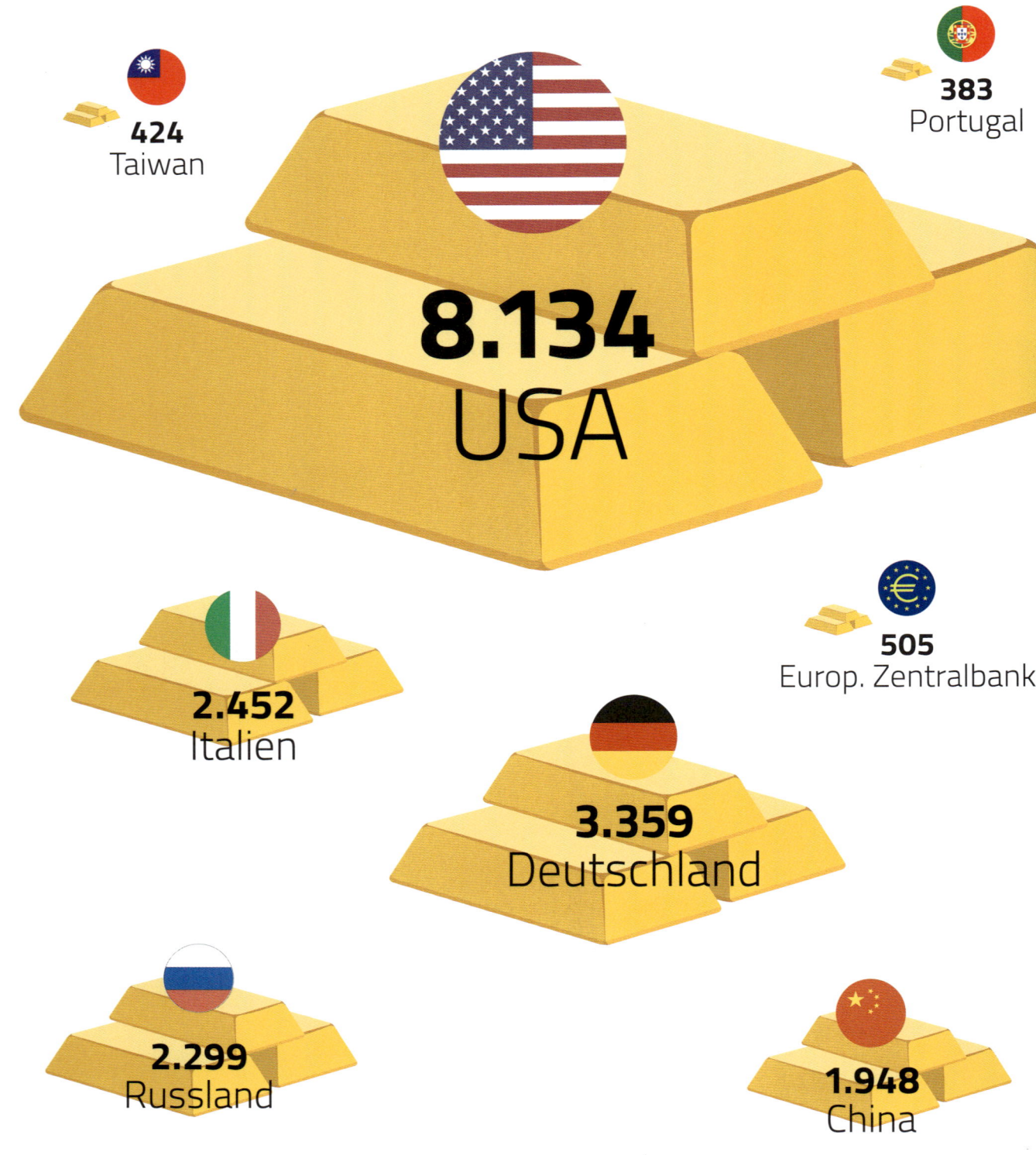

424
Taiwan

383
Portugal

8.134
USA

505
Europ. Zentralbank

2.452
Italien

3.359
Deutschland

2.299
Russland

1.948
China

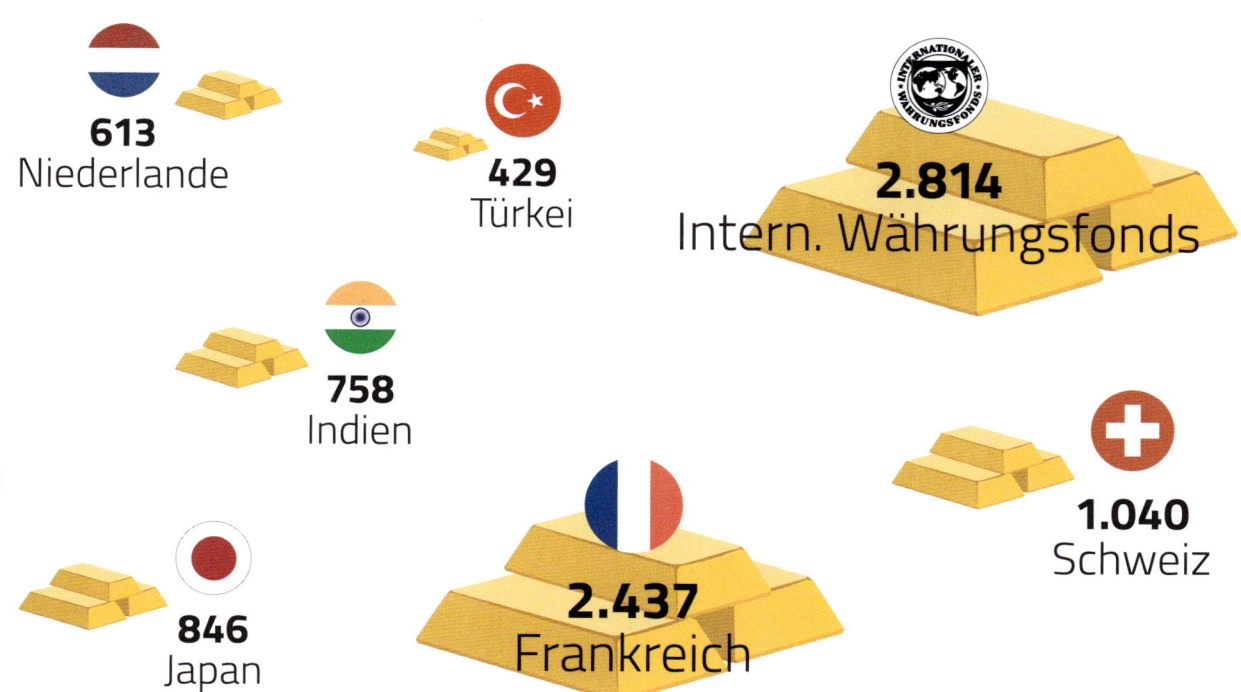

613
Niederlande

429
Türkei

2.814
Intern. Währungsfonds

758
Indien

1.040
Schweiz

846
Japan

2.437
Frankreich

Länder mit den größten Goldreserven

in Tonnen

Seit Jahrtausenden wird Gold für rituelle Gegenstände, Schmuck und als Zahlungsmittel genutzt. Von Investoren wird das Edelmetall als weitgehend krisensichere Anlageform geschätzt, da es als wert- und inflationsbeständig gilt. Für Notenbanken, wie zum Beispiel die Deutsche Bundesbank, stellt Gold traditionell einen wesentlichen Bestandteil der offiziellen Währungsreserven dar. Der Zweck nationaler Goldreserven bestand früher zumeist in der Deckung von Währungen (Goldstandard). Heutzutage dient die Aufbewahrung von Gold als nationale Reserve für Krisenzeiten sowie als Risikoausgleich für Schwankungen des US-Dollars (Kurs des Goldes fällt bei steigendem Dollarkurs und umgekehrt), da Gold in Dollar gehandelt wird.

Seit Jahren besitzen die USA und Deutschland die größten Goldreserven weltweit. Als Käufer im klassischen Sinn treten die Zentralbanken dieser Länder aber nicht in Erscheinung. Deutschland bekam das Gold bereits in den 1950-er und 1960-er Jahren als Ausgleichszahlungen für Außenhandelsüberschüsse überschrieben, es diente also zur Verrechnung.

Stand: April 2022

Das gesamte jemals abgebaute Gold

in einem Würfel

22x22 x22 Meter

Brandenburger Tor
26 Meter hoch

Stand: 2021

Angenommen, Sie bekommen einen Barren Gold geschenkt,
wo würden Sie diesen aufbewahren?

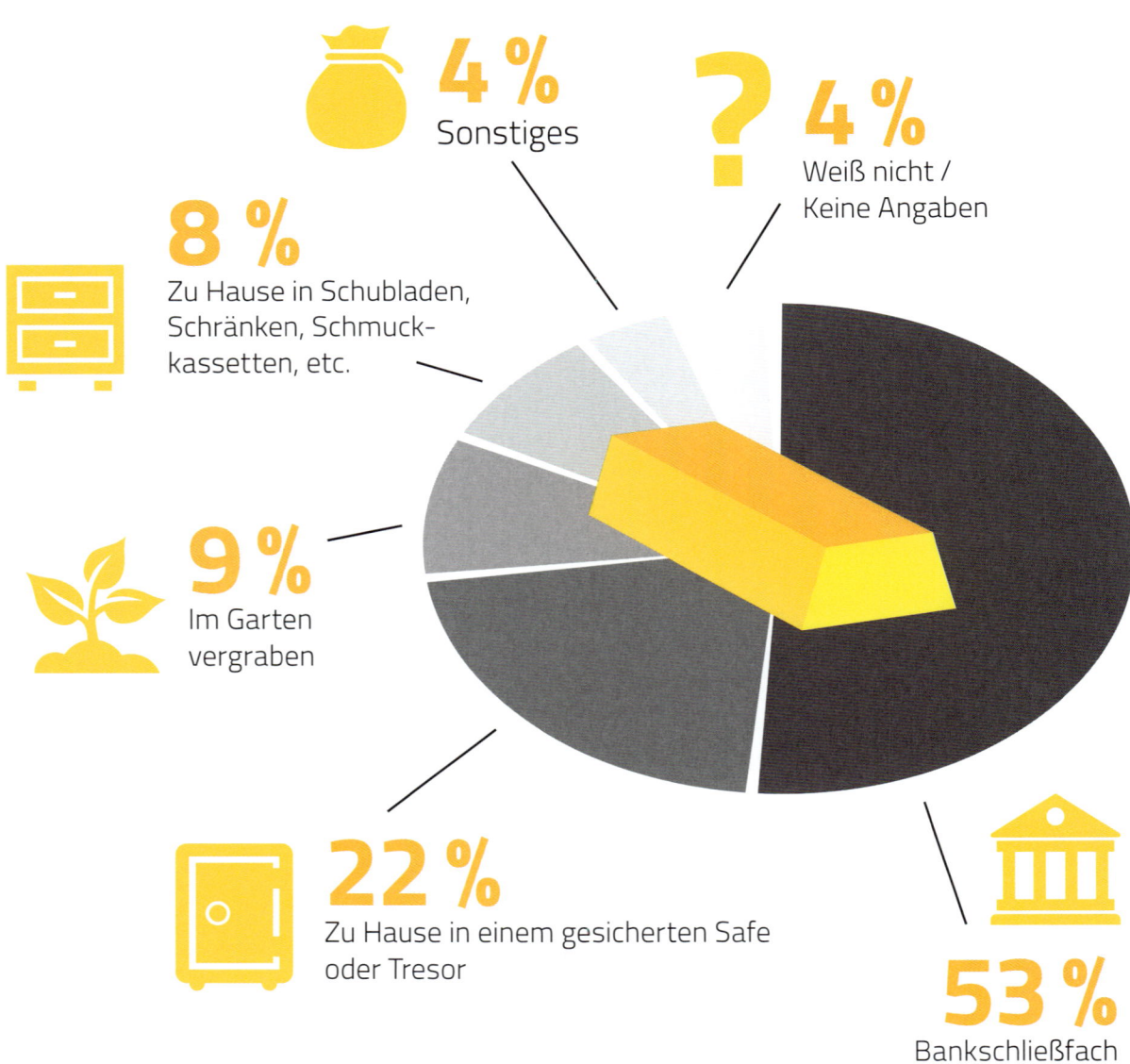

4 %
Sonstiges

4 %
Weiß nicht /
Keine Angaben

8 %
Zu Hause in Schubladen,
Schränken, Schmuck-
kassetten, etc.

9 %
Im Garten
vergraben

22 %
Zu Hause in einem gesicherten Safe
oder Tresor

53 %
Bankschließfach

Stand: Juli 2018

So lagern die Deutschen ihr Gold

Könnten Sie sich vorstellen, in Gold zu investieren?

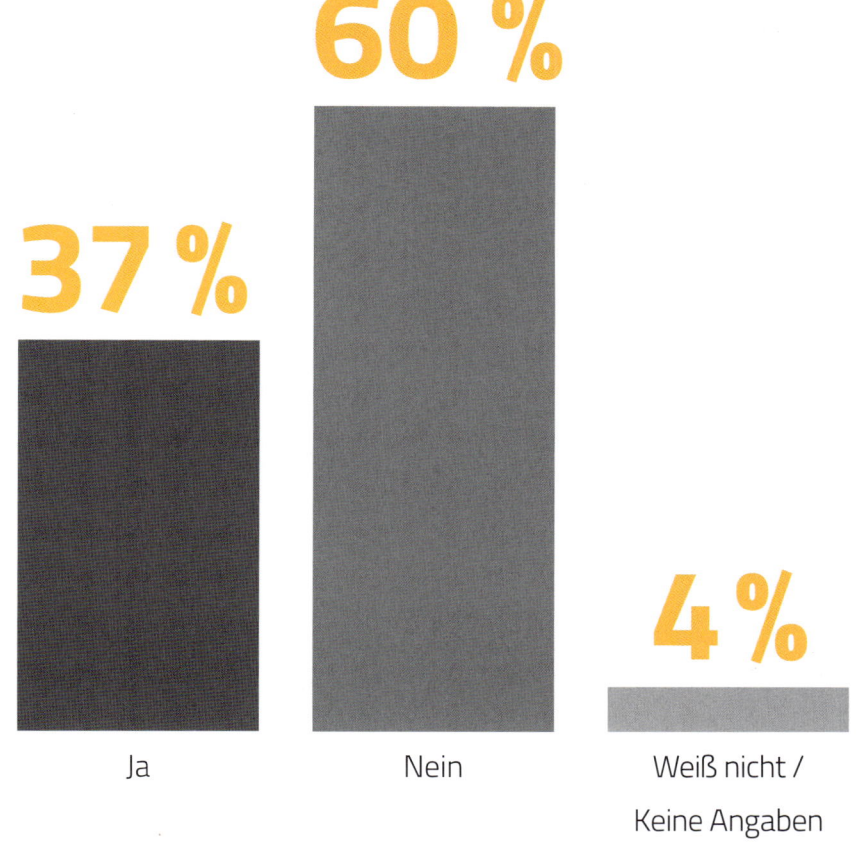

60 %

37 %

4 %

Ja

Nein

Weiß nicht / Keine Angaben

5.600

Mexiko

1.000
Bolivien

Minenproduktion von Silber

im Jahr 2021 in Prozent

1.300
Polen

1.300
Australien

1.600
Chile

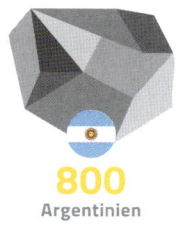

800
Argentinien

1.000
USA

1.300
Russland

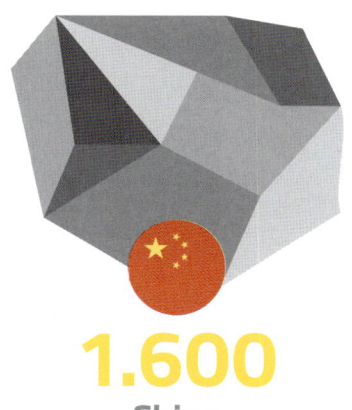

1.600
China

Stand: 2022

Der Ölpreis seit 1970

Preis für ein Barrel Opec-Rohöl (= 159 Liter)
im Jahresdurchschnitt in US-Dollar

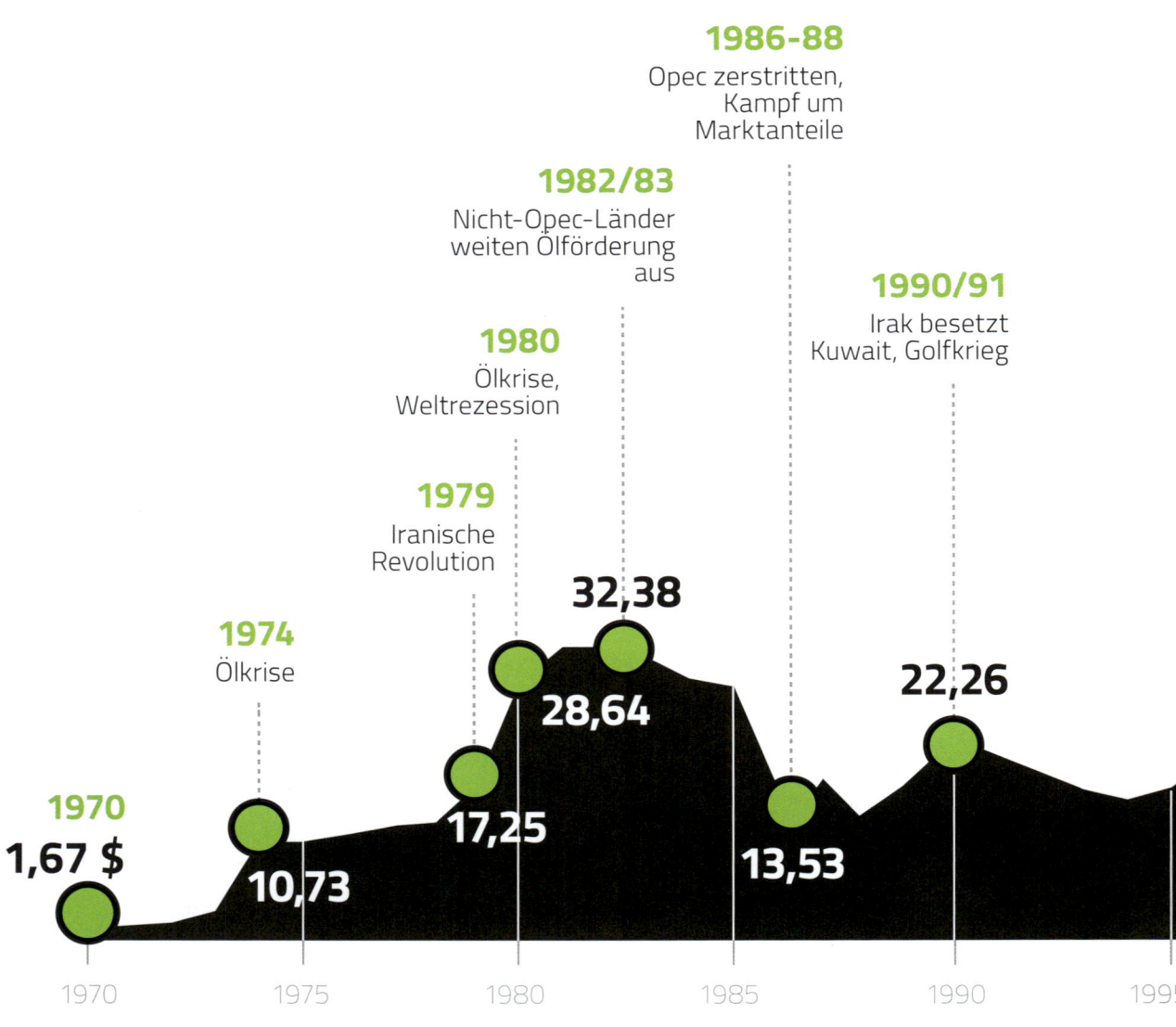

1986-88
Opec zerstritten,
Kampf um
Marktanteile

1982/83
Nicht-Opec-Länder
weiten Ölförderung
aus

1990/91
Irak besetzt
Kuwait, Golfkrieg

1980
Ölkrise,
Weltrezession

1979
Iranische
Revolution

1974
Ölkrise

32,38

28,64

22,26

1970

1,67 $

17,25

13,53

10,73

1970   1975   1980   1985   1990   1995

Stand: Juli 2022

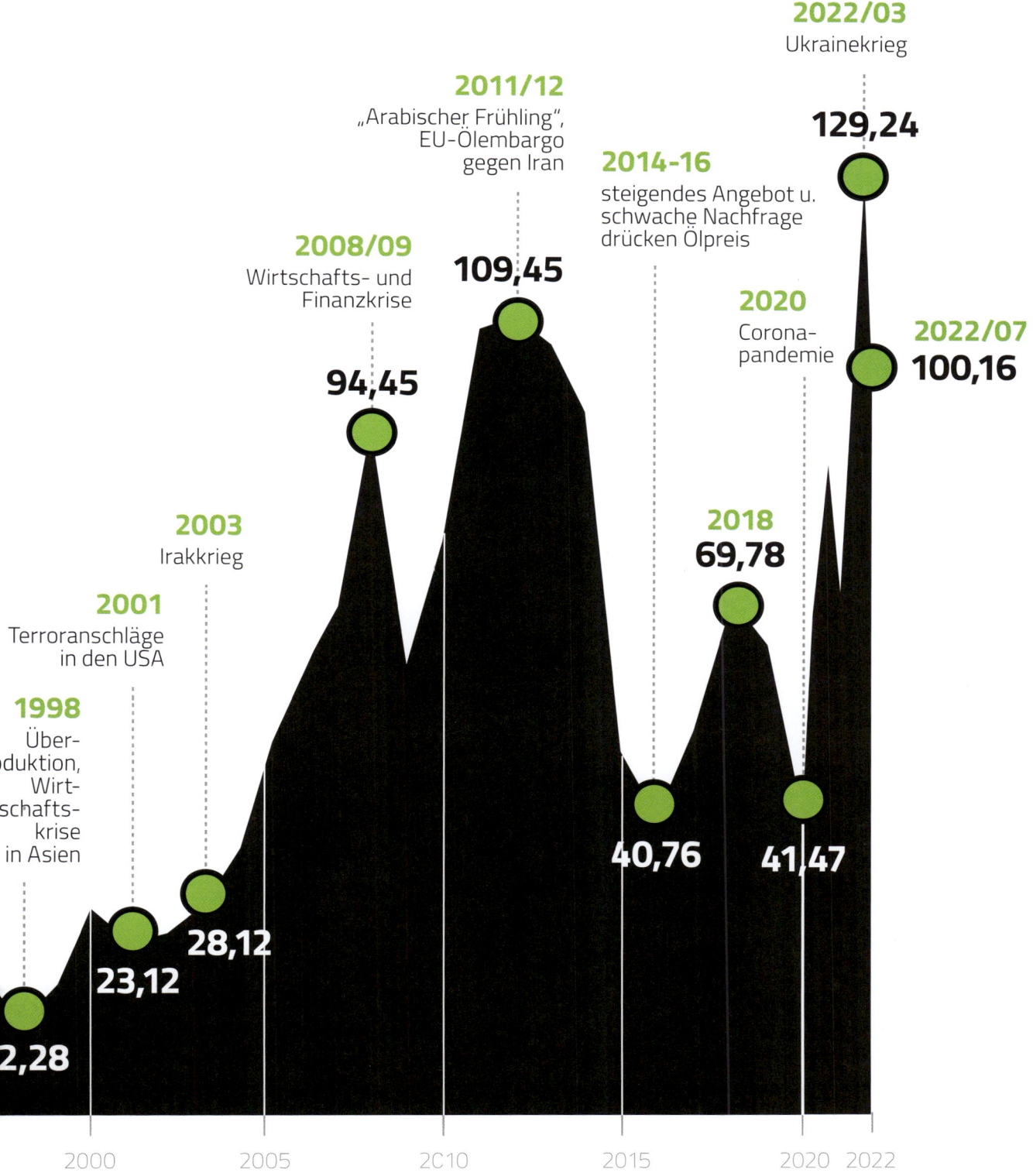

2022/03
Ukrainekrieg

2011/12
„Arabischer Frühling",
EU-Ölembargo
gegen Iran

2014-16
steigendes Angebot u.
schwache Nachfrage
drücken Ölpreis

129,24

2008/09
Wirtschafts- und
Finanzkrise

109,45

2020
Corona-
pandemie

2022/07
100,16

94,45

2003
Irakkrieg

2018
69,78

2001
Terroranschläge
in den USA

1998
Über-
oduktion,
Wirt-
schafts-
krise
in Asien

28,12

40,76

41,47

23,12

2,28

2000   2005   2C10   2015   2020 2022

163

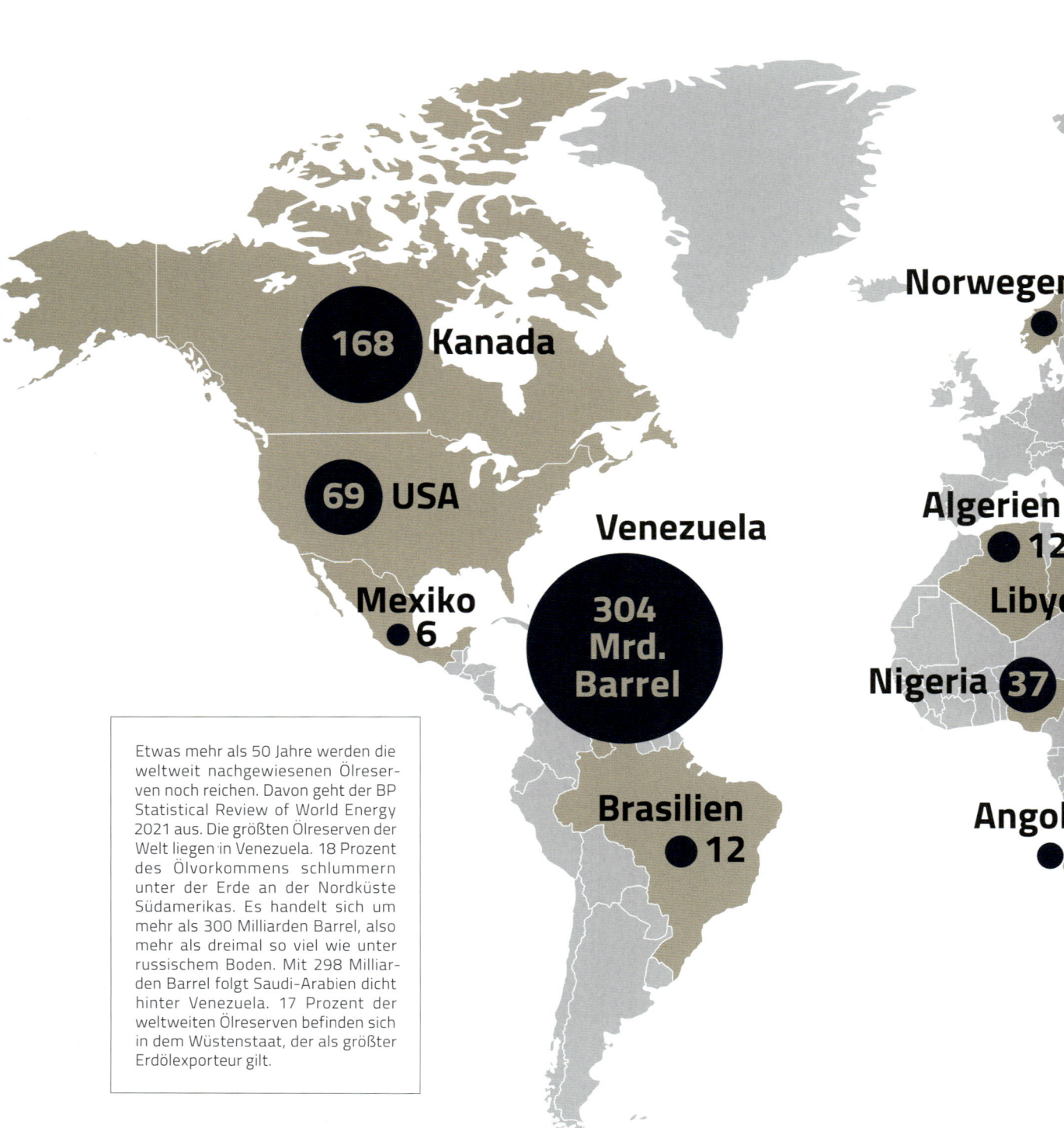

168 Kanada

69 USA

Mexiko
● 6

Venezuela

304 Mrd. Barrel

Brasilien
● 12

Norweger
●

Algerien
● 12

Libye

Nigeria 37

Angol
●

Etwas mehr als 50 Jahre werden die weltweit nachgewiesenen Ölreserven noch reichen. Davon geht der BP Statistical Review of World Energy 2021 aus. Die größten Ölreserven der Welt liegen in Venezuela. 18 Prozent des Ölvorkommens schlummern unter der Erde an der Nordküste Südamerikas. Es handelt sich um mehr als 300 Milliarden Barrel, also mehr als dreimal so viel wie unter russischem Boden. Mit 298 Milliarden Barrel folgt Saudi-Arabien dicht hinter Venezuela. 17 Prozent der weltweiten Ölreserven befinden sich in dem Wüstenstaat, der als größter Erdölexporteur gilt.

Die globalen Ölreserven

Länder mit den größten gesicherten Ölvorkommen in Milliarden Barrel

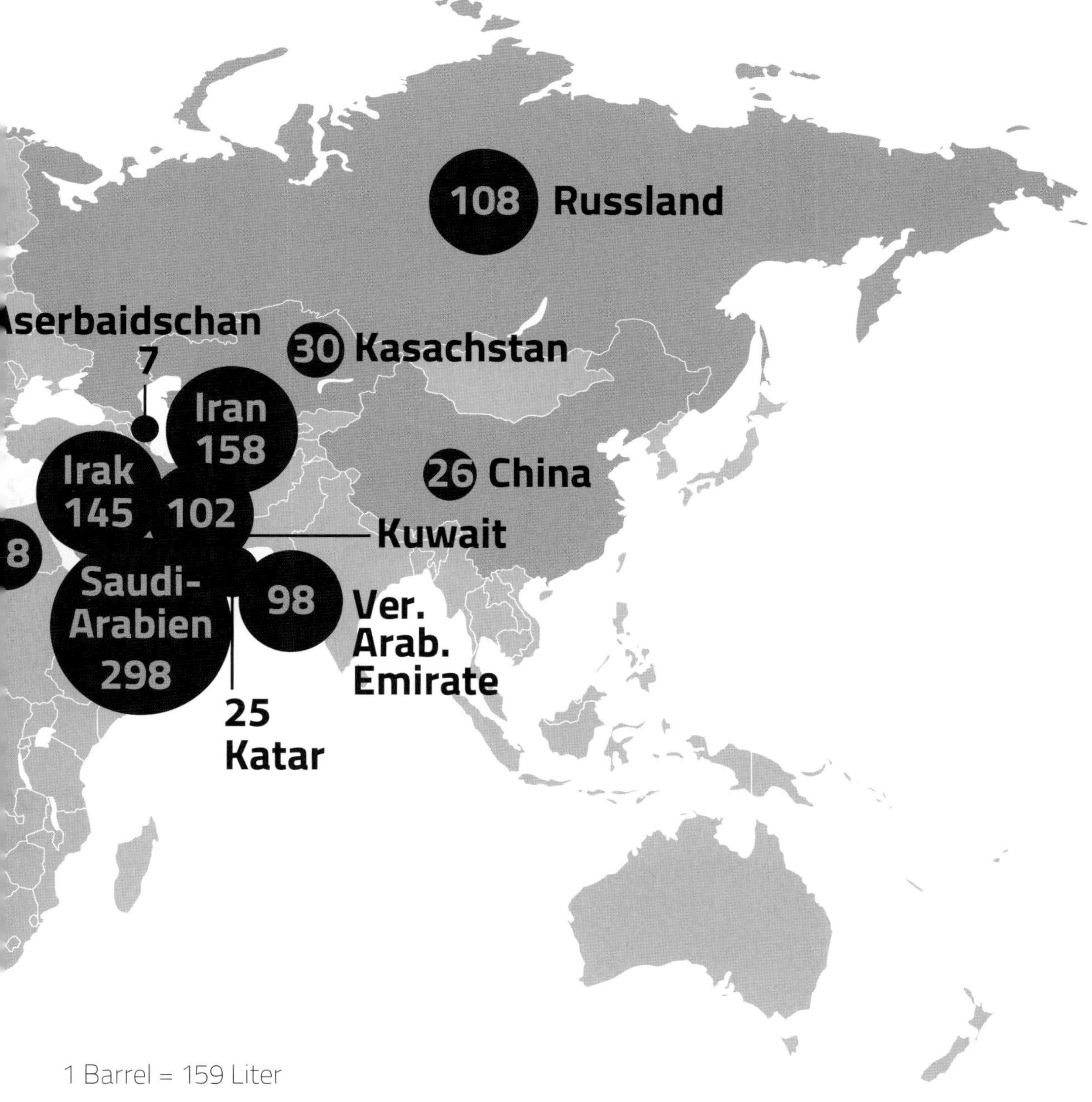

108 **Russland**

Aserbaidschan
7

30 **Kasachstan**

Iran
158

26 **China**

Irak
145 102

Kuwait

8

Saudi-Arabien
298

98 **Ver. Arab. Emirate**

25
Katar

1 Barrel = 159 Liter

Stand: August 2021

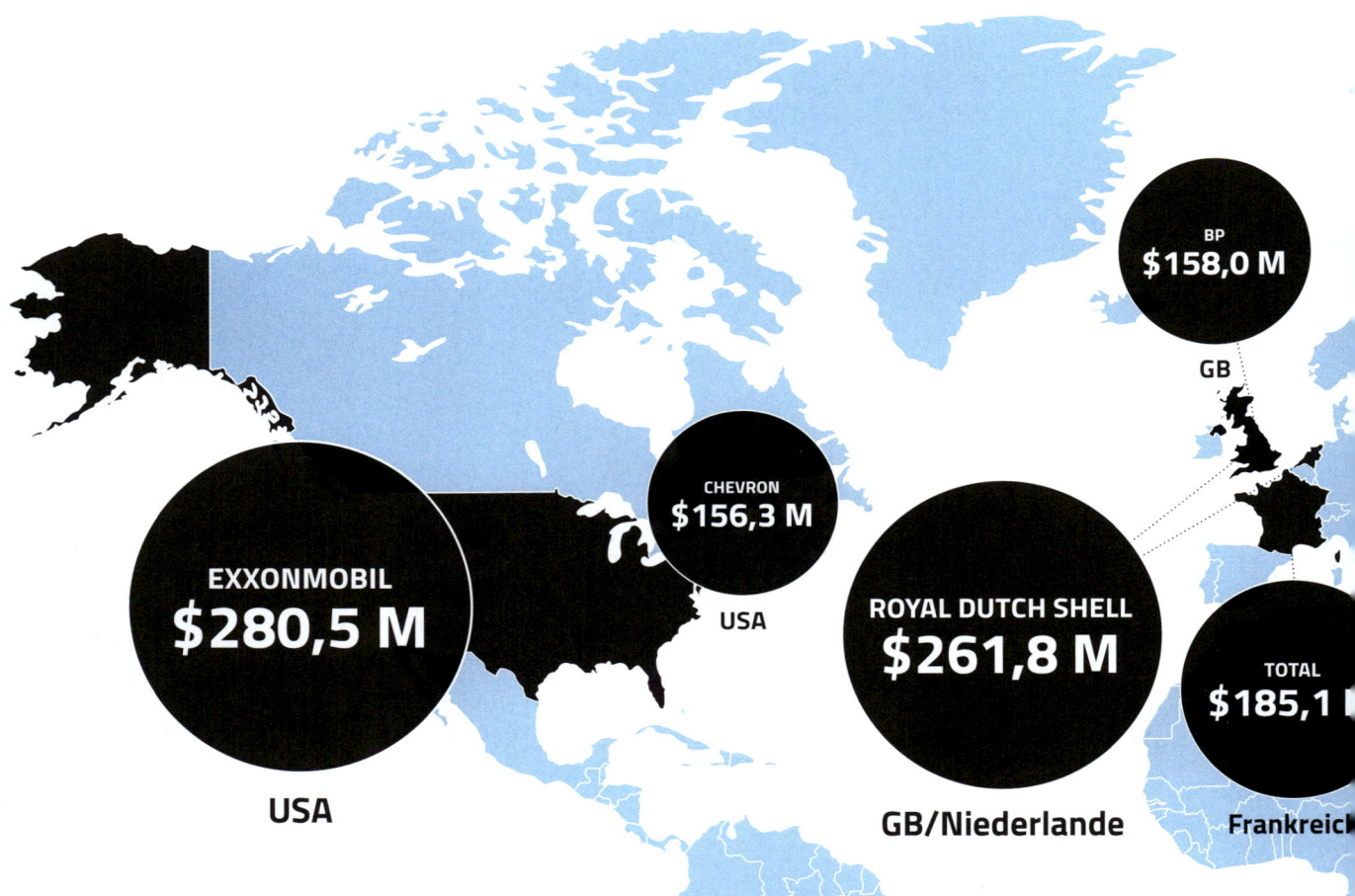

EXXONMOBIL
$280,5 M

USA

CHEVRON
$156,3 M

USA

ROYAL DUTCH SHELL
$261,8 M

GB/Niederlande

BP
$158,0 M

GB

TOTAL
$185,1 M

Frankreich

Die größten Ölkonzerne

Einnahmen der Unternehmen in US-Dollar

Stand: 2021

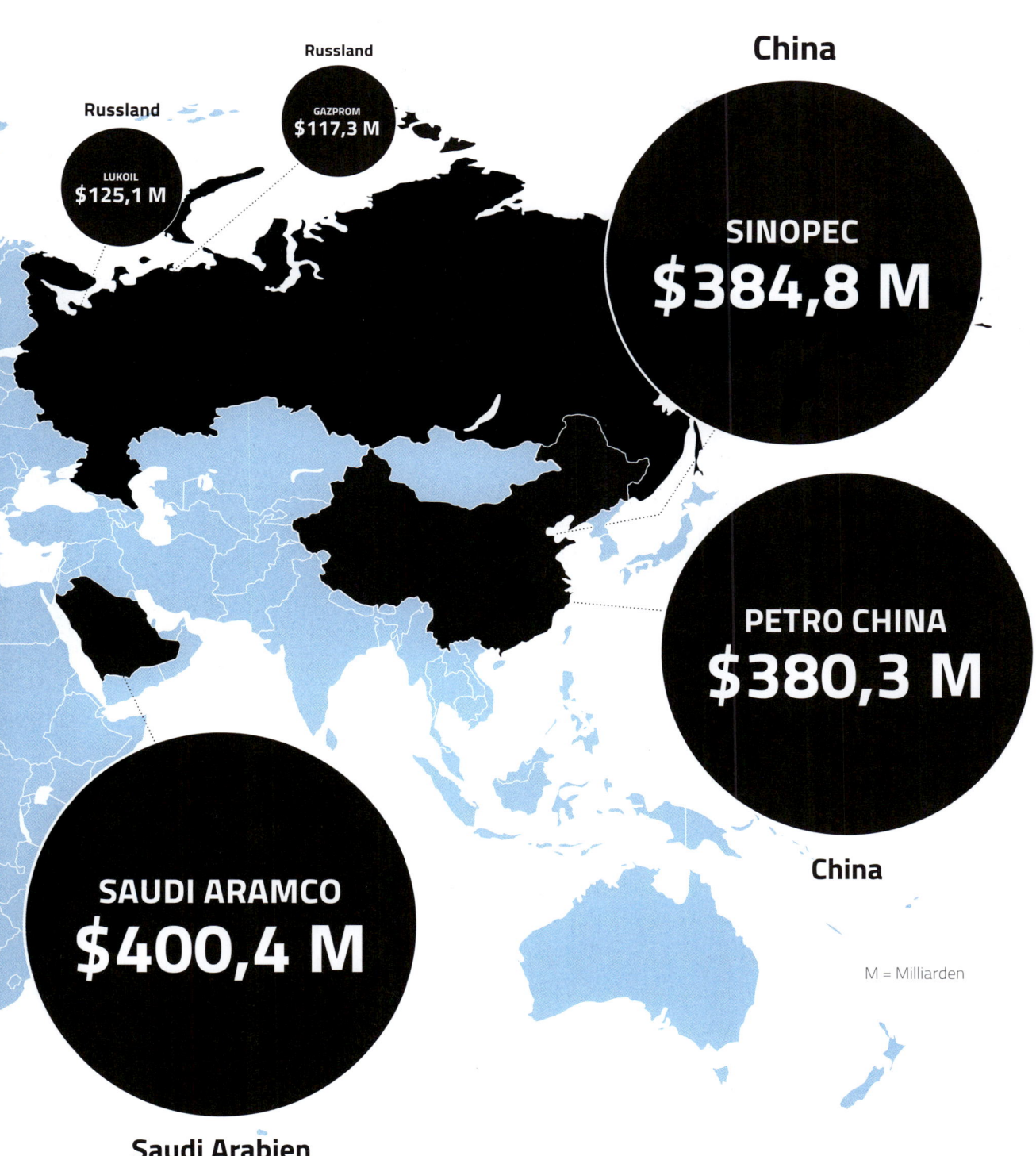

Russland
LUKOIL
$125,1 M

Russland
GAZPROM
$117,3 M

China

SINOPEC
$384,8 M

PETRO CHINA
$380,3 M

China

SAUDI ARAMCO
$400,4 M

Saudi Arabien

M = Milliarden

Reichtums-Perspektiven

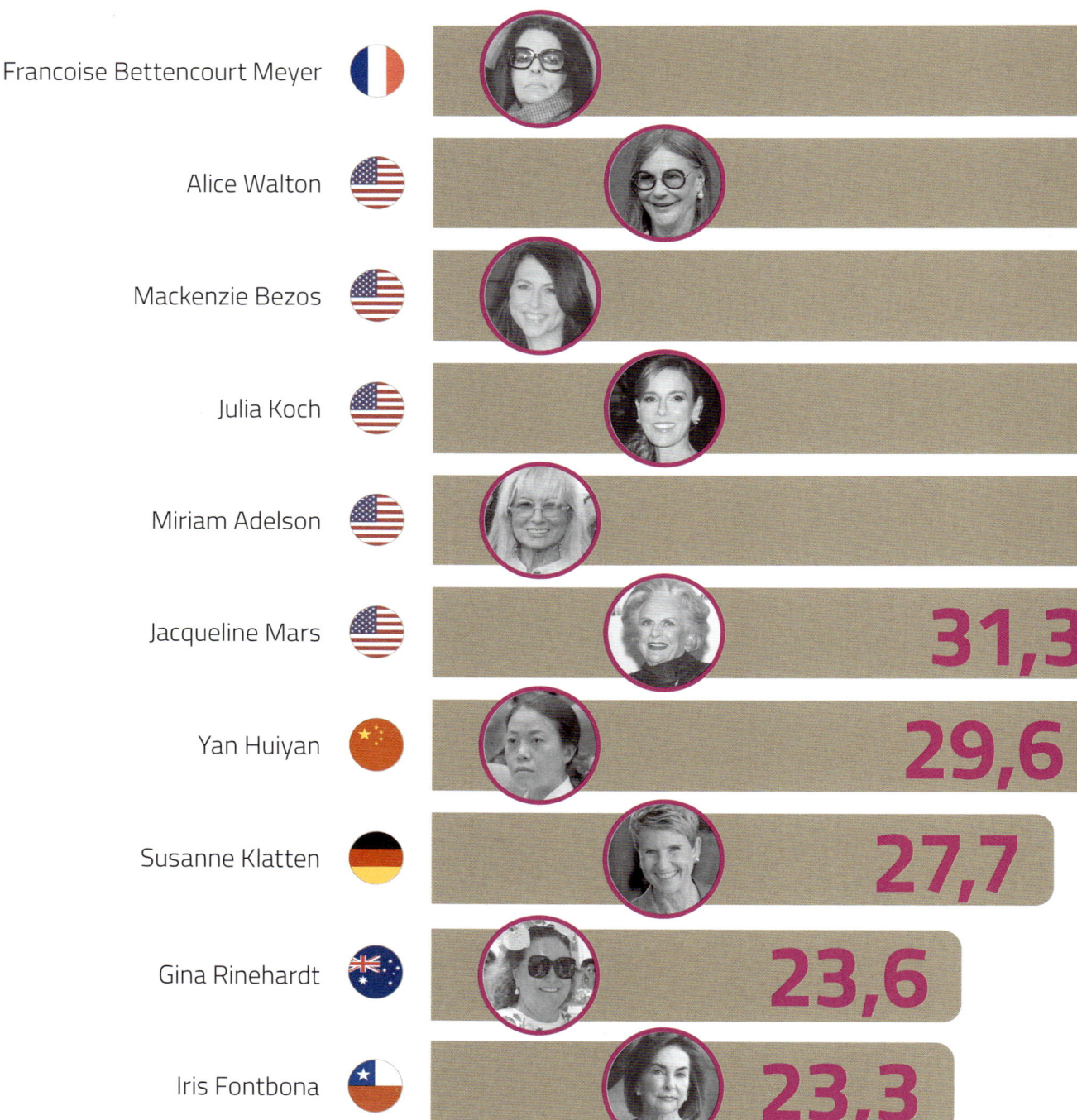

Francoise Bettencourt Meyer 🇫🇷

Alice Walton 🇺🇸

Mackenzie Bezos 🇺🇸

Julia Koch 🇺🇸

Miriam Adelson 🇺🇸

Jacqueline Mars 🇺🇸 **31,3**

Yan Huiyan 🇨🇳 **29,6**

Susanne Klatten 🇩🇪 **27,7**

Gina Rinehardt 🇦🇺 **23,6**

Iris Fontbona 🇨🇱 **23,3**

Stand: 2022

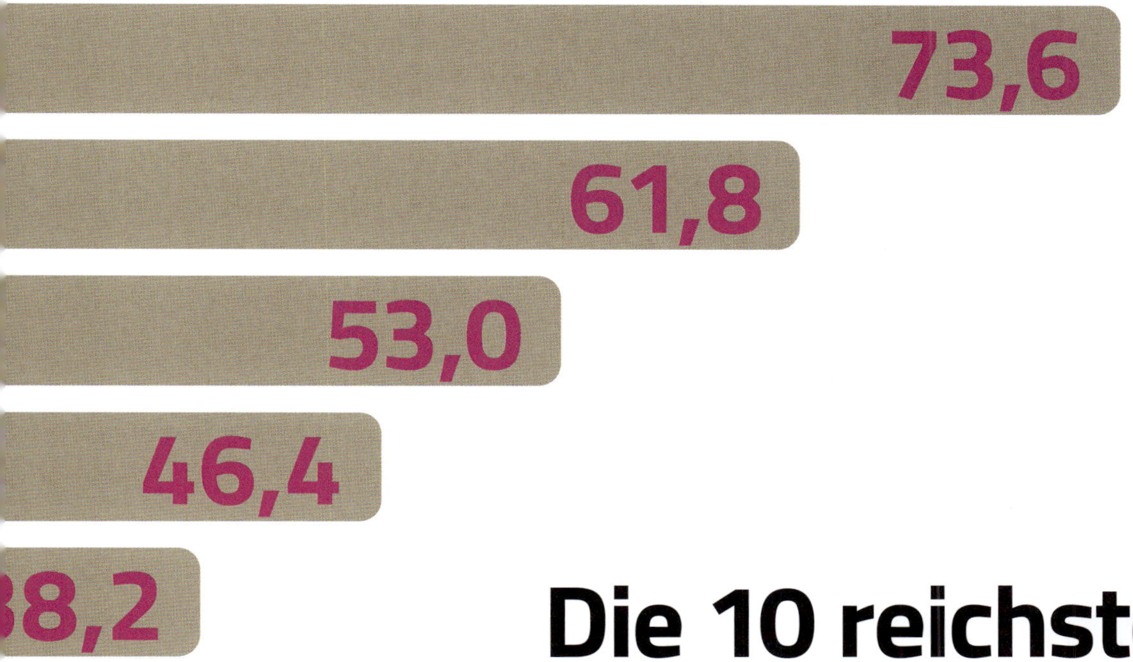

73,6

61,8

53,0

46,4

38,2

Die 10 reichsten Frauen

Vermögen in Milliarden US-Dollar

Jedes Jahr veröffentlicht das Forbes-Magazin eine Liste der reichsten Frauen der Welt. Die Top Ten besitzen zusammen aktuell mehr als 408 Milliarden US-Dollar. 2022 schafft es die reichste Frau aus China, aus Deutschland, eine Französin und die reichste Frau Australiens ins Ranking. Die sechs übrigen Plätze belegen ausschließlich Frauen aus den USA, darunter auch die Ex-Frau von Jeff Bezos oder eine Walmart-Erbin.

Während der Coronakrise konnten die reichsten Menschen der Welt ihr Vermögen verdoppeln. Dies ergab ein aktueller Bericht der Entwicklungsorganisation Oxfam. Regierungen haben in der Pandemie Milliarden in die Wirtschaft gesteckt. Davon sei ein großer Teil den Menschen zugeflossen, die von steigenden Aktienkursen profitieren. Nach dem Absturz der Meta-Aktie taucht erstmals seit 2015 Mark Zuckerberg nicht mehr in den Top Ten auf. Etwa 30 Milliarden US-Dollar verlor der Facebook-Gründer innerhalb weniger Stunden. Sein Platz geht an den reichsten Mann Indiens. Trotzdem dominieren weiterhin US-Amerikaner das Ranking, ein Franzose schafft es auf den dritten Platz in der Liste.

219

Elon
Musk

171

Jeff
Bezos

158

Bernard
Arnault

129

Bill
Gates

Stand: 2022

Die 10 reichsten Männer

Vermögen in Milliarden US-Dollar

118
Warren
Buffett

111
Larry
Page

107
Sergey
Brin

106
Larry
Ellison

91,4
Steve
Ballmer

90,7
Mukesh
Ambani

41,1

Dieter
Schwarz

36,8

Klaus-Michael
Kühne

36,8

Beate Heister &
Karl Albrecht Jr.

20,7

Stefan
Quandt

27,3

Susanne
Klatten

Die 10 reichsten Deutschen

Vermögen in Milliarden US-Dollar

Dieter Schwarz ist der reichste Deutsche. Der 83-Jährige erbte das Unternehmen von seinem Vater Josef, der 1930 Teilhaber des Südfrüchte-Großhandels Lidl & Co. wurde. Die Schwarz-Gruppe macht einen Umsatz von über 135 Milliarden Euro und besteht aus den Discount-Supermärkten Kaufland und Lidl. Klaus-Michael Kühne ist der zweitreichste Deutsche. Er ist Ehrenpräsident und Mehrheitseigentümer der Kühne + Nagel International AG mit Sitz in Schindellegi (Schweiz). Kühne trat 1958 in das von seinem Großvater mitbegründete Unternehmen ein und übernahm 1966 schließlich die Geschäftsführung.

18,7
Theo
Albrecht, Jr.

19,0
Reinhold
Würth

11,9
Andreas
Strüngmann

11,9
Thomas
Strüngmann

10,9
Alexander
Otto

Stand: 2022

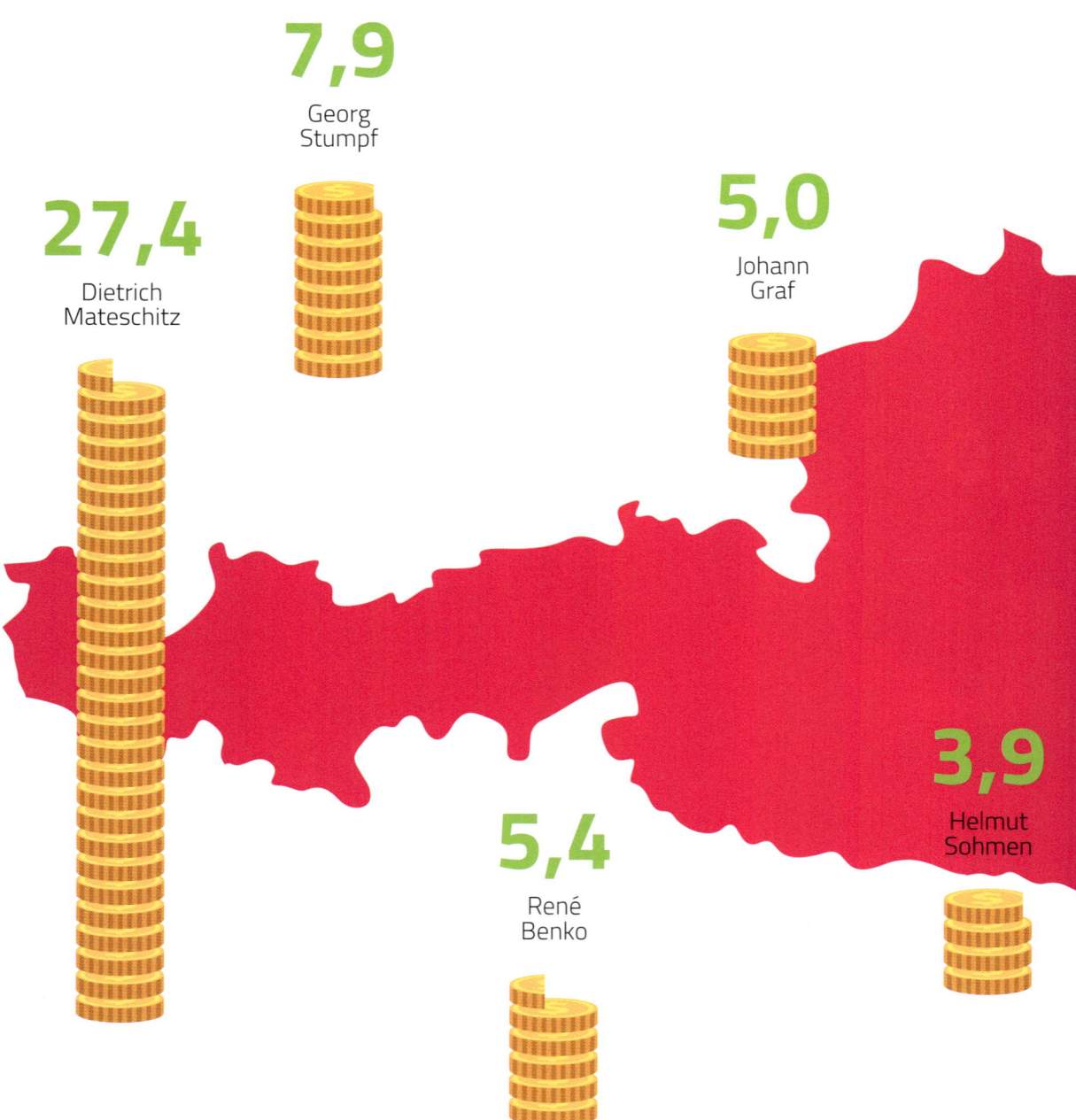

7,9
Georg
Stumpf

27,4
Dietrich
Mateschitz

5,0
Johann
Graf

3,9
Helmut
Sohmen

5,4
René
Benko

Stand: 2022

Die 10 reichsten Österreicher

Vermögen in Milliarden US-Dollar

3,0
Michael
Tojner

3,0
Heidi
Horten

1,9
Reinold
Geiger

1,8
Wolfgang
Leitner

1,2
Ulrich
Mommert

Der reichste Österreicher heißt Dietrich Mateschitz. Mateschitz gründete 1987 zusammen mit dem thailändischen Geschäftsmann Chaleo Yoovidhya den Energydrink Red Bull. Der Rest ist Geschichte. Etwa 7,9 Milliarden US-Dollar besitzt Georg Stumpf und belegt damit Platz zwei im Ranking. Der 50-jährige Bauunternehmer und Investor gründete 1994 die Stumpf-Gruppe mit einem Darlehen seines Vaters in der Höhe von 35.000 US-Dollar. Der wichtigste Teil von Stumpfs Imperium ist Exyte, ein Unternehmen aus Stuttgart, das sich auf Halbleiter fokussiert. Ebenfalls auf dem Podium steht René Benko (5,4 Mrd. US-Dollar), Gründer der Signa Holding, die ein Immobilienvermögen von über 12 Milliarden US-Dollar verwaltet.

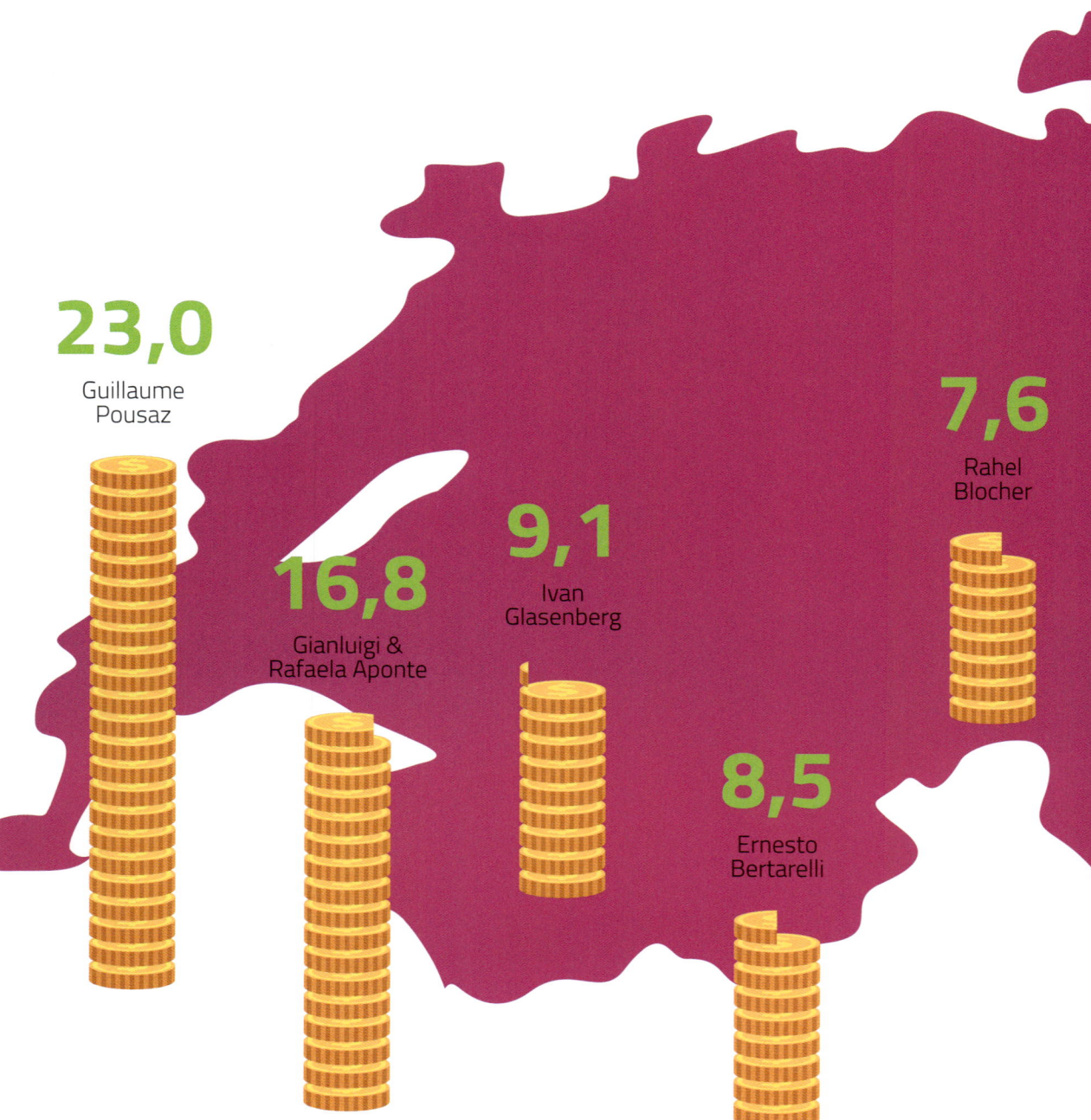

23,0
Guillaume
Pousaz

16,8
Gianluigi &
Rafaela Aponte

9,1
Ivan
Glasenberg

7,6
Rahel
Blocher

8,5
Ernesto
Bertarelli

Die 10 reichsten Schweizer

Vermögen in Milliarden US-Dollar

7,6

Magdalena
Martullo-Biocher

5,3

Peter
Grogg

5,6

Thomas
Straumann

5,3

Rudolf
Maag

5,1

Michael
Pieper

Guillaume Pousaz gründete Checkout.com im Jahr 2012, um das Problem der Online-Zahlungsabwicklung für Geschäfte und Käufer auf der ganzen Welt zu lösen. Der 41-jährige Schweizer brach sein Studium ab, um in Kalifornien zu surfen. Mittlerweile besitzt er 23 Milliarden US-Dollar und steht damit ganz oben im Ranking der reichsten Schweizer. Den zweiten Platz belegt das Ehepaar Gianluigi & Rafaela Aponte, das gemeinsam in die Schifffahrtbranche eingestiegen ist. Ihr Unternehmen MSC ist gemessen an der Schiffskapazität inzwischen die zweitgrößte Reederei der Welt, gleich hinter dem Weltmarktführer AP Møller Maersk.

179

YE XIAOPING
$ 4,0 M
Quelle des Reichtums:
Pharmazeutika

STÉPHANE BANCEL
$ 5,2 M
Quelle des Reichtums:
Moderna

LIU FANGYI
$ 4,8 M
Quelle des Reichtums:
Medizinische Geräte

LI JUANQUAN
$ 7,1 M
Quelle des Reichtums:
Chirurgische Produkte

UĞUR ȘAHIN
$ 4,8 M
Quelle des Reichtums:
Biotech

YUAN LIPING
$ 3,8 M
Quelle des Reichtums:
Pharmazeutika

HAO HONG
$ 3,2 M
Quelle des Reichtums:
Pharmazeutika

JIN LEI
$ 3,1 M
Quelle des Reichtums:
Pharmazeutika

GAN ZHONGRU
$ 3,2 M
Quelle des Reichtums:
Pharmazeutika

Die Pandemie-
Milliardäre

Vermögen in US–Dollar

JIAN JUN
$ 6,0 M
Quelle des Reichtums:
Biotech

Seit Anfang 2020 steckt die Welt im Pandemie-Modus. Davon profitieren vor allem Pharma-Unternehmen – insbesondere jene, die einen erfolgreichen Impfstoff gegen das Corona-Virus oder Medizin zur Behandlung der Krankheit auf den Markt gebracht haben. Damit einhergehend gibt es nun eine ganze Reihe von neuen Milliardären. Die bemerkenswertesten Profiteure sind die Wissenschaftler Uğur Şahin (Biontech) und Stéphane Bancel (Moderna), die hinter den beiden erfolgreichsten Impfstoffen stehen – ihr Nettovermögen ist in den vergangenen Jahren sprunghaft angestiegen.

M = Milliarden

Stand: März 2021

Weltkarte der Milliardäre

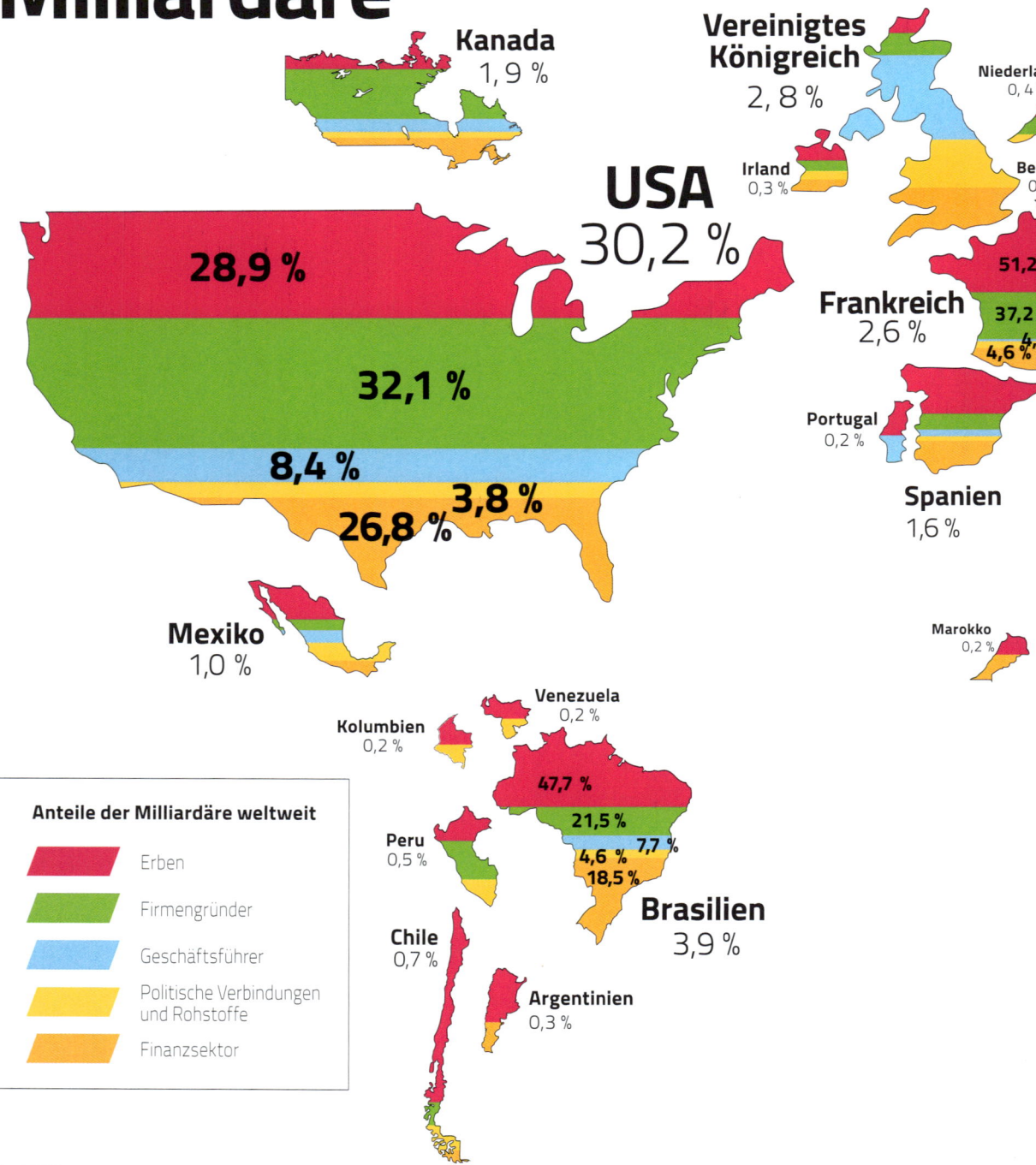

Kanada
1,9 %

Vereinigtes Königreich
2,8 %

Niederlan...
0,4 %

Irland
0,3 %

Belg...
0,2...

USA
30,2 %

28,9 %

32,1 %

8,4 %

3,8 %

26,8 %

51,2 %

37,2 %

4,7

4,6 %

Frankreich
2,6 %

Portugal
0,2 %

Spanien
1,6 %

Marokko
0,2 %

Mexiko
1,0 %

Kolumbien
0,2 %

Venezuela
0,2 %

Peru
0,5 %

47,7 %

21,5 %

7,7 %

4,6 %

18,5 %

Brasilien
3,9 %

Chile
0,7 %

Argentinien
0,3 %

Anteile der Milliardäre weltweit

- Erben
- Firmengründer
- Geschäftsführer
- Politische Verbindungen und Rohstoffe
- Finanzsektor

Stand: 2016

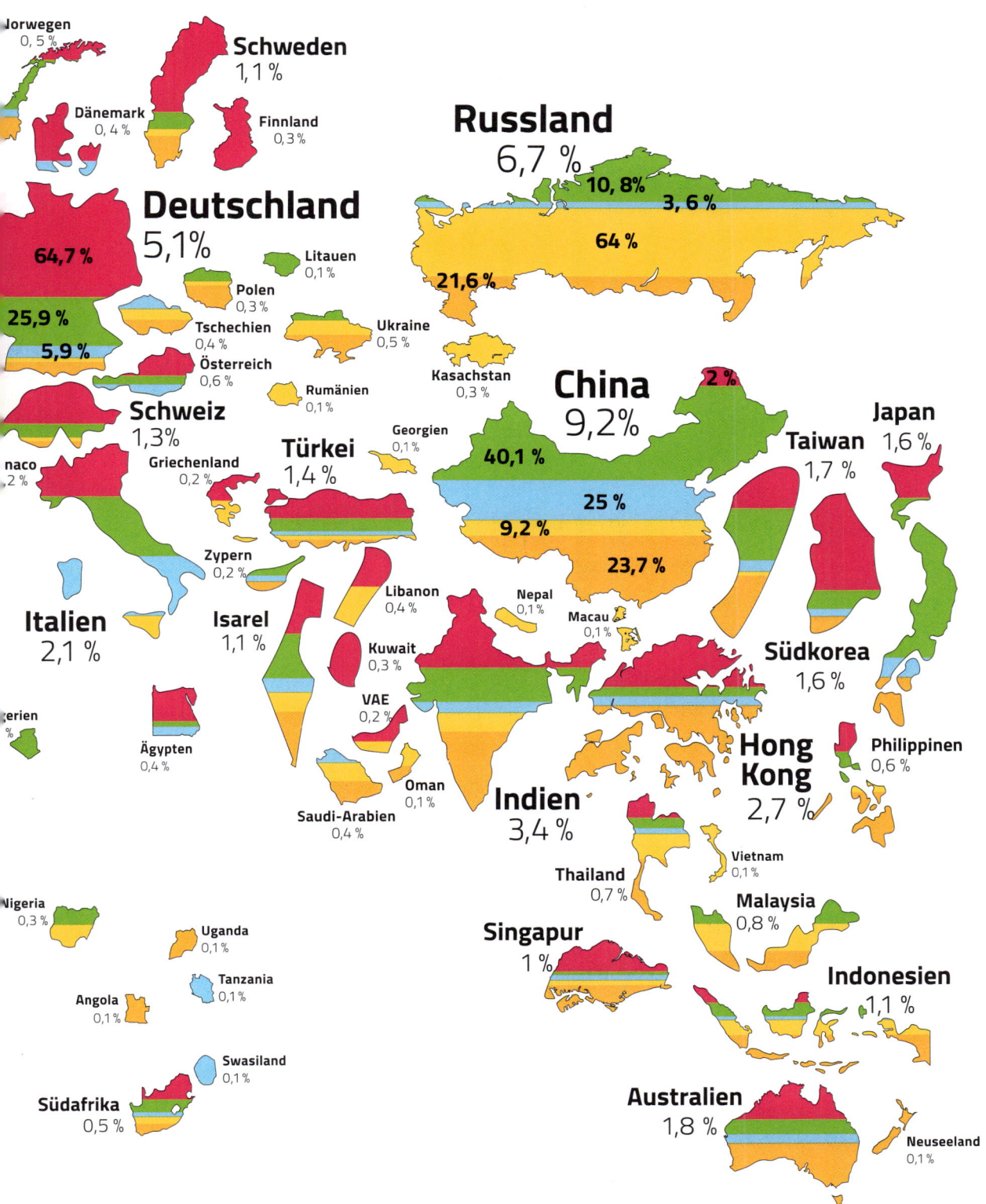

Norwegen
0,5 %

Schweden
1,1 %

Dänemark
0,4 %

Finnland
0,3 %

Russland
6,7 %

10,8 %

3,6 %

64 %

21,6 %

Deutschland
5,1 %

64,7 %

25,9 %

5,9 %

Litauen
0,1 %

Polen
0,3 %

Tschechien
0,4 %

Österreich
0,6 %

Ukraine
0,5 %

Kasachstan
0,3 %

China
9,2 %

2 %

40,1 %

25 %

9,2 %

23,7 %

Japan
1,6 %

Schweiz
1,3 %

Griechenland
0,2 %

Türkei
1,4 %

Georgien
0,1 %

Taiwan
1,7 %

naco
2 %

Zypern
0,2 %

Isarel
1,1 %

Libanon
0,4 %

Nepal
0,1 %

Macau
0,1 %

Südkorea
1,6 %

Italien
2,1 %

Kuwait
0,3 %

VAE
0,2 %

Philippinen
0,6 %

erien
%

Ägypten
0,4 %

Oman
0,1 %

Saudi-Arabien
0,4 %

Indien
3,4 %

Hong
Kong
2,7 %

Nigeria
0,3 %

Uganda
0,1 %

Thailand
0,7 %

Vietnam
0,1 %

Malaysia
0,8 %

Angola
0,1 %

Tanzania
0,1 %

Singapur
1 %

Indonesien
1,1 %

Swasiland
0,1 %

Südafrika
0,5 %

Australien
1,8 %

Neuseeland
0,1 %

Die reichsten Städte der Welt

Vermögen in Milliarden US-Dollar

Von London hin zu Shanghai – rund 25 Prozent der insgesamt 2.755 Milliardäre weltweit leben in diesen zehn Städten, die auf drei Kontinenten liegen: Nordamerika, Europa und Asien. Die meisten Milliardäre leben in Peking, dicht gefolgt von New York City. Die chinesischen Städte haben in den vergangenen Jahren ordentlich zugelegt, neben Peking sind auch Shenzhen und Hangzhou im Ranking nach oben geklettert.

London

LEN BLAVATNIK
$ 32 M

63 Personen
Vermögen insgesamt
$ 316,1 M

San Francisco

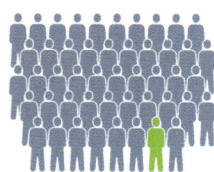

DUSTIN MOSKOVITZ
$ 17,8 M

48 Personen
Vermögen insgesamt
$ 190 M

New York City

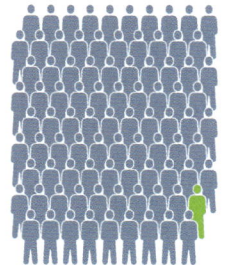

MICHAEL BLOOMBERG
$ 59 M

99 Personen
Vermögen insgesamt
$ 560,5 M

Shenzhen

MA HUATENG
$ 65,8 M

68 Personen
Vermögen insgesamt
$ 415,3 M

Stand: 2021

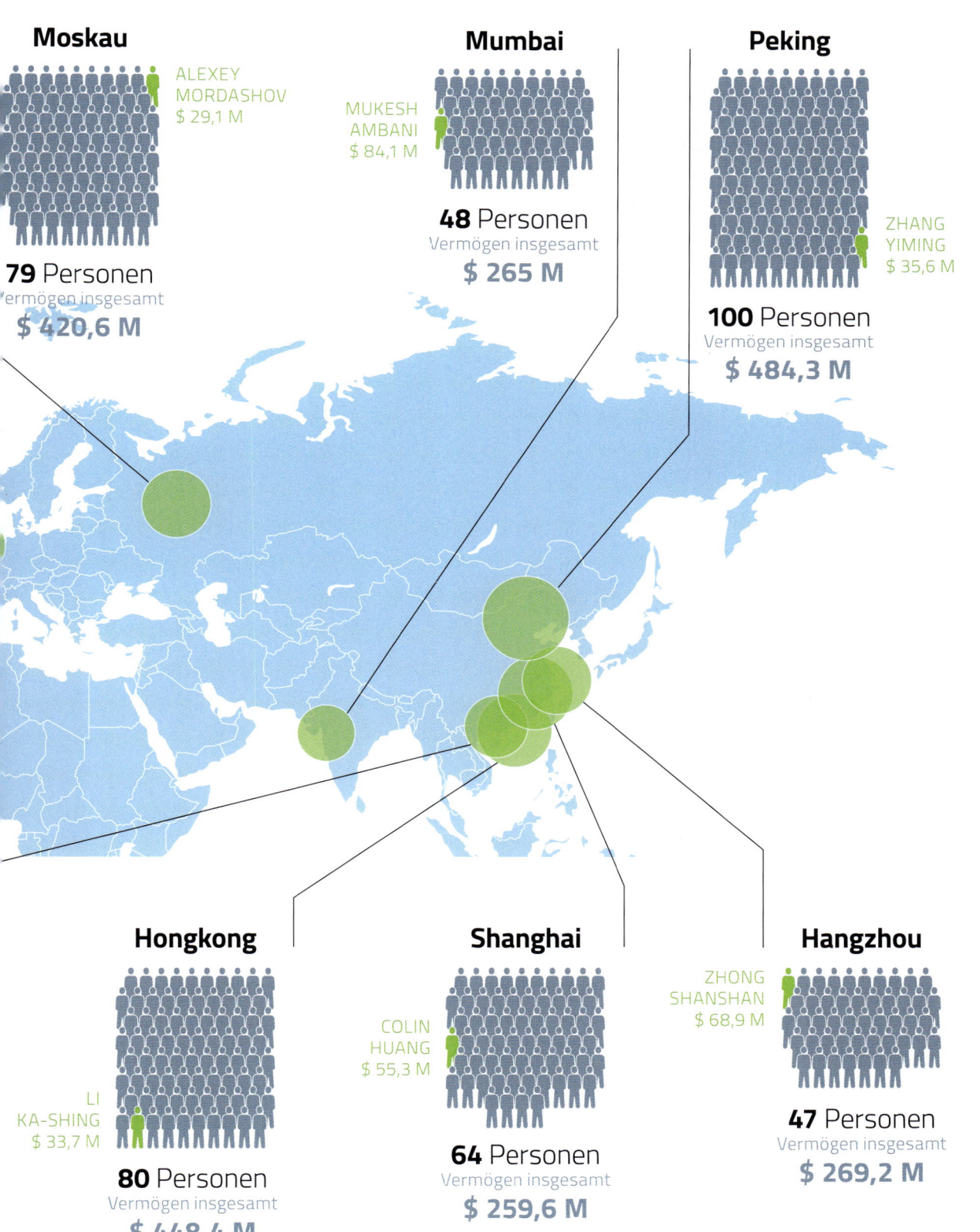

Moskau

ALEXEY
MORDASHOV
$ 29,1 M

79 Personen
Vermögen insgesamt
$ 420,6 M

Mumbai

MUKESH
AMBANI
$ 84,1 M

48 Personen
Vermögen insgesamt
$ 265 M

Peking

ZHANG
YIMING
$ 35,6 M

100 Personen
Vermögen insgesamt
$ 484,3 M

Hongkong

LI
KA-SHING
$ 33,7 M

80 Personen
Vermögen insgesamt
$ 448,4 M

Shanghai

COLIN
HUANG
$ 55,3 M

64 Personen
Vermögen insgesamt
$ 259,6 M

Hangzhou

ZHONG
SHANSHAN
$ 68,9 M

47 Personen
Vermögen insgesamt
$ 269,2 M

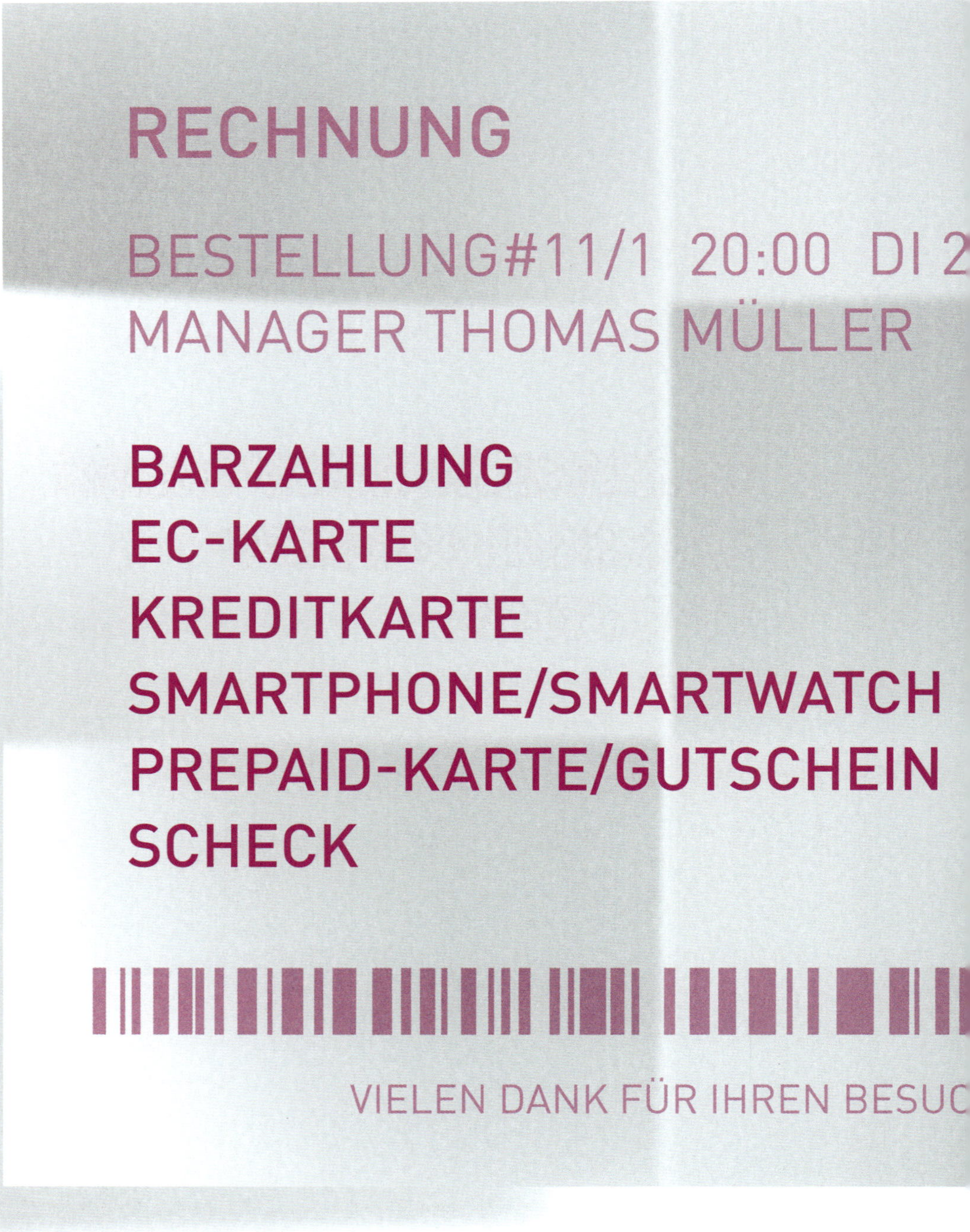

RECHNUNG

BESTELLUNG#11/1 20:00 DI 2
MANAGER THOMAS MÜLLER

BARZAHLUNG
EC-KARTE
KREDITKARTE
SMARTPHONE/SMARTWATCH
PREPAID-KARTE/GUTSCHEIN
SCHECK

VIELEN DANK FÜR IHREN BESUC

E#22

3.2022

#0815

Geldfluss in Deutschland

im Einzelhandel oder in Restaurants

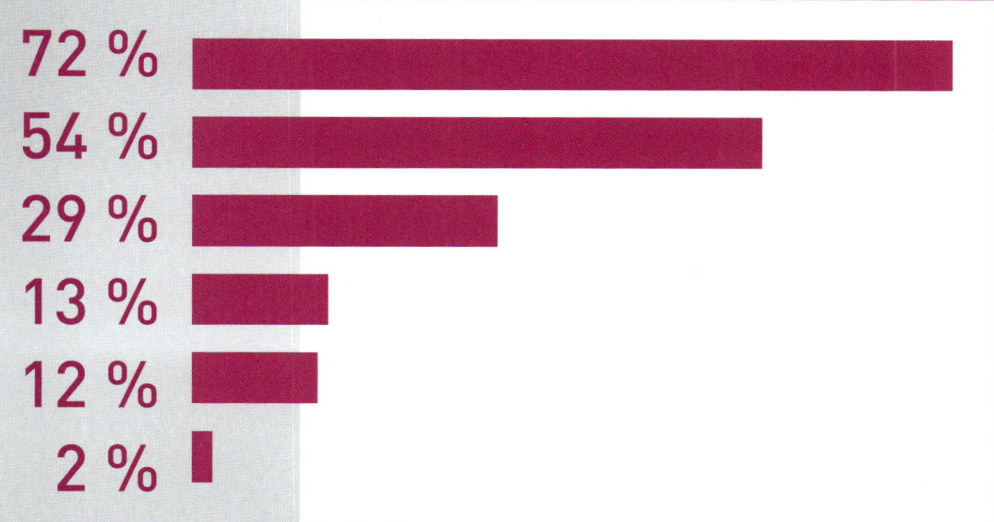

72 %	
54 %	
29 %	
13 %	
12 %	
2 %	

Mehrfachantworten möglich

Stand: März 2022

Globale Vermögensverteilung

Anzahl der Superreichen

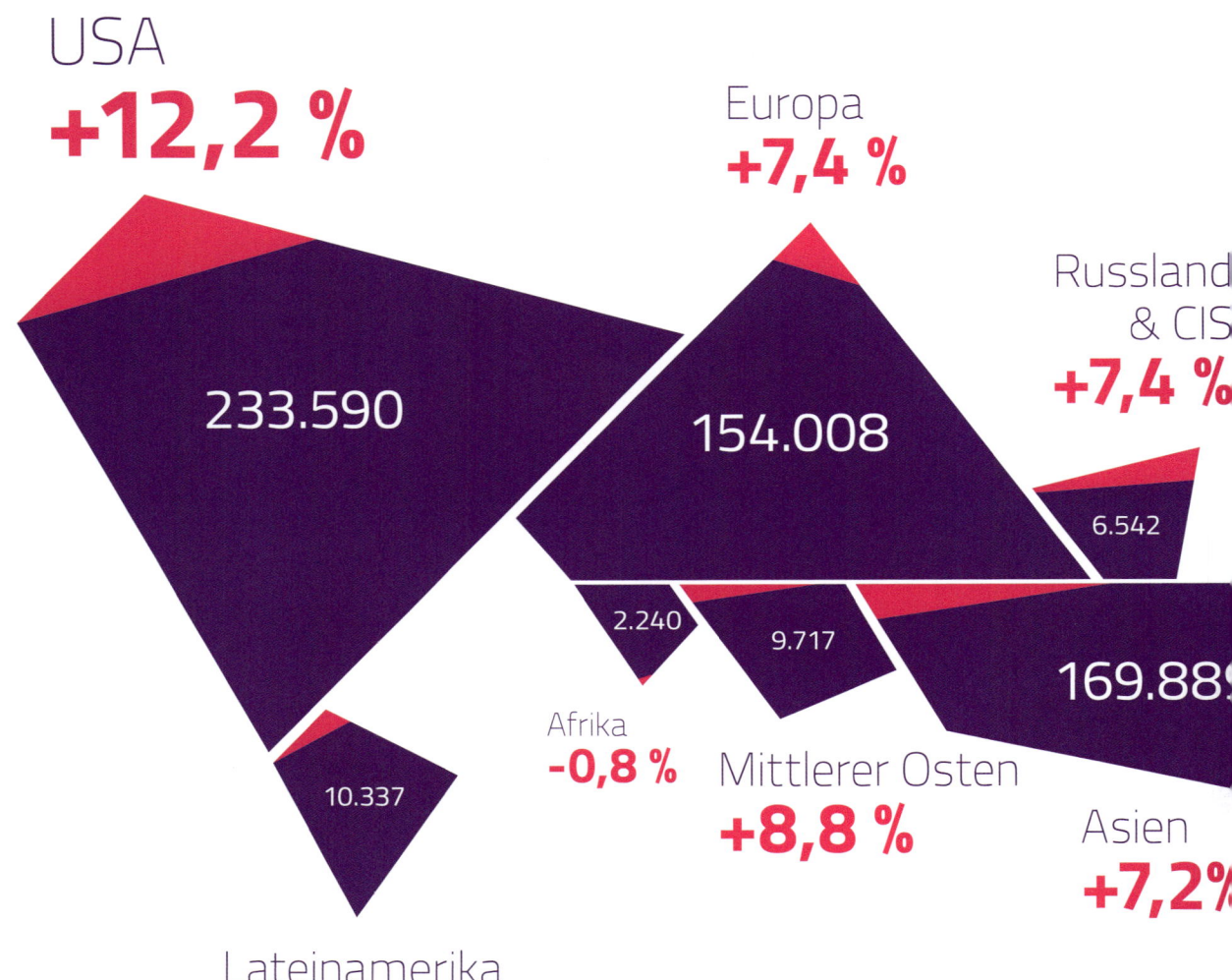

USA
+12,2 %

233.590

Europa
+7,4 %

154.008

Russland & CIS
+7,4 %

6.542

2.240

9.717

169.889

Afrika
-0,8 %

Mittlerer Osten
+8,8 %

Asien
+7,2%

10.337

Lateinamerika
+7,6 %

Stand: Juli 2022

Weltweit +9,3 %

Die Coronapandemie hat die Reichen noch reicher gemacht. Das belegen Daten aus dem aktuellen Wealth Report von Knight Frank. Die Gruppe der Superreichen – Ultra-High Net Worth Individuals (UHNWIs) – ist 2021 im Vergleich zum Vorjahr um 9,3 Prozent gewachsen. Nahezu alle Regionen verzeichneten in diesem Zeitraum einen Anstieg der ultravermögenden Personen.

US	UK	Frankreich	Japan	China
13 %	11 %	10 %	8 %	6 %

24.245

Australien +9,8 %

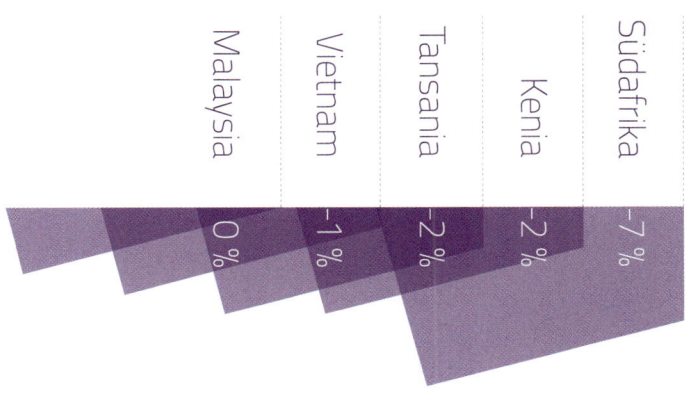

Malaysia	Vietnam	Tansania	Kenia	Südafrika
0 %	-1 %	-2 %	-2 %	-7 %

Anleger–
Perspektiven

Aktionärs-zahlen

Deutschland

4,3 Mio.   **7,8** Mio.

in Millionen

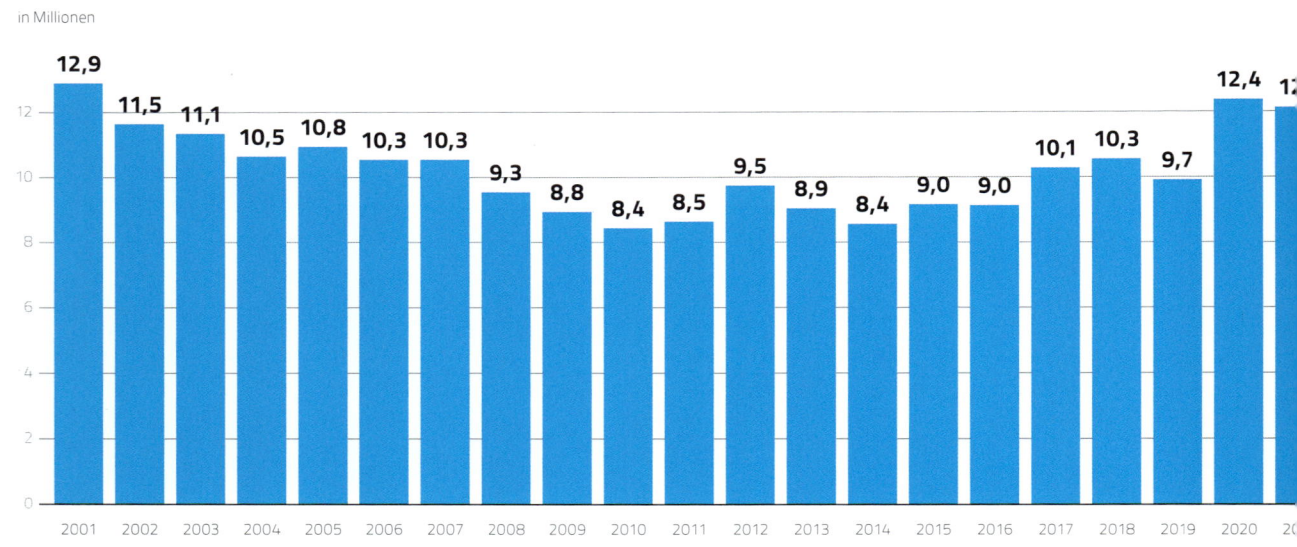

12,9	11,5	11,1	10,5	10,8	10,3	10,3	9,3	8,8	8,4	8,5	9,5	8,9	8,4	9,0	9,0	10,1	10,3	9,7	12,4	12
2001	2002	2003	2004	2005	2006	2007	2008	2009	2010	2011	2012	2013	2014	2015	2016	2017	2018	2019	2020	2

Altersstruktur

Altersgruppe	Anzahl
über 60	3.957.000
50 – 59	2.866.000
40 – 49	2.084.000
30 – 39	1.671.000
14 – 29	1.488.000

Veränderung zum Vorjahr

über 60	+ 19.000
50 – 59	+ 9.000
40 – 49	- 288.000
30 – 39	- 72.000
14 – 29	+ 49.000

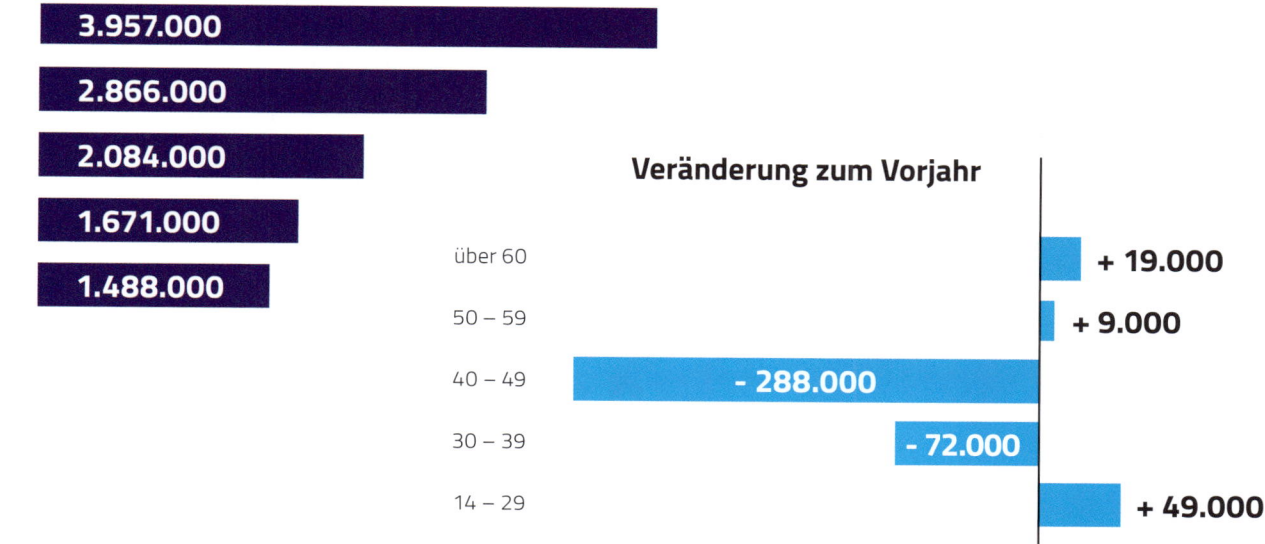

12,1 Mio.

Aktiensparerinnen und Aktiensparer

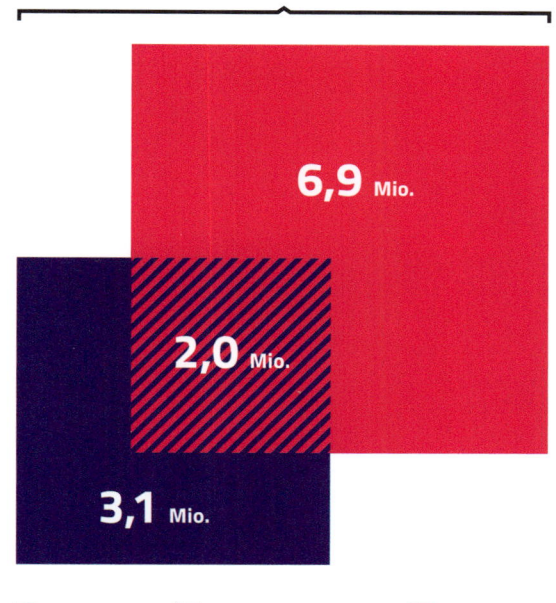

6,9 Mio.

2,0 Mio.

3,1 Mio.

■ nur Aktien   ■ Aktien und Fonds/ETFs   ■ nur Fonds/ETFs

2021 zählte das Deutsche Aktieninstitut (DAI) die dritthöchste Anzahl an Aktiensparerinnen und Aktiensparern seit Beginn der Datenerhebung. Seit dem Tiefpunkt nach der Finanzkrise im Jahr 2010 legen 3,7 Millionen mehr Bürger Geld in Aktien, Aktienfonds oder aktienbasierte ETFs an. Im Vergleich zum Vorjahr 2020 sind es rund 300.000 weniger Aktionäre.

Nach wie vor stellen Fonds/ETFs die beliebteste Form der Aktienanlage in Deutschland dar. 6,9 Millionen Menschen halten ausschließlich Fonds im Depot. Rund 3,1 Millionen Aktionäre setzen rein auf die direkte Investition in Unternehmen, also das Investment in Einzelaktien. 2 Millionen Aktiensparer mischen beide Formen der Anlage.

Der Aktienbesitz hängt stark vom Einkommen ab. Personen mit höheren Einkommen legen ihr Geld eher in Aktien oder Fonds/ETFs an als Menschen mit niedrigeren Einkommen. Während beispielsweise fast jeder Zweite mit einem monatlichen Einkommen von 4.000 Euro und mehr Aktien oder Fonds/ETF besitzt, sind es in der Gruppe mit Einkommen von bis zu 1.000 Euro 7,4 Prozent.

Stand: 2021

933
Investmentfonds

28
sonstige Anlagen

110
Schuldverschreibungen

2.149
Bargeld

2.574
Versicherungen

Stand: Mai 2022

Geldvermögen der Deutschen

in Milliarden Euro

856
Termin- und Spareinlagen

969
Aktien

Geldanlage in der Coronakrise

15 Prozent beträgt die private Sparquote 2021 – Zusammen mit der Sparquote 2020 die mit Abstand höchste Sparrate seit der Wiedervereinigung.

29 Prozent des Geldvermögens halten private Haushalte als praktisch nicht verzinste Sichteinlagen oder Bargeld.

Rund 10 Prozent ihres Vermögens haben private Haushalte Ende 2021 in Aktien angelegt.

Konsumieren und Sparen

Angaben für private deutsche Haushalte

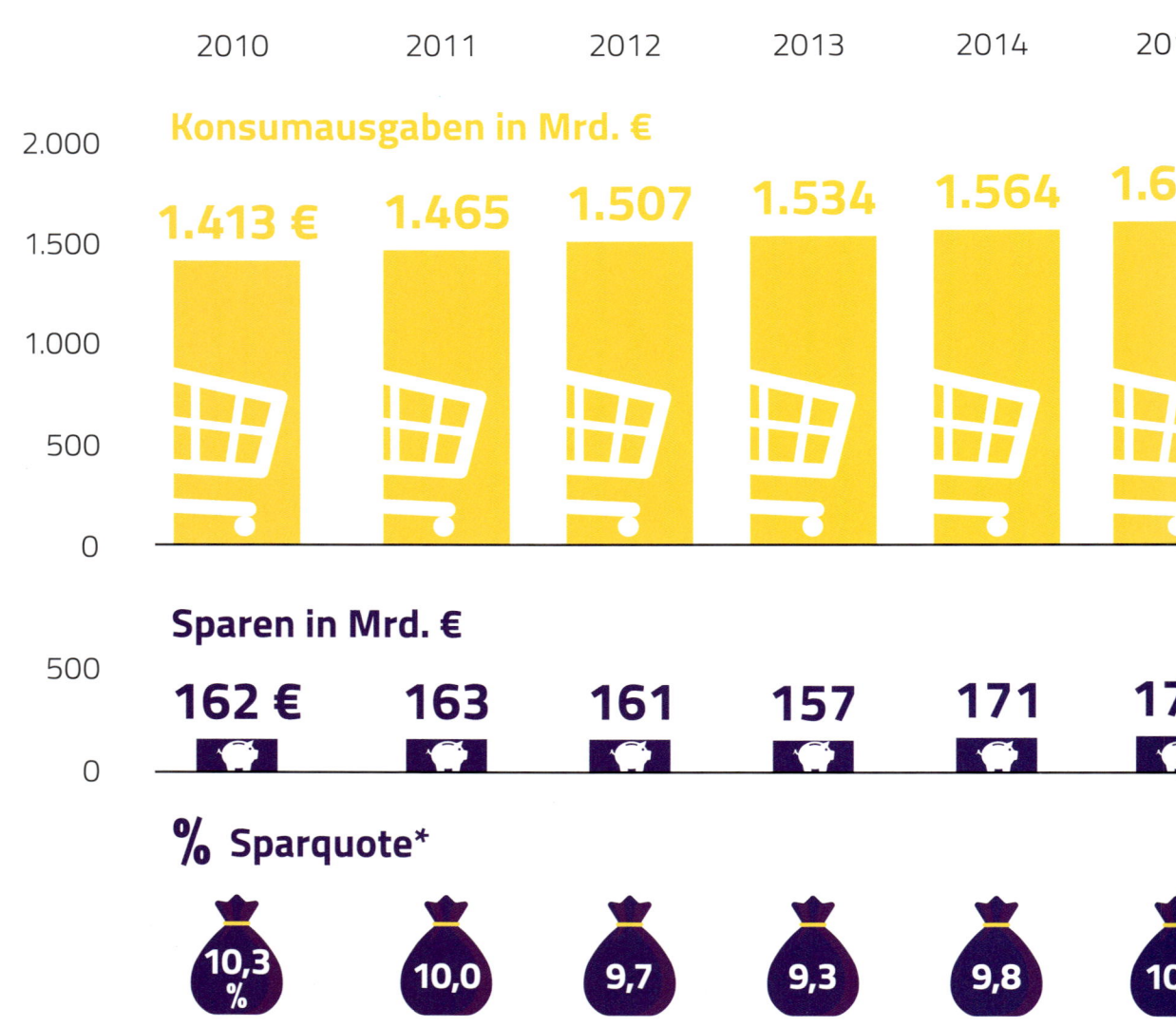

	2010	2011	2012	2013	2014	20*

Konsumausgaben in Mrd. €

| 1.413 € | 1.465 | 1.507 | 1.534 | 1.564 | 1.6 |

Sparen in Mrd. €

| 162 € | 163 | 161 | 157 | 171 | 17 |

% Sparquote*

| 10,3 % | 10,0 | 9,7 | 9,3 | 9,8 | 10 |

*in Prozent des verfügbaren Einkommens

Während der Pandemie hat sich die Sparquote der privaten Haushalte deutlich erhöht. Die Deutschen legten in den Coronajahren 2020 und 2021 deutlich mehr Geld zur Seite als in den Jahren zuvor. Die Sparquote wird definiert als das Verhältnis von Ersparnissen zu Einkommen.

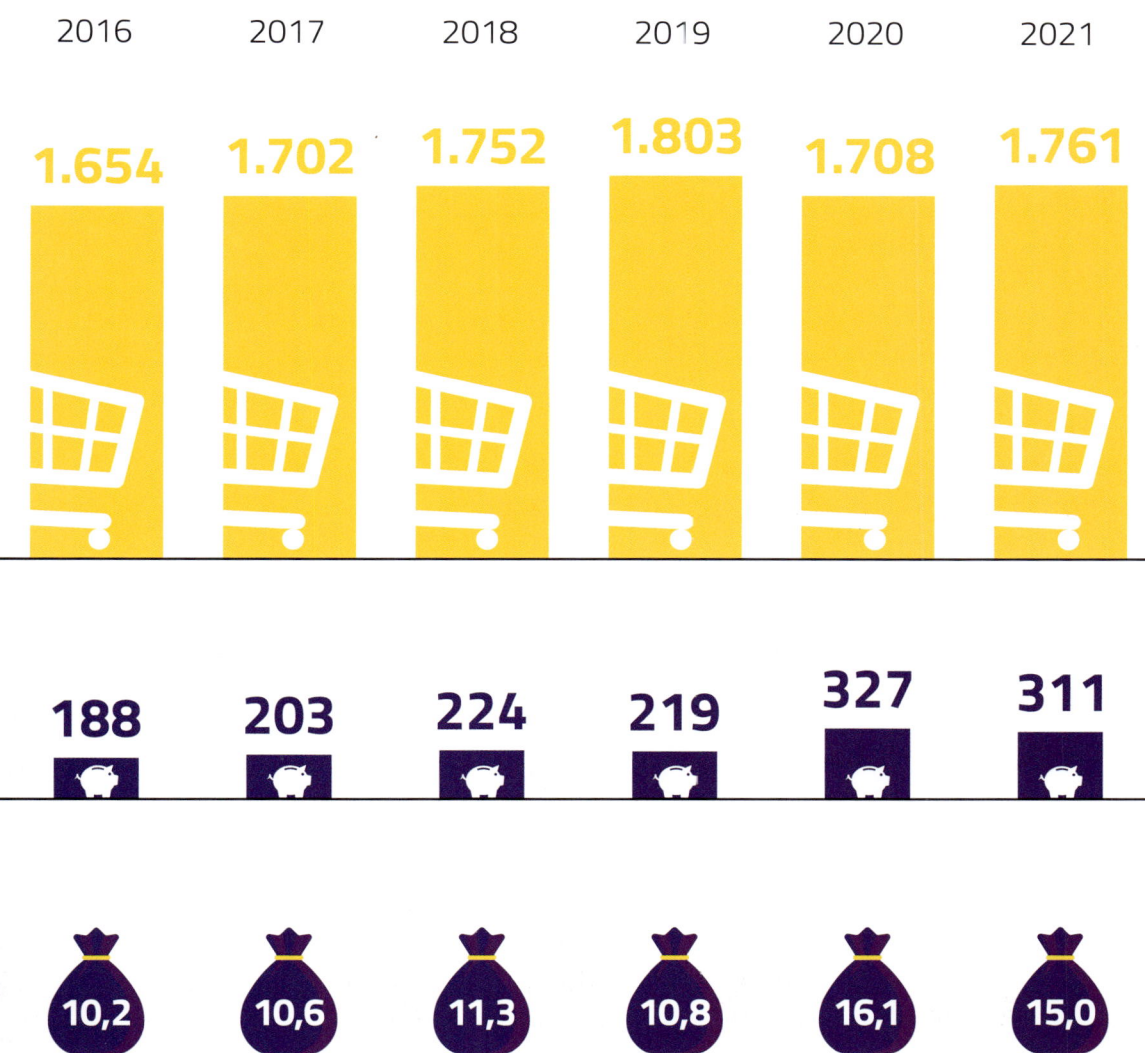

	2016	2017	2018	2019	2020	2021
	1.654	1.702	1.752	1.803	1.708	1.761
	188	203	224	219	327	311
	10,2	10,6	11,3	10,8	16,1	15,0

Stand: Januar 2022

Verteilung der Anleger

in Prozent

West
18,6 %

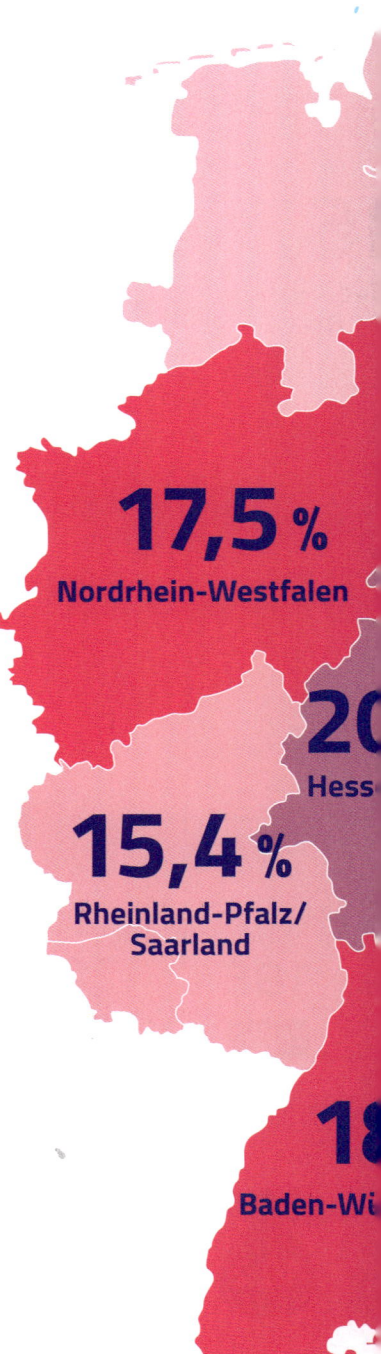

17,5 %
Nordrhein-Westfalen

20
Hess

15,4 %
Rheinland-Pfalz/
Saarland

18
Baden-Wü

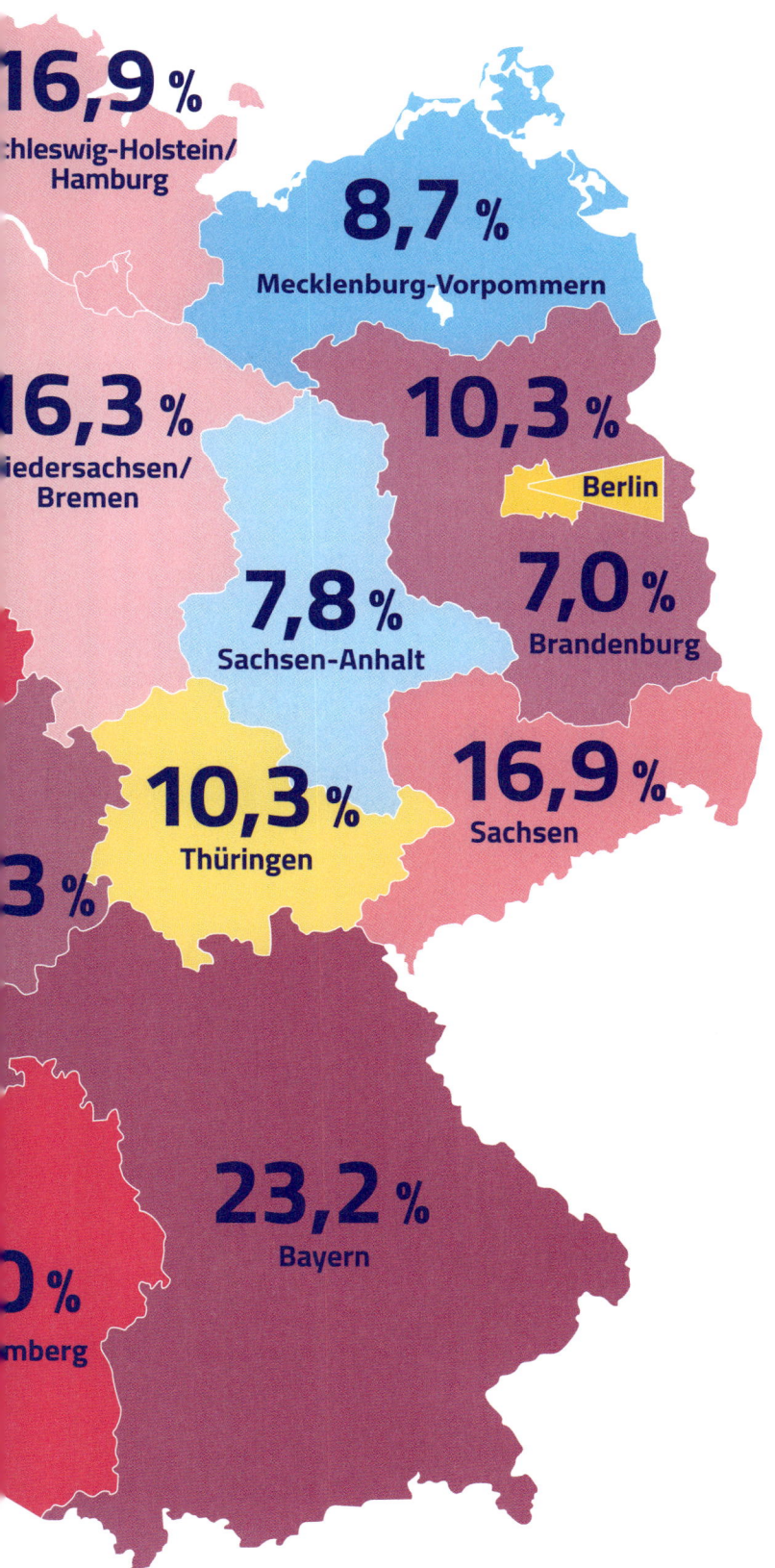

16,9 %
chleswig-Holstein/
Hamburg

8,7 %
Mecklenburg-Vorpommern

16,3 %
iedersachsen/
Bremen

10,3 %

Berlin

7,8 %
Sachsen-Anhalt

7,0 %
Brandenburg

10,3 %
Thüringen

16,9 %
Sachsen

23,2 %
Bayern

3 %

0 %
mberg

Ost
10,9 %

Einkommensunterschiede und eine fehlende Tradition der direkten Aktienanlage bedingen vermutlich die strukturellen Unterschiede zwischen Ost und West. Während im Westen der Republik 2021 die Zahl der Aktiensparerinnen und -sparer fast stabil bleibt, sinkt sie im Osten etwas.

Im Vergleich zum Vorjahr 2020 sparen im Osten 124.000 weniger Bürgerinnen und Bürger mit Aktien. Im Westen haben sich – bei sechsmal so großer Gesamtbevölkerung – 161.000 Menschen dazu entschieden, ihr Aktiendepot zu verkaufen. Entsprechend liegt der Anteil der Aktiensparerinnen und -sparer an der Gesamtbevölkerung im Westen weiterhin bei rund 19 Prozent, während er im Osten von rund 12 auf rund 11 Prozent zurückgeht.

Stand: 2021

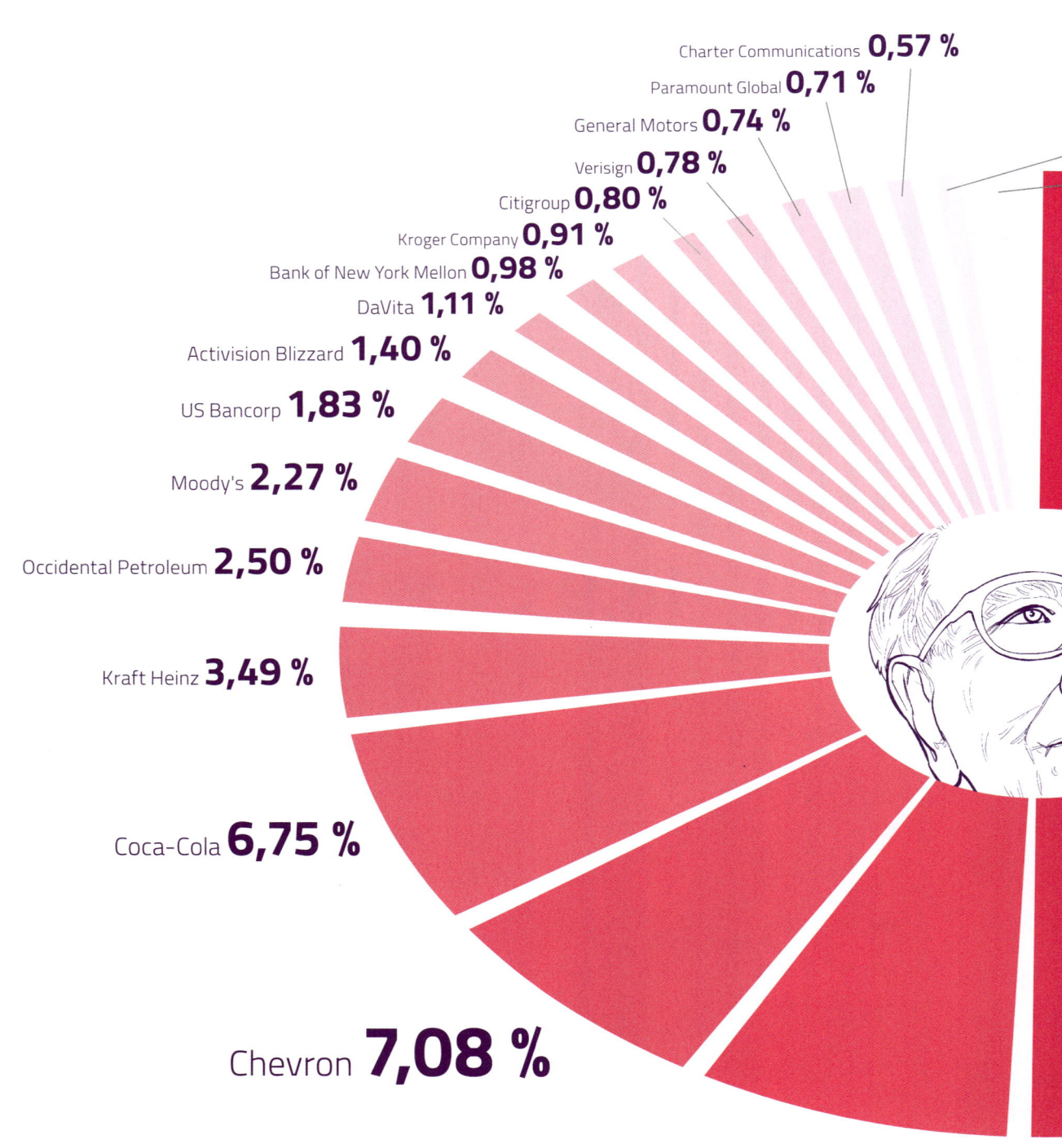

Charter Communications **0,57 %**
Paramount Global **0,71 %**
General Motors **0,74 %**
Verisign **0,78 %**
Citigroup **0,80 %**
Kroger Company **0,91 %**
Bank of New York Mellon **0,98 %**
DaVita **1,11 %**
Activision Blizzard **1,40 %**
US Bancorp **1,83 %**
Moody's **2,27 %**
Occidental Petroleum **2,50 %**
Kraft Heinz **3,49 %**
Coca-Cola **6,75 %**
Chevron **7,08 %**
American Express **7,72 %**

Stand: März 2022

Itochu **0,56 %**

Liberty Media **0,54 %**

Das Portfolio von Warren Buffett

Top-20-Beteiligungen

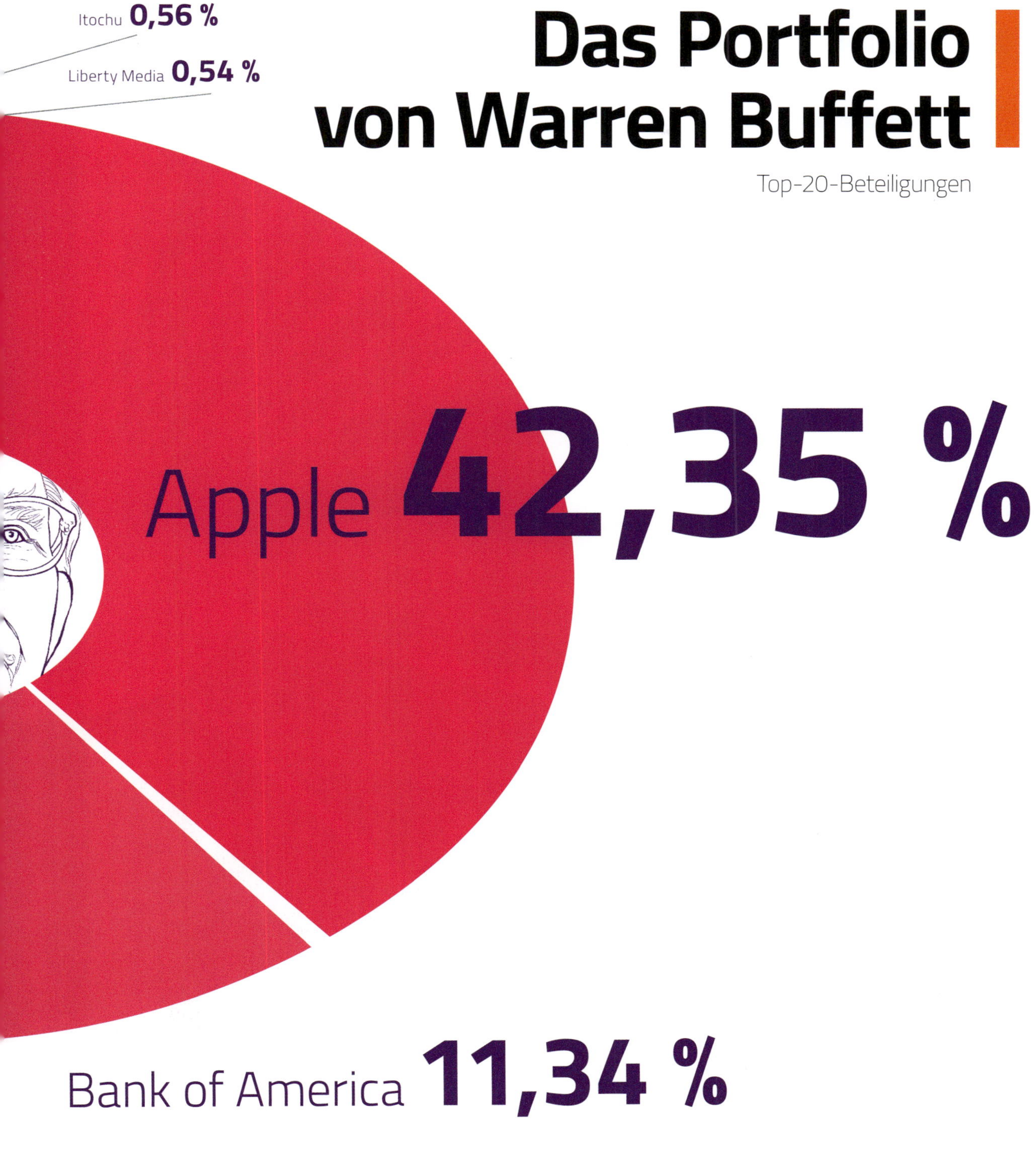

Apple **42,35 %**

Bank of America **11,34 %**

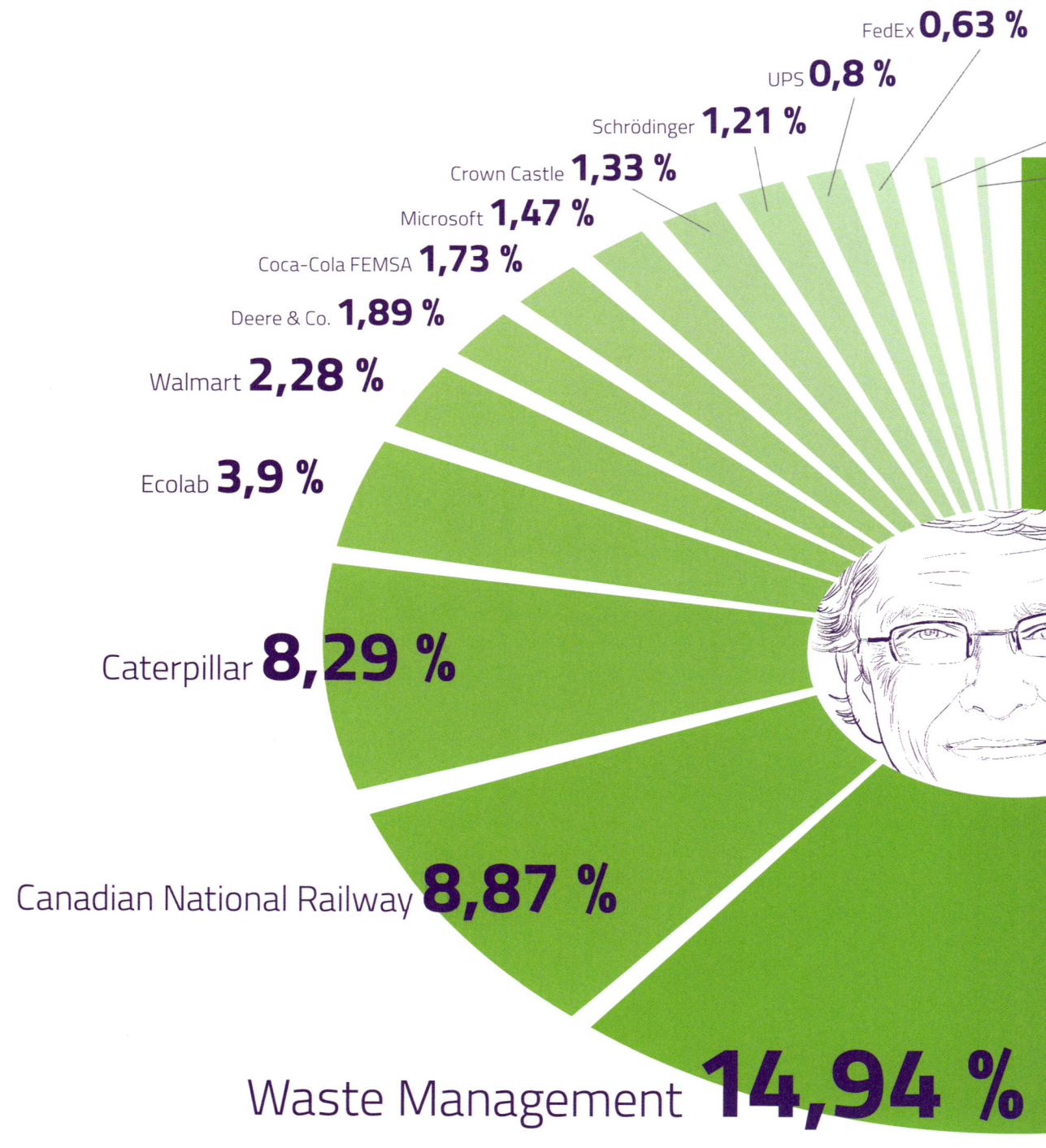

FedEx **0,63 %**

UPS **0,8 %**

Schrödinger **1,21 %**

Crown Castle **1,33 %**

Microsoft **1,47 %**

Coca-Cola FEMSA **1,73 %**

Deere & Co. **1,89 %**

Walmart **2,28 %**

Ecolab **3,9 %**

Caterpillar **8,29 %**

Canadian National Railway **8,87 %**

Waste Management **14,94 %**

Stand: Mai 2022

Coupang **0,51 %**

Sanderson Farms **0,5 %**

Das
Gates-Portfolio

Beteiligungen von Bill und Melinda Gates

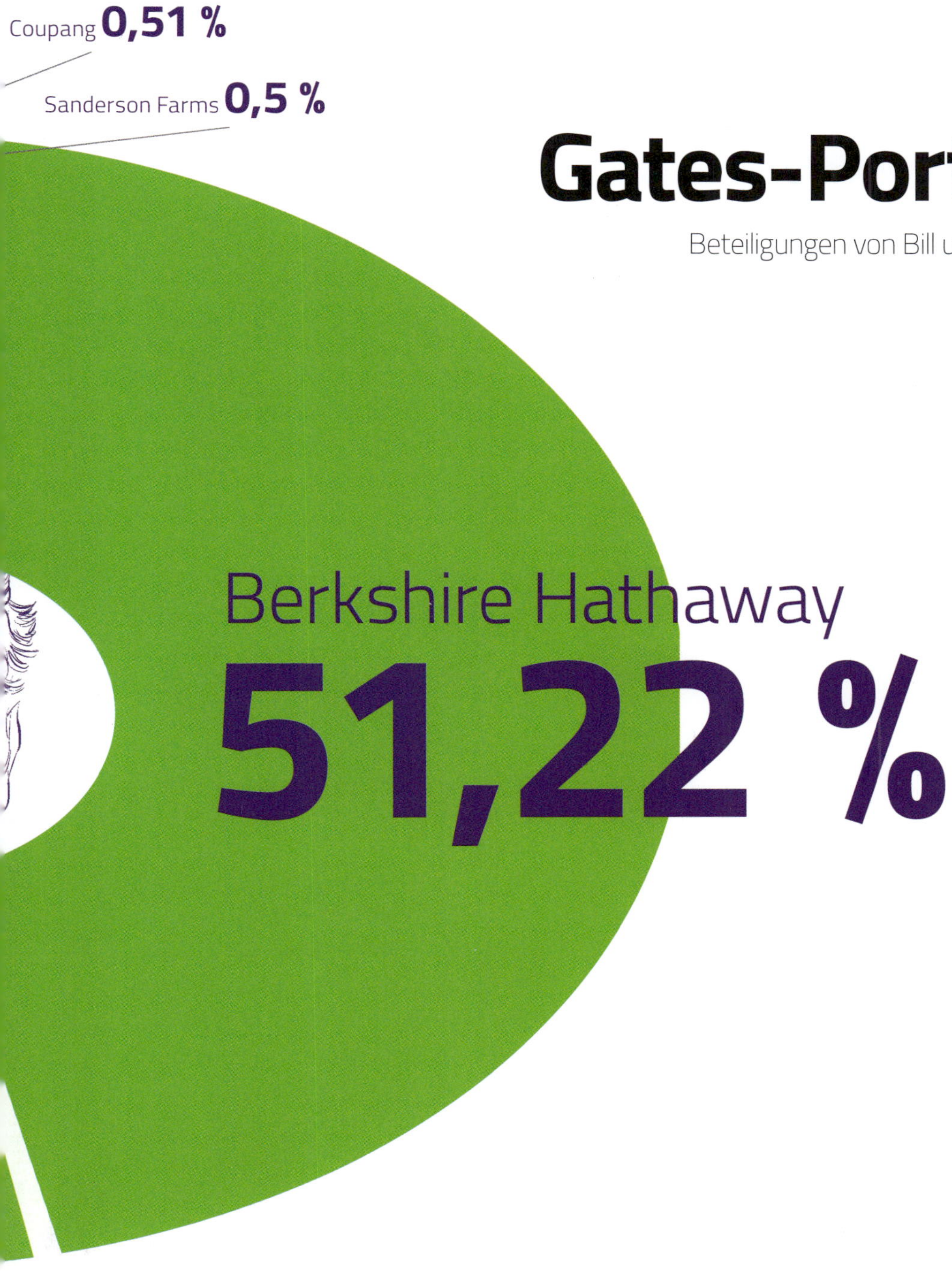

Berkshire Hathaway

51,22 %

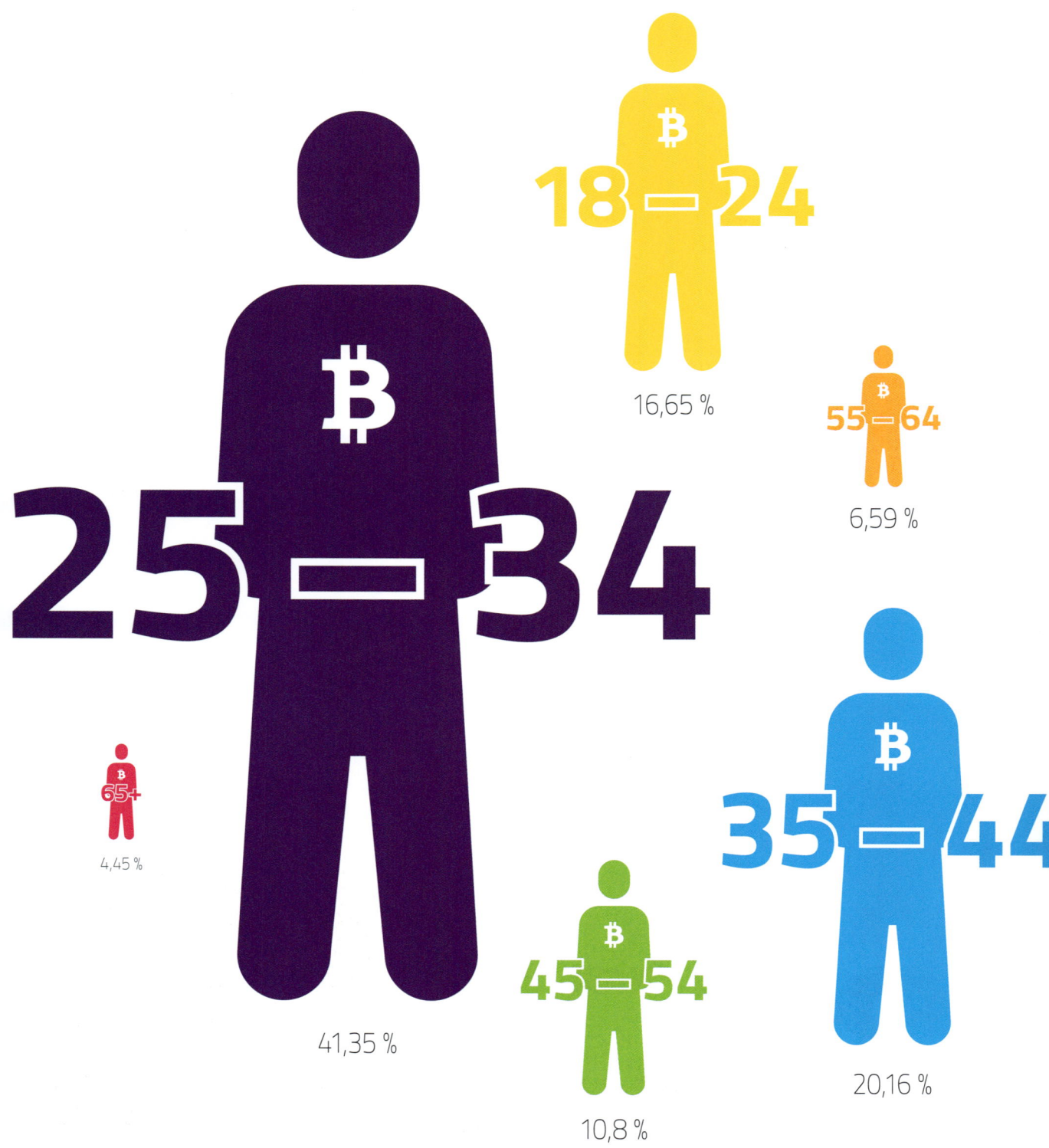

18 — 24 16,65 %

55 — 64 6,59 %

25 — 34 41,35 %

65+ 4,45 %

45 — 54 10,8 %

35 — 44 20,16 %

Stand: 2021

Die Bitcoin-Community

nach Alter und Geschlecht

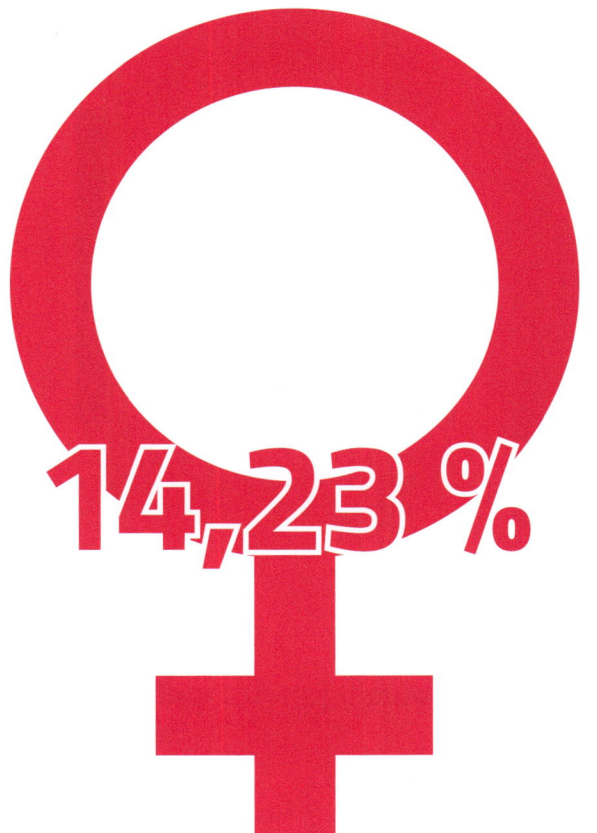

14,23 %

weiblich

männlich

85,77 %

Eignung als Anlageform

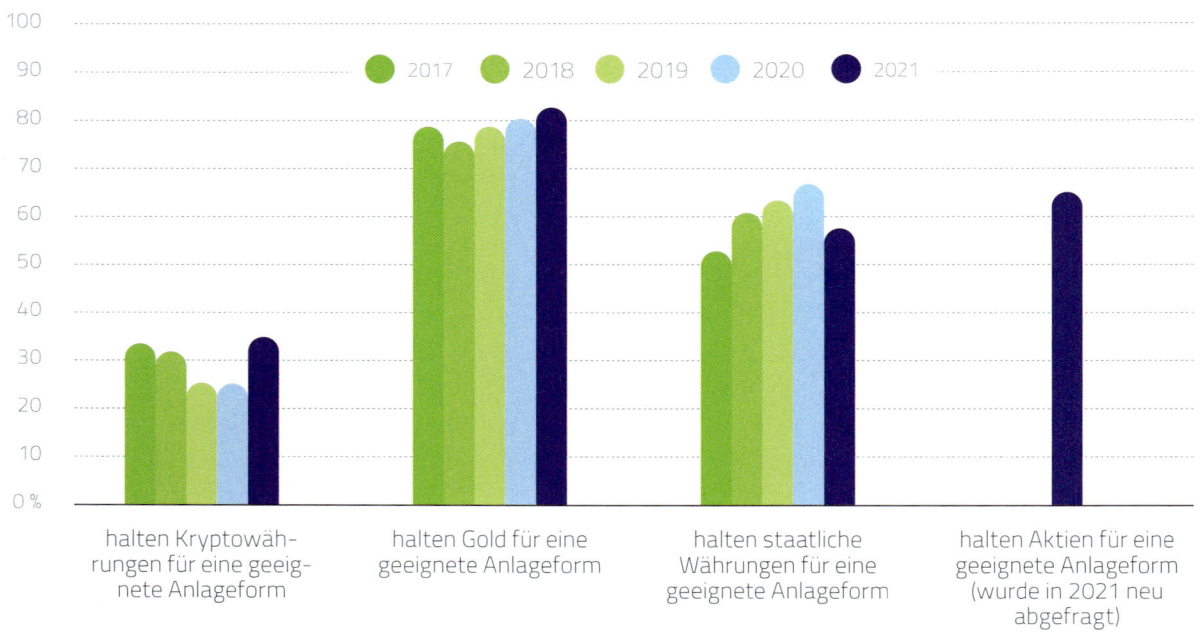

haben Vertrauen in die Preisstabilität der jeweiligen Anlageform

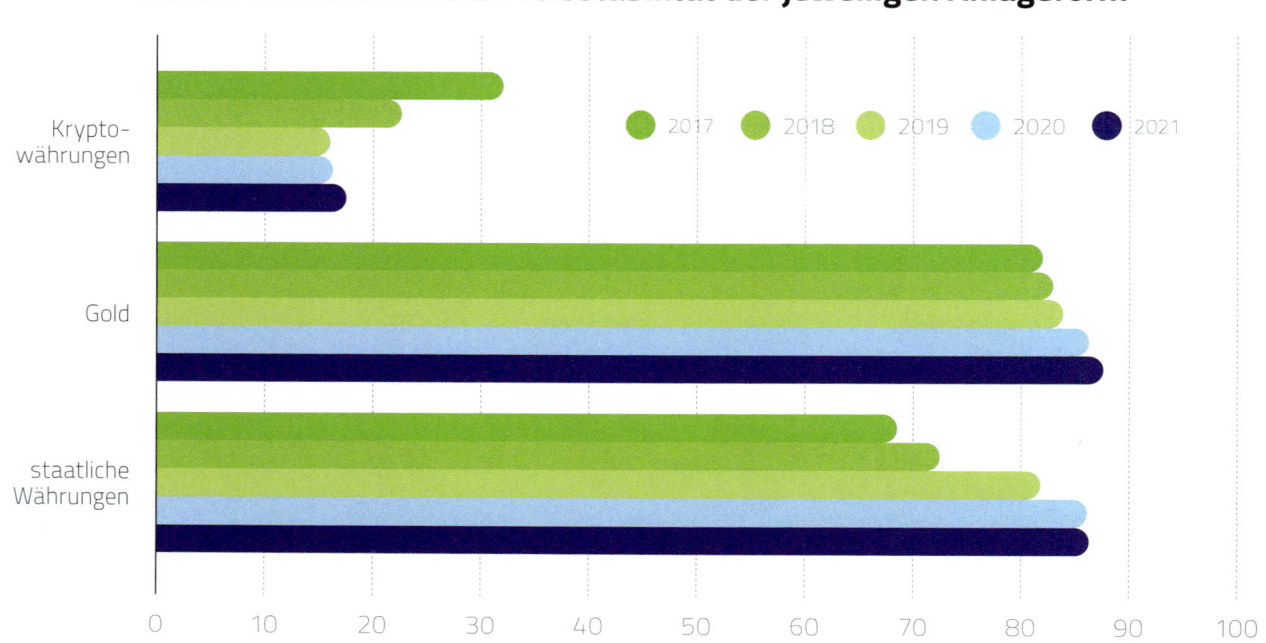

Krypto-Stimmung im DACH-Raum

Repräsentativ für die Bevölkerung ab 18 Jahren

haben Kryptowährungen bereits genutzt

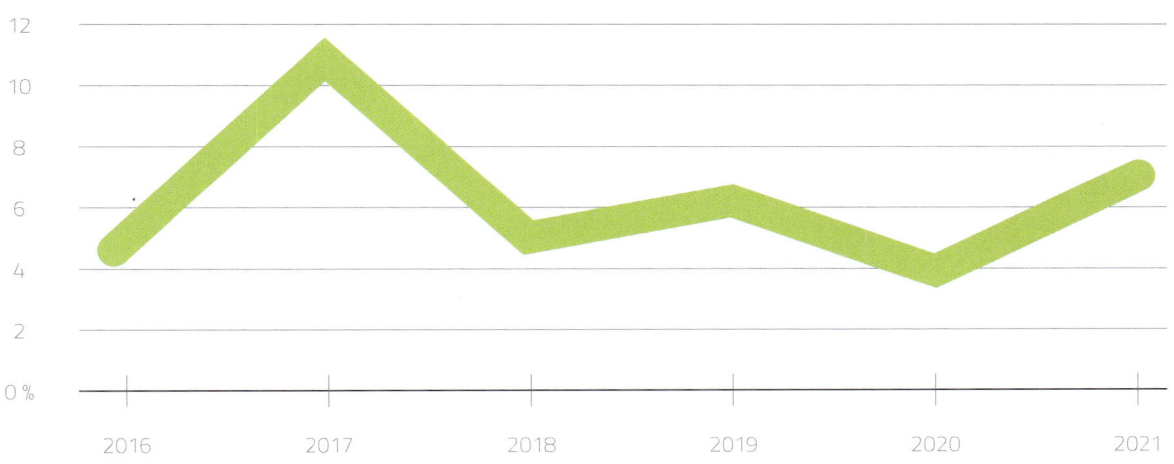

haben schon einmal von Kryptowährungen gehört

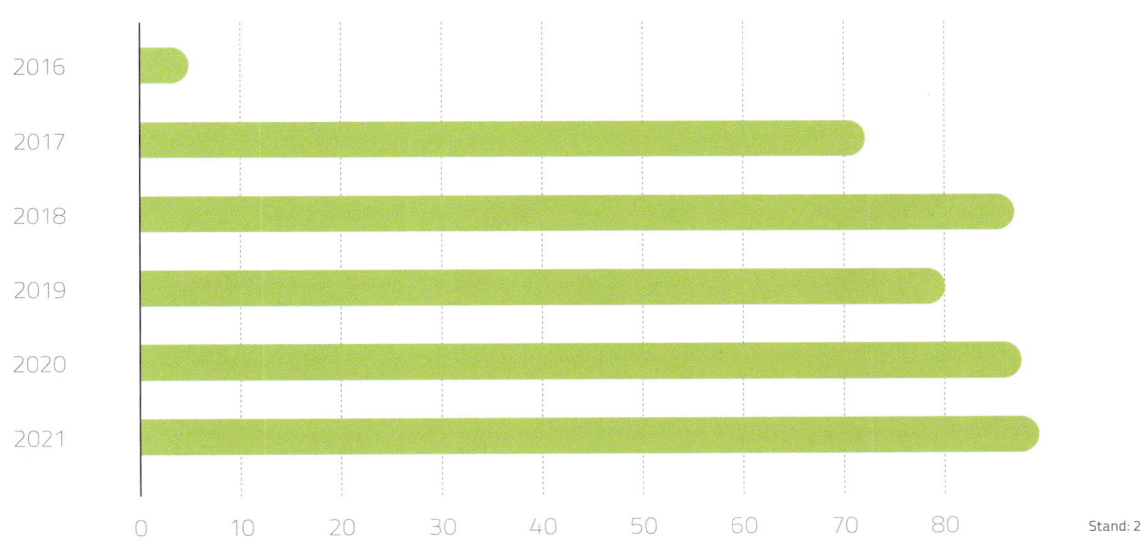

Stand: 2021

Hindernisse bei der Investition in Kryptowährungen

46 %
zu hohe Wertschwankungen

38 %
Regulatorische Unsicherheit, z.B. hinsichtlich der steuerlichen Behandlung

40 %
Unsicherheit bei der Verwahrung

2 %
Ich sehe keine Risiken

Lösen Kryptowährungen staatliche Währungen als Transaktionsmittel ab?

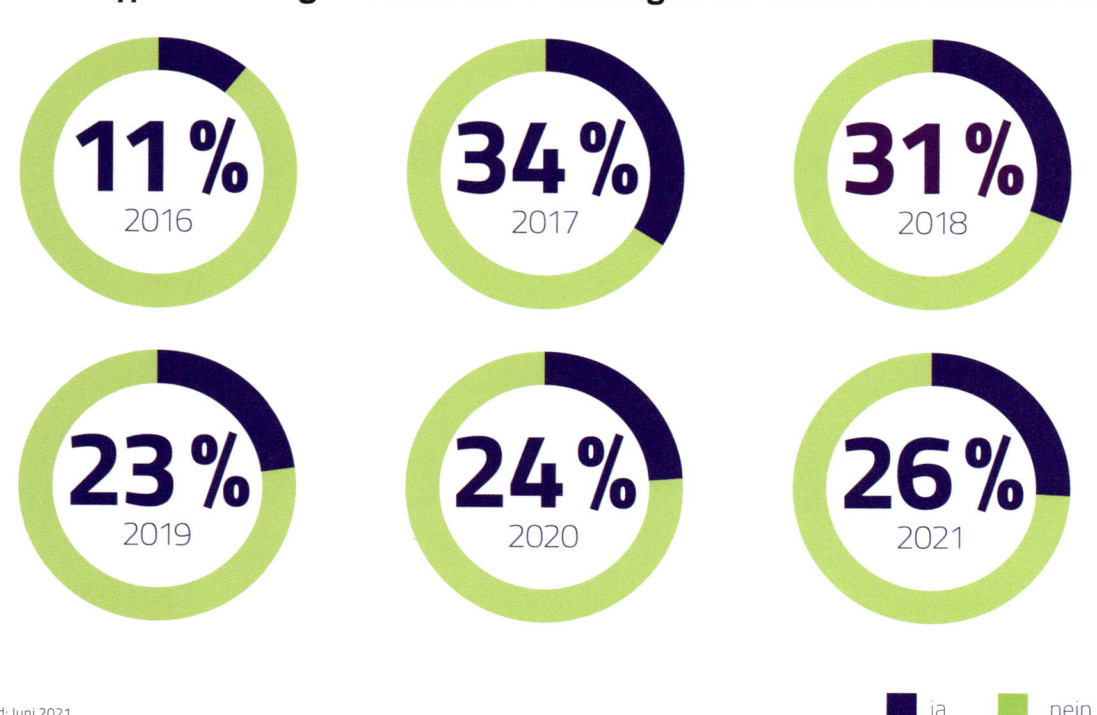

11 % 2016

34 % 2017

31 % 2018

23 % 2019

24 % 2020

26 % 2021

ja   nein

Stand: Juni 2021

Getätige Investitionen in Kryptowährungen

5 %
bei einem Krypto-Broker

4 %
bei einer Krypto-Börse

3 %
über ein Depot bei einem Online-Broker

2 %
über ein Depot bei der Hausbank

86 %
der Befragten haben noch nicht in Kryptowährung investiert

Potenzielle zukünftige Investitionen in Kryptowährungen

7 %
würden über ein Depot bei einem Online-Broker in Kryptos investieren

7 %
würden direkt bei einer Krypto-Börse in Kryptos investieren

6 %
würden über ein Depot bei der Hausbank in Kryptos investieren

6 %
würden direkt bei einem Krypto-Broker in Kryptos investieren

10 %
würden zwar in Kryptowährung investieren, wissen aber nicht wie

69 %
können es sich nicht vorstellen, zukünftig in Kryptowährung zu investieren

Kauf

Es geht immer weiter. Jetzt will ich dabei sein! Ich kaufe die Aktie!

Glücksgefühl

Hab ich es doch gewusst! Die Aktie steigt und steigt – ich werde reich!

Bestätigung

Ich habe es doch gewusst: Die Aktie läuft gut. Jetzt warte ich auf den nächsten Rücksetzer und dann steige ich ein.

Interessse

Oh, das ist eine interessante Aktie – ich überlege, bald einzusteigen.

Panik

Oh nein, definitiv war das ein Fehler! Was mache ich denn jetzt?!?!

Verkauf

Ich möchte mit diesen Papieren nichts mehr zu tun haben! Bevor ich jetzt all mein Geld verliere, ziehe ich lieber die letzten Euros raus.

Der typische Börsenzocker

... macht alles falsch!

Selbstsicherheit
Ich habe es doch immer gewusst!
Diese Aktie ist Spitze!

Kauf
Ich steige ein!
Diesmal bin ich mir sicher,
ich kaufe noch einmal.

Gespielte Entspannung
Naja, macht nichts. Ein kleiner
Rücksetzer tut der Sache ganz gut.

Hoffnung
Es geht wieder hoch!
Der Markt dreht.
Sollte ich wieder
einsteigen?

Zweifel
Oh Gott, jetzt geht es immer
weiter runter. Ob der Kauf ein
Fehler war?

Trotz
Naja, maximal kurzes
Aufbäumen –
die Aktie ist tot.

Spott
Wie kann man denn so blöd sein
und diese Aktie kaufen?

Bestätigung
Hab ich's doch gewusst. Zum Glück bin
ich raus aus diesem Saftladen!

Seltene Erden

Angeber vor Goldminen

Ölsand

Boris Börse

Warren Buffett

GAFAM

Wall Street Casino

Ho

Real Estate Bubble

Starbucks Coffee

Steuer-optimierung

Öl

Kokain

Commodities

Liquidität

Silber

Debt Default Zone

Liquidität

Weltkarte aus inkorrekter Investorensicht

10

Quellennachweise

1 Globale Perspektiven

2 Kaufkraft Perspektiven

3 Historische Perspektiven

4 Unternehmerische Perspektiven

162/163
Der Ölpreis seit 1970
Quellen: dpa / Globus / Organisation
erdölexportierender Länder (Opec),
BÖRSE am Sonntag
Stand: Juli 2022

164/165
Die globalen Ölreserven
Quelle: BP
Stand: August 2021

166/167
Die größten Ölkonzerne
Quelle: Forbes, Weltexporte
Stand: 2021

8 Reichtums-Perspektiven

170/171
Die 10 reichsten Frauen
Quelle: Forbes
Stand: 2022
Fotos: picture alliance / abaca |
Bernard-Salinier, picture alliance / AP
Images | Danny Johnston, picture
alliance / Dennis Van Tine/STAR MAX/
IPx | Dennis Van Tine/STAR MAX/IPx,
picture alliance / Captital Pictures | RW/
MPI, Miriam Adelson June 2019 By
David Azagury / U.S. Embassy Jerusalem
- Israel Hayom Forum for Israel-US
Relations, picture alliance / abaca |
Sachs Ron/CNP/ABACA, picture alliance/
dpa/HPIC | Fang Xing, picture alliance/
dpa/HPIC | Fang Xing, picture alliance /
ZUMAPRESS.com | Chris Putnam, Iris
Fontbona By Martin Ruiz Marc - Own
work, CC BY-SA

172/173
Die 10 reichsten Männer
Quelle: Bloomberg
Stand: August 2021
Fotos: Shutterstock - Din Mohd Yaman,
picture alliance / SvenSimon | Annegret
Hilse / SVEN SIMON, picture alliance
abaca Niviere David ABACAPRESS.
COM, Shutterstock Paolo Bona, picture
alliance abaca Van Tine Dennis ABACA,
picture alliance AP Photo Jeff Chiu, pic-
ture alliance imageSPACE MediaPunch
imageSPACE, picture alliance: ZUMA-
PRESS.com | Charlie Steffens Larry,
Shutterstock imagemaker, Mukesh
Ambani PHOTO BY RITAM BANERJEE

174/175
**Die 10 reichsten
Deutschen**
Quellen: Forbes, Shutterstock
Stand: 2022

176/177
**Die 10 reichsten
Österreicher**
Quellen: Forbes, Shutterstock
Stand: 2022

178/179
**Die 10 reichsten
Schweizer**
Quellen: Forbes, Shutterstock
Stand: 2022

180/181
Die Pandemie-Milliardäre
Quelle: Forbes
Stand: März 2021

182/183
Weltkarte der Milliardäre
Quelle: BÖRSE am Sonntag
Stand: 2016

184/185
Die reichsten Städte der Welt
Quelle: Forbes, BÖRSE am Sonntag
Stand: 2021